心の専門家養成講座③

松本真理子・森田美弥子 編
Mariko Matsumoto & Miyako Morita

●シリーズ監修
森田美弥子
松本真理子
金井篤子

心理アセスメント
心理検査のミニマム・エッセンス

Professional Psychologist Training Series 3
Psychological Assessment

ナカニシヤ出版

まえがき

　本書は心の専門家養成講座シリーズ第3巻として，心理アセスメントを取り上げている。第1巻で心の専門家としての基本的姿勢について学び，第2巻では面接の基礎から臨地実習の目的・方法を学ぶことによって，専門家としてのいわば心構えと基礎基本を習得することができたのではないだろうか。

　では，次に何を習得すればよいのか，という問いに答えるのが本書である。心とかかわり，支援・援助する専門家であれば，まずは目の前の対象となる個人が抱える悩みや問題に対して，専門的なアセスメントを行うことが第一の仕事である。心の専門家たるもの「はじめにアセスメントありき」である。

　本書では，アセスメントに関する概論と心理臨床領域ごとに専門家として知っておきたい心理検査について歴史的背景から実施・分析方法まで解説している。また実際の臨床場面での事例を通して，実践における留意点やコツについても解説している（なお心理検査の解説については，倫理面を含め以下の枠内の注意事項をお読みいただきたい）。

　加えて，本書では「医師から心理職へ」というコーナーを随所に設け，精神科医が考える心理アセスメントのあり方や心理職との連携について，コラムとして掲載した。現場の医師による心理に対する率直なコメントや期待を垣間見ることができ，一息つきながら興味深く読んでいただけるものと思う。

　このように，中身が濃く，将来各領域で心の専門家を希望する学生諸氏，あるいは初心の専門家諸氏にとって，本書は必ずや臨床力向上の1冊になるものと考えている。

　確かな心理アセスメントの技量をもち，そして対象と真摯にかかわることのできる心の専門家になられることを祈りたい。

2018年春　監修者・編者一同

本書では以下の倫理的配慮を踏まえ，心理検査の記述について解説していることをお断りしておきたい。

- テストや尺度の項目の引用等については，倫理上，開示できない検査がある
- 個々のテスト項目やテスト時の教示については倫理上明示できず，敢えて不鮮明にしてある場合もある
- 上記に該当する心理検査については，実際の検査道具を用いた事前の学習をしていただきたい

本書で用いる用語について

　本書の執筆にあたっては，心理学を基盤とした「心の専門家」のためのものであることから，心理臨床学研究論文執筆ガイド（日本心理臨床学会学会誌編集委員会編，2012）を参考にしながら，原則として以下のように用語を統一することを心掛けた。

　○医学用語である「診断」「治療（者）」「患者」「症例」などは可能な限り避け，「アセスメント／心理査定／見立て」「面接／援助／支援」「セラピスト／面接者」「クライエント／来談者」「事例」などとした。
　○心の専門家の仕事を包括的には「心理臨床（実践）」とし，技法として「心理療法」，個別の事例場面では「（心理）面接」という言葉を用いた。
　○「養育者」「保護者」「親」については，対象が成人である場合と子どもの場合，さらには学校，福祉，医療といった領域によって異なると考えられたため，それぞれの章の中で統一を図ることとした。
　○なお，文献の引用部分や，面接における発言については，この限りではない。文脈によって異なる場合があることをご了解いただきたい。

目　次

まえがき　i

I　心理アセスメントの基礎理論

1　心理アセスメントとは……2
心理アセスメントとは　2
心理アセスメントの歴史　5
アセスメントのための情報収集と方法　6
テスト・バッテリー　8
情報収集からアセスメントへ　9

2　心理検査を用いる実践場面……11
心理検査の実施における概論　11
実施における留意点　11
領域ごとの留意点　14

3　心理アセスメントにおける倫理的側面……17
心理アセスメントにおける倫理　17
フィードバック　18

II　必修心理検査の習得

1　基礎教育から実践指導まで……22
アセスメントを学ぶ意味　22
アセスメント教育の実際　23

2　発達検査……29
概　論　29
発達検査①　デンバー発達判定法（DENVER II）　32
発達検査②　KIDS（乳幼児発達スケール）　34
発達検査③　新版K式発達検査2001　36
発達検査④　遠城寺式乳幼児分析的発達検査法　38
発達検査⑤　乳幼児精神発達診断法　40
発達検査⑥　S-M社会生活能力検査［第3版］　42
発達検査⑦　ベイリーIII乳幼児発達検査　44

3 発達障害に関する検査：ASD・ADHD・LD 関連の検査，その他の検査・・・・・46

概　論　46
ASD 関連の検査① PEP-3　48
ASD 関連の検査② CARS　50
ASD 関連の検査③ PARS-TR　52
ASD 関連の検査④ ADI-R　54
ASD 関連の検査⑤ ADOS-2　56
ADHD 関連の検査　ADHD-RS　58
LD 関連の検査① LDI-R（LD 判断のための調査票）　60
LD 関連の検査② MIM-PM　62
LD 関連の検査③ STRAW　64
その他の検査① CBCL　66
その他の検査② SDQ　68

4 知能検査・・・・・・・・・・・・・・・・・・・・・・・・・・・・70

概　論　70
知能検査① DN-CAS　72
知能検査② KABC-Ⅱ　74
知能検査③ WPPSI 知能診断検査　76
知能検査④ 日本版 WISC-Ⅳ　78
知能検査⑤ 田中ビネー知能検査　80
知能検査⑥ ITPA　82
知能検査⑦ WAIS-Ⅲ　84
知能検査⑧ レーヴン色彩マトリックス検査　86

5 人格・心の健康に関する検査・・・・・・・・・・・・・・・・・・88

概　論　88
人格検査① 新版 TEG-Ⅱ　92
人格検査② YG 性格検査　94
人格検査③ P-F スタディ　96
人格検査④ MMPI 新日本版　98
人格検査⑤ モーズレイ性格検査　100
人格検査⑥ 内田クレペリン精神検査　102
心の健康に関する検査① KINDL^R　104
心の健康に関する検査② DSRS-C 日本版　106
心の健康に関する検査③ TK 式診断的新親子関係検査　108
心の健康に関する検査④ CMI　110
心の健康に関する検査⑤ POMS 2　112
心の健康に関する検査⑥ GHQ 精神健康調査票　114

心の健康に関する検査⑦ STAI　116
　　　心の健康に関する検査⑧ MAS　118
　　　心の健康に関する検査⑨ SDS　120
　　　心の健康に関する検査⑩ IES-R 改訂出来事インパクト尺度日本語版　122

6　投影法・・・・・・・・・・・・・・・・・・・・・・・・・・・・・・・124
　　　概　論　124
　　　投影法検査① ロールシャッハ法　126
　　　投影法検査② TAT/CAT　128
　　　投影法検査③ SCT　130
　　　描画法① バウムテスト　132
　　　描画法② DAM　134
　　　描画法③ S-HTP　136
　　　描画法④ KFD/KSD　138
　　　描画法⑤ スクィグル法　140
　　　描画法⑥ 風景構成法　142

7　神経心理学的検査・・・・・・・・・・・・・・・・・・・・・・・・・・144
　　　概　論　144
　　　全般的認知機能に関連する検査① MMSE-J　146
　　　全般的認知機能に関連する検査② 長谷川式認知症スケール（HDS-R）　148
　　　全般的認知機能に関連する検査③ COGNISTAT　150
　　　全般的認知機能に関連する検査④ ADAS　152
　　　視空間認知機能に関連する検査① ベンダー・ゲシュタルト・テスト　154
　　　視空間認知機能に関連する検査② フロスティッグ視知覚発達検査　156
　　　視空間認知機能に関連する検査③ 時計描画検査　158
　　　記憶機能に関連する検査① 改訂版ウェクスラー記憶検査　160
　　　記憶機能に関連する検査② ベントン視覚記銘検査　162
　　　記憶機能に関連する検査③ 三宅式記銘力検査　164
　　　記憶機能に関連する検査④ リバーミード行動記憶検査　166
　　　失語症に関連する検査　SLTA 標準失語症検査　168

8　育児支援に関する質問紙・・・・・・・・・・・・・・・・・・・・・・・170
　　　概　論　170
　　　育児支援に関する質問紙① 産褥期母親愛着尺度　172
　　　育児支援に関する質問紙② 日本版 PSI／子ども総研式・育児支援質問紙　174
　　　育児支援に関する質問紙③ エジンバラ産後うつ病自己評価票　176
　　　育児支援に関する質問紙④ 子ども家庭総合評価票　178

9 職業関連の検査・・・・・・・・・・・・・・・・・・・・・・・・・・・・・・・180

  概　論　180
  職業関連の心理検査① 厚生労働省編一般職業適性検査　184
  職業関連の心理検査② VPI 職業興味検査　186
  職業関連の心理検査③ 職業レディネス・テスト（VRT）　188
  職業関連の心理検査④ 職業性ストレス簡易調査票　東京医科大学公衆衛生学講座　190

Ⅲ　領域別心理アセスメント実践

1 医療における心理アセスメント実践① 精神科領域・・・・・・・・・・・194
  精神科における心理アセスメントの特徴　194
  事例 A 氏　195
  難しいということ　198

2 医療における心理アセスメント実践② 高齢者領域・・・・・・・・・・・200
  認知症を取り巻く状況　200
  検査と報告書　200
  事例の紹介：B さん　201
  アセスメントの意義　202

3 医療における心理アセスメント実践③ 児童精神科領域・・・・・・・・・203
  児童精神科での心理アセスメント　203
  心理アセスメントの実際　204
  まとめ　206

4 医療における心理アセスメント実践④ 小児科領域・・・・・・・・・・・207
  はじめに　207
  心理アセスメントの実際　207
  まとめ　211

5 教育領域における心理アセスメント実践・・・・・・・・・・・・・・・213
  事例の概要　213
  心理アセスメントの実際　213

6 福祉領域における心理アセスメント実践・・・・・・・・・・・・・・・216
  はじめに　216
  児童相談所における心理アセスメントの実際　216

7 司法領域における心理アセスメントと留意点・・・・・・・・・・・・・・220
　　　　　心理検査を実施すべき場合　220
　　　　　心理検査の選定　220
　　　　　心理検査の実施上の留意点　221
　　　　　解釈をめぐる問題　221
　　　　　非行事例：中学3年男子生徒の暴力事件（複数の事例を組み合わせた架空の事例）　222

8 産業領域における心理アセスメント実践・・・・・・・・・・・・・・・・224
　　　　　産業領域における心理アセスメントの実際　224

コラム：医師から心理職へ

　医師から心理職へ① 精神科医が心理検査を依頼したい時　20
　医師から心理職へ② 精神科医と投影法　28
　医師から心理職へ③ 精神科医にとって役に立つ心理所見とは　91
　医師から心理職へ④ 精神科医と心理職の連携のひとつのありかた　192
　医師から心理職へ⑤ 精神科医と心理職の相違点　212

　事項索引　228
　人名索引　229

I 心理アセスメントの基礎理論

　I部では，1章で心理アセスメントという用語の定義について触れ，精神医学的診断との異同，海外およびわが国での心理アセスメントの歴史，そして心理アセスメントの方法について解説している。2章では，心理アセスメントを行う領域での実施上の留意点に触れた後に，II部で詳説する使用頻度の高い心理検査を一覧でまとめ概説している。続く3章では心理アセスメントの倫理的側面について解説している。
　I部では，最低限知っておくべき心理アセスメントの基礎となる知識を習得してほしい。

1 心理アセスメントとは

●心理アセスメントとは

(1) 心理アセスメントの定義

　アセスメントという言葉は英語の assessment であり，日本語では「査定，評価」という意味である。したがって，心理学に特有のものではなく，環境アセスメント，看護アセスメント，介護アセスメントなどさまざまな領域で用いられる言葉である。では「心理アセスメント」とはどのようなことを指すのであろうか。多くの心理臨床家が心理領域でのアセスメントの定義を述べているが，共通するキーワードは「対象（クライエント），情報収集，理解，援助方針」である。あるいは，援助方針だけでなく，心理援助過程において，「目標への到達，面接による効果の判断や終了の可否についての判断」というキーワードによるアセスメントの定義もある。

　ここではそうした多くの定義に共通することを統合した岡堂（2003）の臨床心理アセスメントの定義を紹介したい。すなわち「臨床心理査定とは，クライエントに対する心理的援助の方針決定および援助過程とその効果に関する評価に必要な情報を収集する営為である」ということである。

　援助のためのアセスメントであるということをより分かりやすく言い換えるなら，アセスメントとは「対象となるクライエント（あるいは患者）が，これまでどのように生きてきたのか，そしていつから，どこでどのように心理的に困っているのか，悩んでいるのか，潜在する力として，どのような可能性や能力を有するのか，というクライエント一人ひとりの個としての「存在」と「今ここで」の姿を見えるようにする作業である。さらに，クライエントは家族，職場，学校など，どのような環境に生きているのか，キーパーソンの存在は，というその取り巻く環境も統合した全体像が見えてくるものである」といえる。そして，その結果から「クライエントの援助方針を立てること」が一連のアセスメントの過程といえる。もちろん，その他に，援助の過程において効果を把握するためのアセスメントや面接の終結の判断補助としてのアセスメントなど，心理臨床実践において，アセスメントはそのときどきにおいて必要なものであることはいうまでもない。さらに，例えば対象の認知的側面をアセスメントしてほしいという医師からの依頼であったり，治療効果測定や診断の補助としてのアセスメントを依頼されるという場合も心理臨床の場面では大いにあり得ることである。本章においては，心理アセスメント概論として，あくまでも対象と出会いこれから援助の方針を立てる，という段階におけるアセスメントを想定して読み進めていただきたいが，第Ⅱ部，第Ⅲ部においてはより広い範囲の心理アセスメントを扱っていることを断っておく。

　ところで，臨床心理学領域では「臨床心理アセスメント」という用語も用いられるが「心理

アセスメント」という場合には，必ずしも心理臨床実践の対象に限らず，より広義の意味を含むものである。しかし，厳密に両者を区分する定義があるわけではなく，本巻では心理アセスメントという用語を用いるが，中心となるのは臨床心理学的視点であることをあらかじめ断っておきたい。

さて心理臨床の実践においては，しばしば「アセスメント」に代わって「見立て」という用語を用いる場合もある。見立てとは「診断，選定」という意味と同時に芸術技法として「対象を他のものになぞらえて表現すること」という意味もある。

目の前に存在し，出会い，これからかかわろうとするクライエントという一個の存在の，これまでの人生と今ここにある姿について，収集した情報を基にして援助者としてどのように共感的に理解しつつ描くのか，という作業はまさにかかわる心理臨床家によってさまざまであり，アートとしての見立てに通じるものである。すなわち，「診断」といった客観的ではあるが，一定の距離のある捉えのみではなく，心理アセスメントには寄り添い共感する視点をもって全人的に「見立てる」ことが必要であるといえよう。

本巻では心理アセスメントとは，そうした見立てのまなざしをもつものであることを断った上で，「アセスメント」という用語で統一したい。

(2) 精神医学的診断と心理アセスメント

ところで，医学的診断と心理アセスメントとは何が異なるのだろうか。

医学的診断モデルでは，ある病態に対する診断基準が明確にあることを前提としている。わが国において精神医学的診断基準の中心になるのが米国精神医学会の DSM（Diagnostic and Statistical Manual of Mental Disorders，精神障害の診断と統計マニュアル）や WHO の ICD（International Statistical Classification of Diseases and Related Health Problems，疾病及び関連保健問題の国際統計分類）と呼ばれるものである。

DSM は米国精神医学会による精神障害の診断分類基準である。1980 年の DSM-Ⅲ以降は，国による診断の不一致という信頼性の課題を解決するために操作的診断基準を採用している。現在は米国で 2013 年に改訂された DSM-5 がわが国においても邦訳され多くの精神科医療場面において使用されている。一方，ICD とは，WHO（世界保健機関）による死因や疾病の国際的な統計基準としての分類である。現在の最新版は，1990 年に改訂された ICD-10 から約 30 年ぶりに改訂公表された ICD-11（2018）であり、日本語版も近いうちに公表予定である。

精神医学領域においては，多くの精神科医師が DSM もしくは ICD による診断を行っている。

一方，心理アセスメントにはこうした DSM や ICD に相当するものは存在しない。明確な診断基準が存在しないということは，すなわち，心理アセスメントは主観的なものである，という批判にさらされることになる。しかし見方を変えれば，このことは，より幅の広い見立てを可能にするものである。心理アセスメントの目的は，独自性・個別性をもったかけがえのない存在である対象に対して，心理援助の方針を立てることにある。心理アセスメントの過程には個としての存在に共感し理解する姿勢が重要であり，さらに言い換えれば，それまでのその人の生きてきた歴史と今ここでの姿，困難さと潜在する力に共感し，寄り添いつつ理解することが重要であるといえる。そうしたその人の独自性，個別性を尊重した全人的理解には当然のことながら，アセスメントし援助しようとする専門家の姿勢のあり方が多かれ少なかれ反映されるものである。むろん DSM や ICD に基づく診断であってもこうした視点は重要であるが，心

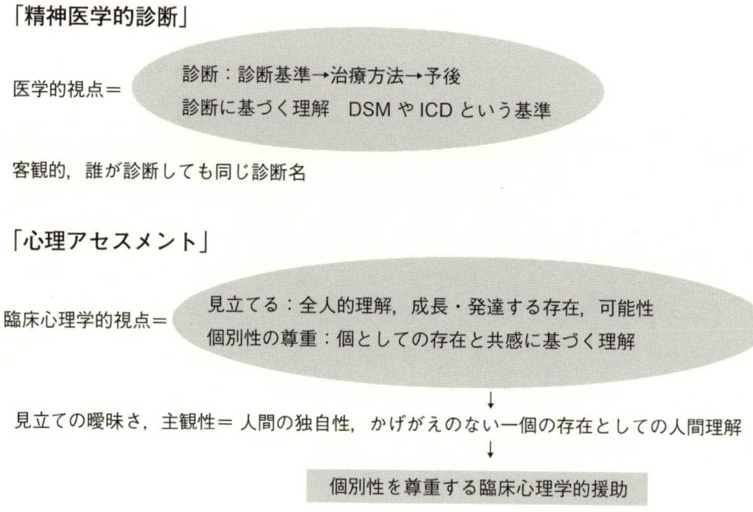

「精神医学的診断」

医学的視点＝
　診断：診断基準→治療方法→予後
　診断に基づく理解　DSMやICDという基準

客観的，誰が診断しても同じ診断名

「心理アセスメント」

臨床心理学的視点＝
　見立てる：全人的理解，成長・発達する存在，可能性
　個別性の尊重：個としての存在と共感に基づく理解

　↓
見立ての曖昧さ，主観性＝人間の独自性，かげがえのない一個の存在としての人間理解
　↓
個別性を尊重する臨床心理学的援助

図 I-1-1　精神医学的診断と心理アセスメント

理アセスメントにおいては，このことこそが，医学的診断ではなく「心理アセスメント」たる独自性である。図I-1-1に医学的視点と臨床心理学的視点によるアセスメントの違いを示したので参照してほしい。

(3) 子どもの心理アセスメント

さて心理アセスメントを行う対象の年代は，いうまでもなく乳幼児から高齢者までさまざまである。ここでは，子どもを対象とする場合に特に大切な視点を3点紹介したい。

1) 成長し発達する存在であるという視点　子どもを見立てる際に，第1に重要であるのは「子どもは成長し発達する存在である」という視点である。一般に発達と一言で言っても個人によって様相が異なることはいうまでもなく，次の3つのレベル（都筑，2000）から発達を捉える視点は臨床に役に立つものである。すなわち，①発達の一般性；子どもとしてもっている共通性から捉える発達，②発達の特殊性；子どもがおかれている環境や社会の特殊性から捉える発達，③発達の個別性；子ども一人ひとりの個性として捉える発達，である。子ども一人ひとりにおいて，この3つのレベルの力動的関係によって発達過程や発達の様相は異なる。定型的な発達と考えられる過程も，社会・時代に特有の発達の様相であったり，一般的な発達から多少はずれようとも，それは個性としての発達の様相であるに過ぎない，ということになる。

子どもは，成長発達に伴う大きな可能性を秘めた存在である。見立ての対象となる子どもたちも，ある面では「今ここで」困難さを抱える一方で，大きな可能性や潜在する能力をもった存在であることを忘れてはならない。その可能性や能力を合わせアセスメントすることが大切である。

2) 環境の中で生きているという視点　子どもは自分を取り巻く環境を自らの意思によって取捨選択したり，調整することは困難である。すなわち，多くの子どもは，家庭と学校（幼稚

園・保育園を含む）という2つの大きな環境を与えられ，その環境の中で生きる存在である。したがって，心理アセスメントにおいても，そうした取り巻く環境をアセスメントすることは大変に重要なことといえるのである。

3）「今ここで」必要とされる支援・援助を見極める視点　子どもの場合，保護者や学校の先生が，対応に困る行動上の問題を主訴として来談することも多い。そうした場合にしばしば見かけるのは，「歯みがきを嫌がって逃げ回ります，偏食がひどく野菜を食べません，洋服も気に入ったものしか着ません，こだわりが強くパニックになります」など，いくつもの困ったことを訴える場面である。日々子どもとかかわる当事者の立場では，困ったことを一刻も早く解決したい気持ちであろう。しかし，このような場合には，まずは客観的な視点で子どもを観察することをしてみたい。今ここで，子ども自身も困っている，不快な体験をしていることは何か，発達の可能性を含め，もう少し年齢を経たらおのずと解決する可能性はないのだろうか，ということもアセスメントすることが重要である。

アセスメントを行うということは，「今ここで」支援や援助の対象とする事柄は何であるのか，ということを子どもの全体像の中から理解することであり，これは非常に大切であるといえよう。

◉心理アセスメントの歴史

ここでは海外およびわが国における臨床心理学の歴史を心理測定法を中心として概観したい。

(1) 海外における臨床心理学の歴史概観

そもそも心理学の淵源は古代ギリシャ時代の人間の存在をめぐる思索の哲学に始まるとされている。この哲学の歴史に新たな心理学の方向性を導入したのは，実験心理学の祖とされるヴント（Wundt, W. M.）であり，1879年，ドイツのライプチヒ大学に開設した実験心理学研究室に始まる。この時以降，心理学には哲学における歴史を底流とする心理学と，19世紀に始まった実証的科学的心理学の歴史を底流とする心理学の歴史が並行することになったといえる。

そのような心理学全体の流れの中で，Clinical Psychology という用語が最初に用いられたのは，アメリカの心理学者ウィットマー（Witmer, L.）が1896年にペンシルベニア大学で世界最初の心理クリニックを開設した際である。ウィットマーが目指したのは，学校における学習上の困難を解決することであり，現在の教育臨床に近い活動であったといわれている。

本格的な臨床心理学，特に心理測定法の開発は1920年代前後の第一次世界大戦が契機であった。兵員採用のための神経症尺度やターマン（Terman, L. M.）らによって標準化されたアメリカ版ビネー知能検査（Stanford-Binet Intelligence Scales, 1916）など心理測定法の開発が盛んとなった。

一方，ヨーロッパでは，1880年代後半，フロイトの精神分析の創始による無意識へのアプローチ，1921年のヘルマン・ロールシャッハ（Rorschach, H. A.）によるロールシャッハ・テストの創始など力動的心理学の隆盛が認められた。そうした影響は次第に米国にもおよび，ナチス・ドイツのユダヤ人迫害によってアメリカへ移住したクロッパー（Klopfer, B.）は米国でのロールシャッハ・テストの普及に貢献し，マレー（Murray, H. A.）は米国において TAT を発

表するなど投影法が大きく発展した。

また1945年の第二次世界大戦後は，帰還兵士に対する心のケアが社会的に大きな要請となり心理測定から心理療法の発展へと移っていった。その後心理テストに対する批判の高まりを経て，1980年代にDSM-Ⅲが登場して以降は，臨床心理学のアセスメントにおいても医学的診断同様に客観的で簡便な診断ツールや，エビデンスを重視する傾向が強くなっている。こうした傾向は特に実用的，実証性を重視し，エビデンスを基準とする医療保険システムを背景にした米国の心理アセスメントの特徴に一致するものといえよう。

(2) わが国における臨床心理学の歴史概観

一方，わが国においては，敗戦という時代背景から米国の影響を大きく受けてきた。すなわち米国から本格的に心理測定法が導入され始めたのは第二次世界大戦後からであるが，それ以前では1908年にビネー式知能検査が紹介され，1920年には鈴木・ビネー式知能検査が発表されている。また早稲田大学の内田勇三郎は1929年に内田・クレペリン精神作業検査を開発し，1930年には1921年に創始されたロールシャッハ・テストをわが国にいち早く紹介している。

1958年には日本版WAIS知能検査が，1963年には日本版MMPIが開発されるなど，米国の歴史同様に1960年代までは，心理測定法隆盛の時代であった。しかし，その後，1960年代後半以降は東大医学部紛争や全共闘運動など不安定な社会情勢を背景として，また欧米の影響も受けて反精神医学，精神医療改革運動が盛んになり，そうした背景から心理テストへの批判が高まった時代であった。当時の批判内容は，心理テストは差別的な手段であるという懐疑やプライバシーの権利侵犯があるということなどであった。こうした1970年代の臨床心理学の冬の時代を過ぎて，1980年代からは本格的な心理臨床実践の道のりが始まり，大学では心理相談室の設置が相次いだ。現在では心理臨床実習において，心理アセスメントと心理療法は，いずれも重要な実習内容となっている。

●アセスメントのための情報収集と方法

心理アセスメントを行うには，情報を収集することから始まる。情報収集といってもさまざまな方法があるが，可能な限り多面的に収集することが望ましい。具体的な方法としては一般的には面接法，観察法，検査法が挙げられる。本節ではこれらについて概説したい。

(1) 面接法

面接によってアセスメントのための情報を収集する方法には，アセスメントの対象となる本人に面接する場合と，対象を取り巻く家族や友人，職場の関係者や学校の先生など周囲の人々に面接する場合がある。また面接の形態としては構造化面接と非構造化面接があるが，アセスメントのための面接の場合には，ある程度構造化された枠組みにおいて面接する方法が一般的である。

構造化面接には，さらに構造化の程度によって半構造化面接という方法もありどちらも臨床の場で用いられる。構造化面接は質問項目が決められているために面接者の主観や主観的介入が少なくなり，客観性や信頼性の高い方法である一方で，決められた質問に対して簡単に回答することも可能であり，対象の回答が表面的であったり，本音とは異なるものである場合も想

定されることを留意する必要がある．それに対して，半構造化面接は，事前に準備した質問に沿いつつ，自由に語ってもらう方法であり，構造化面接に加え，自由な語りも聴くことのできる方法である．また半構造化面接の場合には最初は準備された質問を客観的に行うが，それに対する対象の自由な語りから，さらに関連した質問を行うことも可能である．構造化面接と非構造化面接の中間ともいえる．相談室などの機関によっては，面接記録票があり，家族歴，生育歴，既往相談歴や現在の状況などの大きな分類にさらに詳細に収集が必要な事項が記載されており，それに沿って本人や家族などに対して質問しつつ自由に語ってもらうという半構造化の方法が用いられることも多い．

また精神医学領域ではDSMの診断基準に沿って構造化された診断面接が行われることも多いが，これらはあくまでもDSMなどの診断基準に沿った構造化面接である．

非構造化面接については，対象が自由に語る面接方法であり，アセスメントのための面接においては，広く自由な情報を得ることができる反面，アセスメントにとって重要な情報が得られない可能性もあり，まったく自由な語りのみではアセスメントが困難なこともある．

以上，情報収集のための面接法について紹介したが，情報収集であっても，面接対象が自由に語ることのできる場と関係を作ることは必要不可欠である．すなわち，共感的な傾聴を心がけ，信頼関係の形成を重視し，対象が緊張することなく思ったままを語ってもらうことが第1に重要なことである．

(2) 観 察 法

心理アセスメントにおける観察法とは，日常の場面や相談室のプレイルーム場面などでの発言，行動や対人関係などを観察によって情報を収集する方法である．心理アセスメントにおける観察は言語表出が十分ではない子どもに対してプレイの観察から子どもの抱える葛藤，情緒的表出の特徴，対人関係の特徴などに関する情報を収集することが可能であり，参与観察が中心となる．参与観察の場合には，観察者が直接働きかけたり，相互交流のある遊びなどを通して，情緒表出，対人関係の持ち方，知的レベルなどを観察することが可能であり，観察者は理解したい側面に沿った詳細な情報収集ができることが利点である．

また，例えば教室に出向いて授業中の様子を観察するといった自然観察法では，対象の行動を操作したり介入することなく，日常生活の中でありのままを観察できる方法である．子どもを対象とした場合には，幼稚園や学校場面などにおける観察が多くなる．この方法は日常生活という文脈の中で生じる対象の特徴や対人関係に関するデータを収集するには有効な方法である．特に子どもを対象とする場合には，子どもの遊びの観察や休憩時間での行動など観察による方法が最も正確な理解に繋がる情報となり得る．日常生活における子どもの全体像を捉えるためには重要な1つの方法である．また学校などでは掲示されている作品や学校でのノートなどを観察することも可能であり，こうした作品類は子どもの心理的側面に関する貴重な情報となることも多い．

一方で，ある行動を捉えるために終日の観察や長期間にわたる観察を実施することは労力に比して，収集したいデータが乏しいことにもなりかねない．自然観察法においても目的や観察したい行動の検討を行い，あるいはあらかじめチェックシートを作成するなど，事前の方法論の検討が重要である．また自然観察とはいえ，観察者が存在するという点では，厳密には非日常場面であり対象に何らかの影響がないとは言い切れない．そうした点もアセスメントにおい

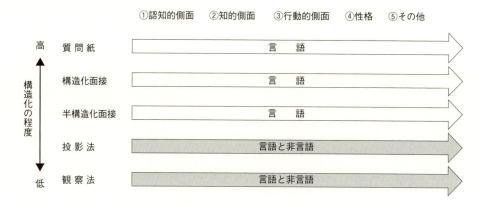

図 I-1-2　心理アセスメントの各領域と査定法の構造化別分類

ては，考慮する必要があるであろう。

(3) 心理検査法

　一般に「心理アセスメント」というと，心理検査を思い浮かべる読者も多いかと思う。しかし，心理検査はあくまでも情報収集のための1つの方法である。また心理検査と言っても，発達検査，知能検査，性格検査，適性検査や親子関係検査など多種多様であり，目的に応じた検査を選択することが大切である。筆者自身は，心理相談室などにおいて継続してかかわる子どもに対しては，知的側面，情緒的側面，パーソナリティ，そして子ども自身が抱く自己イメージ，家族イメージや学校イメージを理解するために，複数の検査からなるテスト・バッテリーを組んで心理検査を実施することが多い。具体的には，知能検査（知的側面の詳細な理解が必要な場合），投影法検査（ロールシャッハ法，描画法，SCT など）を組み合わせることが多い。特に子どもでは質問紙法は，言語理解の点から限界もあって，投影法を組み合わせることが望ましい。テスト・バッテリーについては次節で紹介したい。

　本巻ではⅡ部において臨床実践において重要な心理検査を紹介している。心理検査は心理臨床家にとっては，アセスメントの重要な柱であり専門業務であり，Ⅱ部に紹介した心理検査については一通りの知識を得ておいてほしい。

　図 I-1-2 は心理査定全体の枠組みを示すもので，横軸はアセスメントするパーソナリティの領域分類，縦軸には方法における構造化の程度，矢印の中には用いる媒体（言語，非言語）が示されている。これらのそれぞれに長所と短所があり，相補的に目的に応じて使用することが望ましい。

●テスト・バッテリー

　心理アセスメントのための心理検査実施においては，目的に応じた検査を適切に組み合わせることが大切である。心理検査を組み合わせて用いることをテスト・バッテリーと呼び，一般的にはバッテリーを組んだ心理検査によるアセスメントが行われることが多い。それぞれの検査で把握することのできるパーソナリティの側面を理解した上で，複数の検査を組み合わせて実施することが重要であり，多面的で信頼性の高いアセスメントにつながるといえる。それぞ

れの検査には長所，短所があり，どのような目的で実施するかによって検査を選択する必要があるが，具体的には，知能検査（知的側面の詳細な理解が必要な場合），投影法（ロールシャッハ法，描画法，SCTなど）を組み合わせることも多い。テスト・バッテリーを組んだ心理検査の実施によって，検査に共通する中核的な対象像と，それぞれが補い合って築かれる対象像を見て取ることが可能であり，それらを統合して全体としての対象像を浮かび上がらせることができるものである。

またテスト・バッテリーを組む際には，特に子どもの場合には，体力的な負担なども考慮した上で，心理検査を組み合わせることも重要である。

●情報収集からアセスメントへ

(1) 情報の統合における留意点

心理アセスメントのための情報収集の方法について紹介してきたが，最後の段階として収集した情報を統合し，アセスメント所見としてまとめることが必要である。その際に大切な視点は「どのようなアセスメントが対象にとって役に立つものであるか」ということである。すなわち，心理アセスメントの目的は「対象の援助方針を立てること」「援助の過程における効果を把握すること」であり「終結の判断材料とすること」である。この目的に沿ったものであることは言うまでもないことである。

こうした目的に沿って，面接，観察や心理検査で得られた情報を統合し，対象となる子どもや成人の全体像が見えてくるものであることが重要である。

その場合に，1節でも述べたように，特に子どものアセスメントにおいては，取り巻く環境を含めアセスメントすることが大切である。またアセスメントとは，現在抱えている問題や課題を明らかにすることだけではなく，潜在する能力や可能性を含めてアセスメントすることが重要であるといえる。

すなわち，繰り返しになるが，臨床心理学的視点に立ったアセスメントとは個別性を重視し，個としての存在に寄り添った理解によるものであることが大切である。そうした視点は数値のみでは浮かび上がるものではなく，質的なアプローチを統合することによって援助に繋がる対象の全体像が浮かび上がってくるものである。

(2) 個別性に目を向けること

19世紀の哲学者ヴィンデルバント（Windelband, W.）は，法則性によって事象を捉えようとする法則定立的接近（Nomothetic Approach）に対して，歴史的に規定された事象の一回的内容を重視する個性記述的接近（Idiographic Approach）という方法を提唱した。すなわち，法則定立的視点からの数値や平均値で示される正常値とか正常範囲からの逸脱といったアセスメントだけではなく，人間を独自性と個別性をもつ存在として理解することが，人間に対する接近方法として重要であることを示したものである。

このことは，現代の臨床心理学におけるエビデンス・ベイスト・アプローチ（Evidence-based approach）とナラティヴ・ベイスト・アプローチ（Narrative-based approach）という2つのアプローチについても同時に理解しておく必要性に繋がるものであり，以下に概要を紹介したい。

まず，エビデンス・ベイスト・アプローチ（Evidence-based approach）であるが，エビデンスという用語は現代社会においては，医療分野ではエビデンス・ベイスト・メディスン（Evidence-based Medicine：EBM）として用いられて以来，さまざまな領域で科学的根拠といった意味で用いられるようになり，エビデンスがあるかないかということが価値判断の基準とされることも多い。確かに，エビデンスという言葉は「証拠，根拠」という意味であるが，そもそもEBMの出発点にはエビデンスはあくまでも臨床判断という主観的なプロセスを補助するために利用されるものである，という前提があり，つまり，客観的な根拠であるエビデンスはそれのみで機能するわけではなく，エビデンスを用いて治療方針を決める，というあくまでも作業過程の1つに過ぎないという。EBMとは米国で提唱したサケットら（Sackett et al., 1996）によると「個々の患者のケアの決定において，最新で最良のエビデンスを良心的に正しく明瞭に用いること」である。つまり，真のEBMとはエビデンスという結果をどう解釈し，どう伝えるかという解釈学的な過程であり，主観的作業である（岸本，2008）。具体的には，EBMの第1段階は「丁寧にクライエントの主訴を聴くこと」に始まり，エビデンスの本来の意義は，かけがえのない一回性の人生にどのような意味を賦与するのか，ということであり，それは治療者と患者との十分な対話の中で見出してゆく作業の中に初めて見出されるのものである。一方，ナラティヴ・ベイスト・アプローチ（Narrative-based approach）とは，EBMを提唱したグリーンハルとハーウィッツ（Greenhalgh, T. & Hurwitz, B.）が1998年にナラティヴ・ベイスト・メディスン（Narrative-based Medicine：NBM）を発表したことに始まる。ナラティヴとは日本語で「物語」と訳されることが多いが，ナラティヴの定義は「ある出来事についての記述を何らかの意味ある連関によりつなぎ合わせたもの」である。エビデンスに対して，徹底した個人の一回性とその存在を取り巻く関係や環境との相互交流の意味を重視する立場であり，言い換えれば，面接関係の中で「援助者とクライエントが「クライエントにとってより望ましい物語」の共同執筆者となること」が面接の本質であるとするものである（斎藤・岸本，2003）。

　こうしたエビデンス・ベイストの視点とナラティヴ・ベイストの視点は先に述べた法則定立的接近と個性記述的接近に通ずるものであり，心理アセスメントにおいて，両者を包含する視点こそが，個別性に寄り添いつつ一方で客観的な視点を失うことのないアセスメントを可能にするものと考えられる。

引用文献
岸本寛史（2008）．投映法とナラティブ　ロールシャッハ研究，**12**, 51-58.
窪田由紀（2014）．心理臨床の倫理　森田美弥子・松本真理子・金井篤子（監修）　心の専門家養成講座① 臨床心理学実践の基礎その1―基本的姿勢からインテーク面接まで　ナカニシヤ出版，pp.21-38.
岡堂哲雄（2003）．臨床心理査定総論　岡堂哲雄（編）　臨床心理学全書2 臨床心理査定学　誠信書房，pp.1-36.
Sackett, D. L., Rosenberg, W. M. C., Gray, J. A. M., Haynes, R. B., & Richardson, W. S. (1996). Evidence based medicine: What it is and What it isn't. *British Medical Journal*, **312**, 71-72.
斎藤清二・岸本寛史（2003）．ナラティブ・ベイスト・メディスンの実践　金剛出版
都筑　学（2000）．歴史的アプローチ　田島信元・西野泰広（編著）発達研究の技法　福村出版，pp.140-143.

2
心理検査を用いる実践場面

◉心理検査の実施における概論

　心理検査と一言で言っても，心理臨床の専門家が活動する領域の拡がりに伴って検査の種類も相当に多い現状である。II部では，臨床場面全般で使用頻度の高い検査6カテゴリー（発達検査，発達障害に関する検査，知能検査，人格・心の健康に関する検査，人格検査‐投影法，神経心理学的検査）とその他の2カテゴリー（育児支援に関する質問紙，職業関連の検査）の計8カテゴリーに分類し，71種類の心理検査（質問紙）を紹介している（表I-2-1）。本書で紹介する検査は数多くの検査の中から，特に専門家として知っておいた方がよいものとして抽出している。

◉実施における留意点

　ここでは心理検査の実施における全般的な留意点について触れておきたい。

(1) 目的を明確にすること

　何よりも重要なことは「目的を明確にすること」である。他職種のスタッフから心理検査を依頼される場合も特に医療や学校領域では多いと思われるが，その場合には，依頼者にどのような目的で検査を依頼するのかを，可能な限り直接聞く機会を作ることが望ましい。なぜなら，目的によっては，依頼された検査とは異なる検査の方がより目的に沿っている場合もあるからである。また目的を聞き，対象者についての情報を直接得ることによって，専門家としてどのようにバッテリーを組むことが適切かという判断材料になる。また，病院では書式の決まった依頼書があることも多いものの，依頼書には「ルーティーン検査」と単に記載されることもある。すなわち，入院時，初診時に実施する検査セットが決まっている場合である。このような場合には，主治医と話をする機会がないことも想定されるものの，カルテの記載など得られる情報を事前に得た上で，たとえルーティーン検査であっても，対象にとってプラスになるような実施とフィードバックや所見書を心がけたい。

　また自らが継続心理面接を予定する対象に対するアセスメントであったり，面接途中の効果を把握したいなどの目的で実施することもしばしばあり得ることである。その場合にも，なぜ，どのような目的で心理検査を実施するのか，について十分吟味することが重要である。一人で決めかねる場合には，同僚の専門家であったり先輩など周囲の専門家に相談することも必要であろう。

表 I-2-1　本巻掲載の心理検査

カテゴリー	検査名	
発達検査	・デンバー発達判定法（DENVER II） ・KIDS（乳幼児発達スケール） ・新版K式発達検査2001 ・遠城寺式乳幼児分析的発達検査法	・乳幼児精神発達診断法 ・S-M社会生活能力検査［第3版］ ・ベイリーIII乳幼児発達検査
発達障害に関する検査	ASD関連の検査 ・PEP-3 ・CARS ・PARS-TR ・ADI-R ・ADOS-2 ADHD関連の検査 ・ADHD-RS	LD関連の検査 ・LDI-R（LD判断のための調査票） ・MIM-PM ・STRAW その他の検査 ・CBCL ・SDQ
知能検査	・DN-CAS ・KABC-II ・WPPSI知能診断検査 ・日本版WISC-IV	・田中ビネー知能検査 ・ITPA ・WAIS-III ・レーヴン色彩マトリックス検査
人格・心の健康に関する検査	・新版TEG-II ・YG性格検査 ・P-Fスタディ ・MMPI新日本版 ・モーズレイ性格検査 ・内田クレペリン精神検査 ・KINDL^R ・DSRS-C日本版	・TK式診断的新親子関係検査 ・CMI ・POMS 2 ・GHQ精神健康調査票 ・STAI ・MAS ・SDS ・IES-R改訂出来事インパクト尺度日本語版
投影法	・ロールシャッハ法 ・TAT/CAT ・SCT ・バウムテスト ・DAM	・S-HTP ・KFD / KSD ・スクィグル法 ・風景構成法
神経心理学的検査	・MMSE-J ・長谷川式認知症スケール ・COGNISTAT ・ADAS ・ベンダー・ゲシュタルト・テスト ・フロスティッグ視知覚発達検査	・時計描画検査 ・改訂版ウェクスラー記憶検査 ・ベントン視覚記銘検査 ・三宅式記銘力検査 ・リバーミード行動記憶検査 ・SLTA標準失語症検査
育児支援に関する質問紙	・産褥期母親愛着尺度 ・日本版PSI／子ども総研式・育児支援質問紙	・エジンバラ産後うつ病自己評価票 ・子ども家庭総合評価票
職業関連の検査	・厚生労働省編一般職業適性検査 ・VPI職業興味検査	・職業レディネス・テスト（VRT） ・職業性ストレス簡易調査票

（2）対象の状態を把握すること

　目的に沿ってテスト・バッテリーを組んでいても，対象にとって検査時間が負担になるようであれば，実施を控えるか実施検査を再考する必要がある。あるいは，検査を予定している時期に対象が精神的に不安定で検査を実施するのが適切ではないと判断されたら，必要があっても延期することが望ましい。

　継続面接途中の対象であれば，心理検査を実施しようとする時期における対象の状態を把握することは困難なことではない。しかし，病院などで外来患者や初診患者など会ったことのない患者の心理検査依頼を受ける場合には，目的を明確にした上で，対象の心身の状態に関する情報を得た後に，実施の可否を決定することが必要である。可能であれば心理検査実施前の別の日に短時間でも面接することが望ましい。倫理的側面からも検査についての説明と同意，フィードバックについて検査者から同意説明できると良い。

また例えば学校のスクールカウンセラーとして検査を依頼された場合などは，事前に本人に面接したり，授業場面を観察するなどして，情報を収集した上で実施することが望ましい。

　いずれの場合においても，対象の心身の状態を把握した上で，検査を決定し，実施計画を立てることが重要である。

(3) テスト・バッテリーの検討

　1節において紹介したように，現在わが国には，実に多くの心理検査がある。

　したがって，例えば他職種から「知的側面の把握」を目的とした依頼があった場合にも，なぜ知的側面の把握が必要と考えているのかについて可能であれば直接尋ね，その目的にそった知的側面の検査を選択することが大切である。

　例として，「知能検査をしてください，勉強についていけないので」という依頼は決して珍しいものではない。この場合，勉強についていけない，という内容を確認する必要がある。読みが苦手であるのか，数字を扱うことが苦手であるのか，図形問題が苦手であるのか，などによってWISC知能検査に加えて，問題となっている点に特化した検査をバッテリーとして組むことによって，より詳細で有益なアセスメントが可能になる。

　時間的な制約という現実的な問題がある場合も多いと思われるが，1つの心理検査で得られる結果は，あくまでも当該心理検査からみた結果であることを忘れずに，できる限りテスト・バッテリーを組んで実施することが望ましい。

(4) 倫理的側面

　倫理的側面については次章において詳細に触れるが，心理検査を実施する前には，どのような領域においても，原則として本人に対する検査目的と検査の説明を行った上で同意を得ること，フィードバックについても本人と話し合っておくこと，が必要である。検査対象が子どもである場合には，子どもの年齢や状態に応じて，必要な説明や同意を得ることと同時に保護者に対しての目的，説明と同意を得ることが必要である。医療場面では主治医が検査者に代わり，他の諸検査と同様の扱いとして説明，同意を口頭で得ることも多いと思われるが，その場合にも主治医に説明と同意を得ているかどうかの確認と，フィードバックについてはどのようにすべきかについて事前に話し合っておくことが望ましい。また守秘義務についてであるが，心理面接と同様に心理検査で知り得た情報について守秘義務があることは言うまでもないことである。

(5) 実施における留意点

　予定通り，実施することになった場合，心理室や面接室など落ち着いた静かな環境の部屋がある場合には問題はないが，そうした静穏な部屋がない職場においては，事前に検査に集中できる環境を準備しておくことも重要である。

　また同意を得て実施していても，途中で気分が悪くなったり，検査を拒否したくなったりということも珍しいことではない。そのような場合にはあくまでも対象の状態と希望にそって臨機応変に対応することが必要である。

　ただし，体調の問題ではなく，途中で中止を申し出た場合には，理由について丁寧に聴き，検査によって不安が喚起されているなどが認められた場合には，安定した状態で終えるよう面

接を行うなどの配慮が必要である。

(6) 実施計画を立てること

以上の (1) から (5) に沿って，目的を明らかにし，本人の状態を把握し，テスト・バッテリーを検討し，倫理的配慮を行った上で，検査環境を整えて実施に至ることができる。そのための計画を立てることが大切なことである。

(7) アセスメント所見とフィードバック

実施した後には，検査の分析と解釈，所見の作成が必要である。アセスメント所見については，その他の情報を統合したアセスメント所見の中に組み込んで作成する場合もあるであろう。依頼による心理検査実施の場合には，心理検査のみのアセスメント所見として作成されることが多い。このように，場面と目的によって心理検査のアセスメント所見は体裁やどの程度詳細に記載するのかなどさまざまである。主治医が診断補助とする場合に，何枚にもわたる所見書では，重要な情報が記載されていても読まれないままになることもある。また学校の先生からの依頼の場合にも，あまりに膨大な所見書ではやはり敬遠されてしまうかもしれない。加えて，他職種からの依頼であるにもかかわらず，心理学の専門用語や検査の専門用語を略語などで記載していては，相手に理解されないばかりか，その後の依頼にも影響するかもしれない。

したがって，アセスメント所見とフィードバックは，目的やフィードバックする対象に応じて，できるだけ平易にかつ理解できる言葉で記載することやフィードバックすることが重要である。なおフィードバックについては，3章でも触れる。

以上，心理検査実施における全般的な留意点について述べたが，次節では，各領域における留意点をまとめておく。

●領域ごとの留意点

(1) 医療場面

現在では，医療場面といっても，心理専門職が活動する場は精神科，小児科，老人科，リハビリ科，脳神経外科，整形外科など多岐にわたっており，それぞれの領域で求められる仕事の内容も異なっている。したがって，まずは当該領域において，必要と思われる心理検査についての知識と実施できる力量をつけておくことは必要であろう。活動する領域によって，病態水準や診断の補助資料，治療方法の参考，予後の予測，治療効果の評価，ケース検討のための資料や診断書作成の資料など，目的はさまざまである。そうした目的や依頼に応じて，臨機応変に対応し得るよう，まずは心理検査に関する基礎知識の習得に努めてほしい。

具体的には，例えば精神科，小児科領域では，パーソナリティの構造や水準の理解を目的とした検査として質問紙法や投影法（ロールシャッハ法，SCT，描画法）をテスト・バッテリーとして組み合わせることが多い。発達障害圏が疑われる場合には，知能検査の他に，認知機能の検査やPFスタディによって対人場面の認知や葛藤解決の特徴の把握などが必要になることもある。ロールシャッハ法については，発達障害圏の対象において，思考障害や現実検討能力の障害やあいまいな新奇場面に対する課題解決の特徴などを把握することも可能であり，有効な心理検査の1つである。

また高齢者医療の領域では，認知機能のアセスメントを目的とする場合が多く（本巻Ⅲ部2章では重要な認知機能検査を紹介しているので参照してほしい），認知機能については，画像検査とともに認知機能検査も重視されており，最低限の知識と実施方法の習得が必要である。この際，対象が高齢であることを考慮して，体力や集中力の状態を把握した上での検査計画が重要である。

(2) 学校場面

　学校場面では，心理検査を実施する場合の多くは，先生からの相談や依頼か，もしくはスクールカウンセラーとして個別面接を行う経過において自ら実施する場合であろう。前節でも述べたが，先生からの依頼の場合には，直接に依頼内容や目的を話し合った上で，実施計画を立てることが望ましい。その際に，例えば当初の依頼は知的能力の把握であるが，よく聞いてみると，家庭的要因の問題が推測されたり，情緒的な問題も抱えていることが予想される場合もある。その場合には，知的側面の検査だけでなく，親子関係や情緒的側面を把握する検査をバッテリーとして組み合わせることが望ましい。

　また子どもの場合には，言語能力の発達が十分でないために言語による反応や表出だけでは十分な情報を得られない場合も多い。その場合には，描画などの非言語的な検査や方法を用いることも必要である。さらに，学校場面での実施であれば，事前の授業観察，図工の絵や作品など展示物の観察も可能であり，そうした事前観察が，検査実施計画の際の参考情報になることも多い。

(3) 福祉場面

　情緒障害児の短期治療施設や養護施設などにおいては，被虐待児が多いのが現状であろう。すなわち福祉場面での留意点としては，子どもが情緒的な問題を抱えていることが多いこと，そして子どものみでなく，家族全体や母親も情緒的な問題を抱えていることが多いことを考慮することがまずは重要なことであろう。

　したがって，福祉領域においては，当該本人を取り巻く環境としての家族に対するアセスメントだけでなく，家族そのものを援助の対象とするアセスメントの視点も必要になることが多いといえる。また乳幼児の場合には，おのずと母子援助の視点も重要であり，その場合には母子関係がアセスメントの視点として特に重要になってくる。

　各都道府県の児童相談所においては，手帳交付のために心理検査を実施することも多いが，たとえ判定を目的とした知能検査であっても，単にIQを算出すればよいのではなく，個別性の視点を忘れずに，知的側面の個別の特徴，発達の可能性や潜在する能力をフィードバックすることを心がけた検査実施が望まれる。そのためには，知能検査だけの実施であったとしても，回答内容や検査中の言動などに注意を払った分析や解釈をすることによって，個別性は見えてくるものである。効率的にIQ値のみをフィードバックすることは，アセスメントとして戒めたい。

(4) 司法・矯正場面

　アセスメント実施の場面としては鑑別所や家庭裁判所などで，犯行や非行の背景に関する情報収集の手段として，面接や心理検査を実施する場面が多い。主要な観点としては，当該事件

を起こした背景，家族環境などのアセスメントであるが，加えて，アセスメントに必須である潜在する能力や発達の可能性など健康的な側面をアセスメントすることは，再犯防止や矯正教育に関する情報の点でも重要なことである。ここでも，あくまでも個別性の視点を忘れず，情報収集のためのかかわりであったとしても，対象に寄り添ったアセスメントの姿勢が大切である。

　特に，司法・矯正領域では対象自身は，検査が処遇に影響するであろうという不安や防衛が強いものである。そうした状況の中で，対象の将来につながりかつ客観的な情報を得るためにもまずは対象とのラポールを築くことが重要であろう。

　また防衛的な態度が強くならざるを得ない状況での心理検査の場合には，言語的な質問紙法では意図的な歪曲も生じやすく，テスト・バッテリーとして投影法を組み合わせることによって理解が深まることが多く，バッテリーを組む際の工夫も必要である。

3
心理アセスメントにおける倫理的側面

● 心理アセスメントにおける倫理

　心理アセスメントにおける倫理に関しては，心理臨床家としての倫理と何ら異なるものではない。心理臨床実践の一環としての心理アセスメントであり，すなわち心理臨床家としての倫理の遵守を念頭に置くことに尽きるであろう。

　もちろん，学校現場などで簡単な援助で解決する場合などについては，その都度子どもに同意説明し，保護者にも了解を得て情報を収集するという過程は現実的ではなく，むしろ子どもと保護者を必要以上に不安にさせてしまうこともあるであろう。つまり，アセスメントの目的にそった柔軟性のある倫理的配慮が必要であるが，基本的な姿勢としては，本人と保護者に対する説明と同意は不可欠である，と考えることが望ましい。

　心理臨床実践における倫理については本シリーズ1巻に詳しいが，窪田（2014）は心理臨床家としての職業倫理とは「ある専門職集団において，成員間の行為や成員が社会に対して行う，行為の善悪を判断する規準としてその専門職集団内で承認された規範」であると述べている。心理臨床家の規範となるものの一つには日本臨床心理士会の倫理綱領（2011年）が挙げられる。本倫理綱領は臨床心理士が専門職として活動する際の倫理規範を具体化したものであり，以下の構成から成っている。

　　前文
　　第1条　基本的倫理
　　第2条　秘密保持
　　第3条　対象者との関係
　　第4条　インフォームド・コンセント
　　第5条　職能的資質の向上と自覚
　　第6条　臨床心理士業務とかかわる営利活動等の企画，運営および参画
　　第7条　著作等における事例の公表及び心理査定用具の取り扱い
　　第8条　相互啓発及び倫理違反への対応

　心理検査の実施においては，上記のうち特に第2条の「秘密保持」と第4条の「インフォームド・コンセント」が重要である。そのうち，秘密保持に関しては，心理検査の結果だけではなく心理アセスメントの過程で収集する情報のすべてに対して，臨床家は守秘義務が生じることは言うまでもない。職場の同僚であっても，心理アセスメントを目的とした検討以外では，

知り得た情報を軽々しく話題にすべきではないことを肝に銘じておきたい。

(1) インフォームド・コンセント

インフォームド・コンセント（informed consent）とは「説明と同意」からなり，心理検査を実施する場合には，検査に関する情報を対象に説明し，同意を得る作業である。具体的な内容としては，①対象に心理検査についての十分な情報が提供されていること，②同意は対象の自由意志によるものであること，③検査は同意を得て実施している最中であっても，途中でやめることができること，④不明な点については，質問することができること，⑤検査内容は記録され，必要な場合には第三者の検討が可能であること，⑥検査資料は厳重に保管され，情報は目的以外の使用はないこと，である。これらの内容を丁寧に説明し，不明点の質問を受けた上で，同意を得るものである。同意については，施設等によって口頭による場合と文書による同意を得る場合がある。ただし，裁判所などの命令による実施の場合には，必ずしも上述の通りではない場合もある。

インフォームド・コンセントの過程においても心理面接と同様に対象との信頼関係が円滑なアセスメント過程にとって重要であることを念頭に置いて，丁寧で誠実な説明が大切である。

●フィードバック

心理検査におけるインフォームド・コンセントにおいては，結果をどのような形でフィードバックするのかを話し合うのも大事なことである。

1章で詳細に述べたように，心理アセスメントの目的は対象の援助のためである。その一環としての心理検査であれば，当然のことながら結果を対象にフィードバックし，それが対象の援助につながるものであることが原則である。

例えば，医療場面において検査者自身がその後の面接を担当する予定であれば，心理検査の結果は，面接過程において扱うことが可能であるし，重要な洞察のきっかけとなることもある。あるいは，子どもを対象とした心理検査の実施であれば，その子どもの発達レベルにおいて理解可能な形にして，面接の中でフィードバックすることによって，内省のきっかけになったり，面接者から理解されたという信頼関係の促進になることも多い。

さらに福祉場面や学校場面で母子ともに援助の必要がある場合や，子どもに対する親の理解を促進させる形でフィードバック面接を行うことも可能であろう。

学校場面では，教師に対する個別の支援計画の形で子どもの認知の特徴や対人関係の特徴をフィードバックすることは，学校生活における教師の指導の点からも大変に役に立つものである。

いずれの場合においても，繰り返しになるが，本人あるいは保護者へのフィードバックにおいても，課題となる点だけではなく，得意な能力や潜在する能力，健康的な側面を積極的に伝え返していくことが何よりも重要なことである。

心理臨床の専門家は，ともすると困難さを抱えて出会う対象に対して，その困難さに目を向けるあまりに，その一方で健康な側面や能力を見落としがちである。したがって，かかわる対象の健康的な側面や潜在する能力への着目は，常に意識して臨みたい。

また知能検査のようにIQ値など数値として示される結果のフィードバックについてである

が，単に数値のみを保護者にフィードバックすると，保護者はその数値のみに注目し，場合によっては，「正常なのか知的な遅れがあるのか」といった点のみで子どもを評価する結果につながりかねない。結果を知らせる義務はあるが，その知らせ方について，あくまでも数値自体は，幅のある数値であることを理解してもらい，数値よりも質的な個人差としての特徴を理解してもらうことができるようなフィードバックなり所見書が必要である。

さらに，所見書として手渡す場合には，最初に数値が記載されていると，その数値が後々まで保護者と子どもにとって，大きく影響する可能性があることを十分に理解し，慎重な記載を心がけてほしい。

そして口頭であれ文書であれ，対象は本人であっても保護者や教師などの関係者であってもフィードバック面接では，相手が理解できるような平易で分かりやすい言葉を用い専門用語は使用しないことが原則である。

以上をまとめると心理検査におけるフィードバックの基本としては以下の4点である。

1) フィードバックは内容やフィードバック面接が対象の援助につながるものであること
2) フィードバックは問題点のみでなく，健康な側面，潜在する能力にも着目したものであること
3) 数値をフィードバックする際には，数値のみが独り歩きしないよう慎重な伝え方をすること
4) フィードバックする相手が理解できるような平易な言葉を用いること

こうしたことを心がけて，フィードバックに臨んでほしい。

引用文献

一般社団法人日本臨床心理士会倫理綱領 (2011). 〈http://www.jsccp.jp/about/pdf/sta_5_rinrikoryo0904.pdf（最終確認日：2016年9月16日）〉

窪田由紀 (2014). 心理臨床の倫理　森田美弥子・松本真理子・金井篤子（監修）　心の専門家養成講座① 臨床心理学実践の基礎その1―基本的姿勢からインテーク面接まで　ナカニシヤ出版, pp.21-38.

医師から心理職へ①：精神科医が心理検査を依頼したい時

精神科医が心理検査を依頼したい時にはいくつかある。分類してみると，

(1) 成年後見人制度（知的障害や認知症など，判断能力が不十分な場合，本人の財産を保護するための後見人を立てる制度）や精神鑑定（措置入院のためのものではなく，裁判において責任能力があるかどうかについて診断する必要がある時）の際に，裁判所などの第三者に対して客観的な判断材料を提示する必要がある時。

(2) 障害年金などの書類作成の際に診断の根拠として提示する必要がある時。

(3) 研究や公的機関の調査の際に客観的データが必要な時（うつや不安の尺度を介入前後で測定することによって有効性を判定する）。

(4) 自閉症スペクトラム障害（いわゆる発達障害の1つ）などの診断の根拠に必要な時。ある程度の経験を積んだ児童精神科医なら不必要かもしれないが，児童の患者をあまり経験していない精神科医にとっては診断の上で大いに助かる。一見，境界性パーソナリティ障害や双極型気分障害，統合失調症に見える患者さん（クライエント）の中に，詳しく生育歴を聞いていくと，自閉症スペクトラム障害であるかまたは，自閉症スペクトラム障害も合併している重ね着症候群である場合がある。このような時に，心理検査の結果は診断の大きな助けであり，根拠となる。

(5) 精神療法（心理療法）導入の適否の判断のため。これについては，筆者が属していた職場では精神療法導入前に施行するのが通例になっていた。しかし，精神療法は精神内界に接していく作業なのだから，精神療法を行う前に行わないという考えもある。自ら語る前に心理検査によって治療者側に自分の内界を「知られてしまう」ことに抵抗を感じる患者さんもいるだろう。高校で習う初歩の物理学では，被観察物に対し何らの影響も与えないで観察することが可能という前提だが，少なくとも心理検査の世界では，被検者に対して全く何も影響を与えないで観察することは不可能である。心理査定をすることは，患者さんの内界に触れていくことであり，急性期の統合失調症の患者さんに通常はロールシャッハ検査を行わないように，心理検査を行う際にも，その心理検査を行うことに患者さんが耐えられるのか，メリットがデメリットを上回るのかを判断するのが必要なのだろう。

(6) 診断に迷った時。診察しても，患者さんの病態水準が神経症圏なのか精神病圏なのかの判断に迷った時。

といったところであろうか。列挙してみると，いずれも客観性が求められる場合や，自分以外の第三者の見解を求めたい時に依頼していることが分かる。精神科においては，身体科のように客観的な画像診断や検査所見がほとんどない。このため心理検査は，精神科において重要な客観的データである。

II 必修心理検査の習得

　II部では，心理検査を「発達検査」「発達障害に関する検査」「知能検査」「人格・心の健康に関する検査」「投影法」「神経心理学的検査」「育児支援に関する質問紙」「職業関連の検査」のカテゴリーに分類し，計71の心理検査（質問紙）について歴史・目的・概要・対象・実施方法・分析／解釈・所見／フィードバック・実施上の留意点・引用文献の項目に分けて必要な情報を簡潔に分かりやすく解説している。検査項目の一部や結果のプロフィールなどを掲載し，理解しやすく実践に直結する工夫を凝らしているので，ハンドブックとしても臨床場面で活用できるものと思われる。

1 基礎教育から実践指導まで

●アセスメントを学ぶ意味

　心理アセスメントとは，「心理相談・心理療法・カウンセリングなど種々の心理学的援助の過程において，対象となる個人または集団を理解するために，面接や心理検査などの専門的技法を用いて行うかかわり」である。アセスメントなくして有効な援助実践は始まらない。

　アセスメントを通して知りたいことは3つある。

1) 「問題」のアセスメント：「何が起きているのか」，そして，「その事態の意味は何か」ということを，クライエントの主訴を基に，インテーク面接などで情報収集を行い，生活史的理解をする。さらに，「どの程度切迫している問題なのか」「今後どうなりそうか」など予測を立てる。
2) 「人物」のアセスメント：「どういう人なのか」を捉える。認知・思考・感情などの精神機能，対人関係面での特徴，過去・現在の適応のあり方などを含め，パーソナリティを多面的に把握する。病理水準や発達水準を見立てることも必要となり，面接だけでなく心理検査を実施することも多い。
3) 「気持ち」のアセスメント：「今どんな思いをもっているのか」「どうしたいのか」「何を求めているのか」といった，クライエント自身の問題意識，セラピーへの動機づけを知ることは重要である。セラピストは他ならぬクライエントその人と組んで，その人の問題に一緒に取り組むからである。

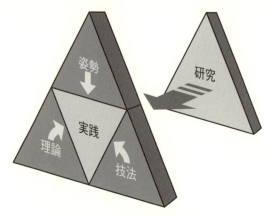

図Ⅱ-1-1　アセスメント実践

したがって，アセスメントは「かかわり」の中で行われる共同作業だと言える。セラピストあるいはテスターがクライエントを知るという一方向的なものではないことは肝に銘じておくべきである。アセスメント実践を行うためには，アセスメント技法とその理論，そして臨床場面に臨む姿勢を修得することが求められる（図Ⅱ-1-1）。また，それらを裏打ちする研究知見を学ぶことや自ら成果発信していくことも心掛けておきたいことである。

心理臨床援助実践の出発点であるアセスメントについて，本章では主に心理検査によるアプローチに焦点をあて，その現状と課題を述べていくこととする。

●アセスメント教育の実際

最初に1つの実例として名古屋大学におけるアセスメント教育の現状を紹介し，その後に他大学での状況についても触れたい。

(1) 名古屋大学でのアセスメント教育

学部段階における基礎教育として3年生以上を対象とした概論講義，知能検査・発達検査に関する演習，ロールシャッハ法の演習の計3科目が開講されている。2つの演習授業では半年かけてそれぞれ実施・分析方法を学び，実際に検査実施と所見レポート作成まで行う。実施対象は家族や身近な友人は避け，知人を通じて一般の健康な方に被検者を依頼する形である。また，それらに先立って学生自らが検査を受けるテスティ体験を可能な限り行っている。

いずれも選択必修授業ではあるが，心理学系のコースに所属する1学年30-35名の学生のほとんどが受講する。学部学生は必ずしも将来臨床の専門家になるとは限らないので，授業の目標をどのあたりに設定するかについて担当教員に多少の迷いや葛藤が生じる。しかし一方で，心理検査の学習を通して人間を理解する技法や姿勢について知ることは，心理学を学ぶ者にとって意義があると考えられる。したがって，学部段階での基礎教育では，心理検査を使いこなすことを第一の目標とはせず，体験学習の中で心理学的な人間理解の考え方や理論を身につけることに重点をおく。

大学院入学後は実践指導を伴うようになる。臨床系の修士1年前期にアセスメント特論で，知能検査・発達検査・認知機能検査・投影法・質問紙法を各1-2回ずつ取り上げ，受講院生が調べて発表する。他大学出身院生で学部時代に検査の演習授業をとっていない場合は，ウェクスラー法（WISC，WAIS）についてはこの授業で実施体験をし，ロールシャッハ法（名大式）については学部授業を受講することを義務付けている。

修士1年後期からは学内外の臨床実習が始まる。並行してアセスメント実習の授業が1年後期と2年前期に開講され，臨床心理学を専攻する院生は必須となっている。アセスメント実習では，受講生が実習先で実施した心理検査によるアセスメント事例について発表し，全員で討議することを中心に行う。適宜担当教員による解説を加えて理解を深めるようにしている。また，各検査の理論的背景や各種指標の心理学的意味についての講義をする回を設けている。

事例検討のやり方として，1年後期は実施・分析方法といった基礎的なことに重点をおく。まずは，性別・年齢程度の情報とローデータのみの資料を用いて，「心理検査から何が読み取れるか」ということを話し合う。主訴や症状，診断名などをブラインドにするのは，それらに影響を受けずに検査結果を見ていく訓練をするためである。その後に，臨床像や生活史などの事

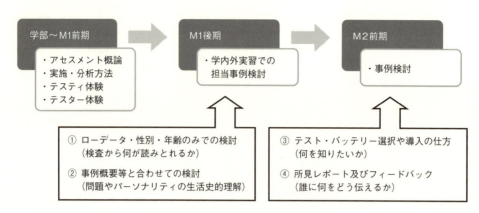

図Ⅱ-1-2　アセスメント授業の段階的取り組み

例概要を示して再度話し合うという方式をとっている。

　修士2年前期は通常のカンファレンス等のやり方と同様に，事例概要を紹介してから検査結果を報告し，それに基づいて事例検討する。検査の導入，テスト・バッテリーの組み方，実施後のフィードバックの仕方といった現場での活用のあり方を考えていき，より実践的なことに重点をおく。図Ⅱ-1-2に概要を示した。

(2) 授業内容

　では，他大学ではどのようなアセスメント教育が行われているのだろうか。森田・永田 (2013) の調査結果を紹介する。東海地区11校のみであるが，臨床心理士養成指定大学院の教員にインタビュー調査を行った。その結果，11校全部に共通して扱われている心理検査は，ロールシャッハ法とウェクスラー法であった。

　ロールシャッハ法には多くの時間が割かれており，テスティ体験，実施・分析方法の学習，所見レポート作成まで含めて，基礎的な技法習得のために半年から1年をかけていた。知能検査・発達検査については，複数の検査を最大で半年，多くは数回の授業で扱う形が多いようだが，その中でWISC／WAISは実施・分析方法の学習，所見レポート作成まで行っているところが多い。これら以外の検査（描画などの投影法，質問紙法，神経心理検査）は，大学により検査の種類は異なるが，1つの検査を1回の授業で扱うことが多く，解説（講義）が主である。

　ロールシャッハ法とウェクスラー法が重視されているのはなぜか。おそらくこれらの検査を学ぶ中で，顕在化した行動の背景にある内的特徴の詳細理解が進み，心理臨床における見立てやかかわりの基本を身につけていくために役立つからだと考えられる。ロールシャッハ法においては数量分析のみならず継起分析等により反応産出に至る心的過程を知ることができる。また，ウェクスラー法においては指標得点のプロフィールに加えて下位検査ごとの回答の仕方を知ることで，どのような場面でどのような行動をしやすいかを捉えることができる。さらに，これらは検査者の教示や質問の適切さが問われる検査でもあり，クライエントへの言葉がけの仕方や関係のあり方について，面接にも応用可能である。他の検査でも本質的には同様であろうが，特にロールシャッハ法とウェクスラー法では臨床家の技術や姿勢を深く学ぶことができる。

　実施・分析方法など基礎的なことを習得した後，事例の検討を授業の中で行っているのは11校中7校だった。しかし，受講生自身が実習で実施した臨床事例を対象としているのは2校の

みで，他は，教員による事例提示あるいは文献の事例が用いられていた。6校で授業外に研究会が開かれており，院生だけでなく修了生が参加している。

院生（修士課程）の心理検査経験については，学内外の実習において1人おおむね1-3例程度であるが，なかには10例以上という院生もあり，各大学内でかなり幅があるようであった。検査の種類も院生により異なるものが体験されていた。指導体制としては，学内相談室の事例は基本的にSV指導教員が，学外実習の場合は主に査定演習授業の担当教員が個別指導をしているが，実習先指導者に任せているところも5校あった。修士2年間における臨床事例を対象とした検査実施体験は，内容・回数ともに個人差が大きいと言える。

共通した課題として，今後取り入れたいもの，拡充していきたい内容として，実例を用いた検討，具体的にはテスト・バッテリーやフィードバックについて実践的な指導を増やしたいということと，検査の理論的背景についての解説が十分ではないこと，それらを補う意味で卒後教育の工夫ができたらよいということなどが挙げられた。

(3) 体験学習の重要性

心理臨床実践の習得過程においては，体験実習が必須である。心理検査については，次のような方法が考えられる。

①学生同士で練習する（お互いにテスター役とテスティ役を体験する）。
②知人等に協力を依頼して検査をとらせてもらう。
　いわゆる健常群を対象とした実施体験は，テスターである自分について相手から率直な意見を聴くことができるという点で有益である。ただし，検査を通してテスティの深い部分にも触れてしまうため，結果の扱いには慎重を要する。
③実習として臨床現場で実施する。クライエントを対象とするのは責任も生じ，不安や緊張を伴う体験ではあるが，一人立ちする前に避けて通ることのできないものであり，担当教員やスーパーヴァイザーの指導を十分受けた上で行う。
④直接の体験ではないが，チャンスがあれば熟練者の検査場面の陪席もできるとよい。

心理検査実施にあたっては，以上のような準備をし，事前にマニュアルをよく読み手順を把握しておくことは言うまでもないが，実際の個別検査場面においては，テスティが検査を受けることへの抵抗や強い不安を示したり，教示や質問が伝わりにくかったり，さまざまな事態が生じる。柔軟に対応することが必要となる。マニュアル通り正確に実施することのみを気にするよりも，今ここにいるクライエントにとってどうすることが適切なのかを考えること，またそのような行動がその人の特徴なのだという理解をすることが大切である。

自分がテスターとして実施する前に，テスティとしての体験をするのは有意義なことである。①で述べた学生同士の試行でもよいが，可能であれば現場の臨床家に検査実施してもらえるとよい。名古屋大学等いくつかの大学では授業の一環として，卒業生や近隣の心理臨床家に依頼して学生が現場に出向いてテスティ体験をしている。それは学生にとって大変貴重な体験となっている。

ロールシャッハ法の授業でテスティ体験を導入した際の受講学生の感想をまとめた森田(2003)，森田・中原(2004)では，大別すると，擬似クライエント体験とも言える個人的な感情

体験と，将来心理臨床家をめざす学生としての知的学習体験の2つが生起していると報告されている。感情体験としては，①「わくわくした」「緊張した」「終わってドッと疲れを感じた」などの体験実施前後の気持ち，②「思いつかなくて焦った」などの実施中の心の動き，③「(テスターが)穏やかな話し方で安心した」「見透かされているのだろうなと感じた」などテスターの存在や関係への意識が述べられており，ほとんどの学生にとって期待と不安の入り混じった体験となっていた。さらに，学習体験としては，④「どんな風に分析するのか授業が楽しみだ」など学習への動機づけの高まり，⑤「形の説明にこだわる自分に気づいた」「意外と出てこないことに驚いた」など反応産出における自分自身の特徴やその意味を考察した自分なりのテスト理解，⑥相談機関や面接室についての観察などについての記述が得られた。⑦大学院生の場合は，「私もこんな風に検査や面接ができるだろうか」など将来の職業モデルとして臨床家を見ていることも特徴的だった。

(4) 学生への期待

では，テスターとして協力してくれた臨床家の側はどのような印象をもっているだろうか。森田と岩井（Morita & Iwai, 2010）では，1998–2004年の間にテスターとして協力してくれた55名の臨床心理士への調査を行い，回答の得られた47名の結果が報告されている。質問内容は，以下の通り。

①テスターの年齢，性別，テスティ体験協力実施回数など。
②テスティ体験から学生が何をどれだけ学んでいると思うか。テスターが重要だと考えるもの，学んでほしいと考えているものは何か。（以下の9項目について5段階評定）：テスト場面のクライエントの気持ち，反応産出に至る心的プロセス，実施の仕方，テスターの態度，テスターとテスティの関係の重要性，分析や解釈の視点，ロールシャッハ法の面白さ，相談機関の現場の実際，臨床心理士の仕事。
③テスターとしてどんなことを意識したか。（4項目について4段階評定）：非臨床群の反応への興味関心，心理臨床家のモデルとしての自分の役割，テストの手順，学生の態度。
④実施に際してどのような配慮や工夫をしたか。学生に対してどう感じたか（自由記述）。
⑤テスター自身がテスティ体験をしたことがあるか。そこから何を得たか。その体験は現在役立っているか（自由記述）。

47名のテスターについて，年齢・経験など総合的に判断して若手群24名と熟練群23名に分けて回答を集計した。その結果，テスティ体験を通して学生に何を学んでほしいかについては，全体として「クライエントの気持ち」が共通して高得点であり，次いで「反応産出プロセス」「テスターの態度」が挙げられた。両群の違いとして熟練群は「実施の仕方」を学ぶことを重視している傾向にあった。また，テスター側の意識として熟練群は「学生の反応」「テストの手順」「学生の態度」の得点が相対的に高く，若手群では「モデルとしての自分」を意識している傾向にあった。

実施に際しての配慮や工夫としては55の自由記述が得られ，「臨床場面と同様の実施の仕方を心掛ける」「臨床心理士の姿勢や業務内容を伝える」「学生の不安・緊張に配慮した場づくりを行う」「読みやすい記録と助言をする」およびその他に分類された。学生に対して何を感じた

かについては 27 の記述が得られ,「学生のモチベーションへの注目・要望」「学生の反応内容への困惑・懸念」「学生の態度・マナーへの苦言」といった内容分類がなされた。

　以上のようにテスターの側も,学生たちが臨床現場でのテスティ体験を通して「クライエントの気持ち」を実感することが重要であると考えていた。加えて経験年数の長い臨床家からは,学生に対して「やる気があるか」と真剣さを問うような厳しい指摘も散見された。それは後進を育てたいという暖かなまなざしを伴っていると感じられた。心理臨床を学ぶことへの動機づけをよりいっそう高めることが期待されているといえるだろう。クライエントに寄り添うことと専門家としての知識や技術を身につけることを両輪として自覚しながら,心理臨床の基礎であるアセスメント学習に臨んでほしい。

引用文献

森田美弥子(2003).ロールシャッハ学習者への教育訓練―「テスティー体験」から学ぶ　田畑　治・森田美弥子・金井篤子(編著)　臨床実践の知―実践してきたこの私　ナカニシヤ出版,pp.182-196.

Morita, M., & Iwai, S.(2010). *A study on the process involved in learning psychological assessment techniques.* 27th International Congress of Applied Psychology(Melbourne).

森田美弥子・永田雅子(2013).臨床心理養成大学院におけるアセスメント教育―教員へのインタビュー調査による現状と課題の検討　日本心理臨床学会第 32 回秋季大会発表論文集,パシフィコ横浜

森田美弥子・中原睦美(2004).ロールシャッハ法教育における「専門家によるテスティー体験」導入の意義　ロールシャッハ法研究, **8**, 61-70.

医師から心理職へ②：精神科医と投影法

　精神科医は医学部という理系の環境の中で，科学の一分野を専攻する者として育てられる。このため，原因→結果という思考パターンによって，原因を解決することを第一義に考える。外科や内科といった身体科はこれで良いと思う。しかしながら，こと精神科に関しては一筋縄ではいかないことが多く，患者さんが言葉にすることが一番解決して欲しいことであるとは限らない。例をあげると，ある時，「眠れない」と言う入院患者さんに，看護師が不眠時の睡眠薬を持って行って服用してもらったところ，翌日にその患者さんが「眠れないと言ったのに，薬をくれることしかしてくれなかった」と言うことがあった。論理的に考えれば，不眠を訴える患者さんに不眠時薬を服用してもらうことは合目的的である。それなのに文句を言うというのは，「患者さんの方がおかしい。患者さんが我儘だ。操作性があるのではないか，はたまた解離？　意識障害？　せん妄？」といったことになる。以前からよく言われていることであるが，「眠れない」と訴える患者さんは，ただ単に眠れない場合もあるし，疼痛や嘔気といった症状や，病状や予後，治療方針への疑念，経済的な心配，家族のこと（小さな子どもを残して死んでいく親や，妻子を残して死んでいく稼ぎ手の場合もある），主治医を代表とする医療スタッフとの関係，同室者との関係，退院後実際に生活していけるのかといったことなどが不安だったり心配だったりする。こうした時の「眠れない」という言葉は，枕詞や間投詞，挨拶の意味の場合がある。「眠れない」という言葉の向こう側に，寂しくて話を聞いてほしい，「どうしたの？」と言ってもらいたい，優しい言葉をかけて欲しいといった気持ちが往々にしてある。

　話が逸れてしまったが，患者さんが語る言葉にどういう意味が含まれているのかについて考えることは，患者さんを理解する上での１つの手がかりであり道具であろう。

　心理検査の投影法は，図版や刺激文に対して患者さんが反応して語る言葉を素材にして，何をどのように読み取っていくかということであろう。刺激に対して私たちは，自分が見たいものや，見たり，感じたり，考えたりし続けているものや，その時見ている（感じている，考えている）ものや，無意識に抱えているものを投影する。それらを額面通り，文字通りに受け取るのではなく，その言葉からうかがわれる，患者さんの対象関係を含むものの見方や価値観，思考の傾向などを感知し，理解し，患者さんの心的世界に見通しをもって俯瞰するのが投影法の方法論であり醍醐味であるように思う。

　しかしながら，人の言葉や文章を額面通り，文字通りに受け取るのではなく，その背後や行間にどういうことが含意されているのかを考えることは，私たちの日常生活において普通に行っていることでもある。したがって，精神科医であっても身体科医であっても，人間関係を営んでいる以上，記号としての言語に感情や想念が伴っていることを理解し，両方の意味を掴み，使いこなす必要はあるだろう。

　ちなみに，投影法であっても統計的処理の下に客観性は担保されていることは言うまでもない。

2 発達検査

●概　論

(1) 乳児期から幼児期の発達のアセスメント

　まだ言語での理解ややりとりが不十分な乳幼児の場合，知能という側面より，運動機能を含めた全体的な発達を捉える発達テストが採用されることが多い。子どもの発達をアセスメントするということは，その子の現在の発達の状況を的確に把握することで，子どもの示す行動や状態を理解し，その後の発達の経過をある程度予測すること，また今できうる適切な支援に結びつけていくことを目的としたものでなくてはならない。人とのやりとりの力，状況の理解の力がついてくることによって，急速に発達が伸びてくる子どもたちも存在しており，経過を追ってアセスメントをしていくことが必要となってくる。

　発達検査には，間接検査と，直接検査の 2 種類が存在する（表 II-2-1）。養育者に対する質問を基に査定する間接検査は，幅広く家庭や発達の状況を聴取できる一方で，親の評価に影響されやすい。一方で，子ども自身に課題を提示する直接検査は，実際のやりとりの中で評価できる一方，社会性や生活面の発達は把握しにくい側面がある。それぞれのメリット，デメリットを熟知した上で，何を目的としてどういった側面から子どもを理解するのかによって検査を選択することが望まれる。

表 II-2-1　発達検査の種類

	対象	所要時間
間接検査		
遠城寺式乳幼児分析的発達検査法	0-4 歳 8 ヶ月	10-15 分
津守・稲毛式乳幼児精神発達診断	0-12 ヶ月	20 分
	1 歳 -3 歳	20 分
津守式乳幼児精神発達検査	3 歳 -7 歳	20 分
KIDS	1 ヶ月 -6 歳 11 ヶ月	
直接検査		
新版 K 式発達検査 2001	0- 成人	30 分 -1 時間
日本版デンバー式発達スクリーニング検査（JDDST － R）	0-6 歳	15-20 分
ベイリー Ⅲ 乳幼児発達検査	1 ヶ月 -42 ヶ月	12 ヶ月以下　50 分 13 ヶ月以上　90 分

1) **間接検査法** 養育者からの聴取による評価法であり，厳密に行えば，発達段階の特徴を捉え，養育環境についても広く情報を得ることができる。養育者の自己記入式で行うと，その子どもの発達段階では考えられない項目の課題が達成できると回答したり，子の家庭での様子が正確に確認できないため，子の様子を観察しながら実施するのが望ましい。検査場面のように限定された場面の状況ではなく，全般的状況が把握できること，また特別な設備や用具は必要なく，短時間でいつでもどこでも実施できるという利点がある。

2) **直接検査法** 子ども自身に実際に行うものであり，上手に検査にのせることができれば，全体的な発達についての客観的な情報を得ることができる。検査を実施できるかどうかは，知能水準には関係なく，個人差や，情緒的な反応等によることが大きい印象がある。質問紙法のように親の評価に左右されることなく，実際の目の前の子どもの姿から多くの情報を得ることが可能である。また検査を実施する際，子どもの課題への取り組みを母親と一緒に観察しながら行うことによって，子どもの反応パターンや発達の理解を親に促すことができるというメリットがある。

(2) 発達のアセスメントの注意点

　発達のアセスメントを行う目的は，その子ども自身の発達の特徴や今の発達段階を知ることで，一人ひとりの子どもの発達と家族にあった援助の方法を見出していくことにある。それぞれの検査は，開発者が発達をどう捉えるかによって構成が異なっているため，どの検査も，事前にマニュアル等を熟読し，どのような目的で，どのような概念で作られた検査なのかを理解すること，また検査の実施に手間取り，検査者の事情で検査時間が長くならないように，十分習熟しておくことが望ましい。また養育者が同席する場合，子どもにヒントを提示したり，手助けをしたりしようとすることがありうる。同席で実施する場合は，事前に，検査者とのやりとりの中で発達をみていくので，子どもの手助けをしないようにと伝えておくことが必要である。1歳半以降で，椅子に着席できる子どもであれば，同室の場合でも少し離れた席で見守ってもらうとよいだろう。

　検査というある一定の構造化された場面での子どもの行動や，反応パターンは，その子自身の特徴を捉えることができる最良の場となりうる。母子のかかわりの様子，検査時の取り組み方，検査者との距離のとり方，教示の理解の程度，注意集中の様子などを注意深く観察することで有用な情報を得ることが可能となる。その情報と，検査結果を合わせて検討することで，その子の発達や能力の特徴をつかみ，その子に合った支援の方策を立てることが可能となってくる。

(3) 乳幼児期の検査のフィードバック

　発達検査を実施することで発達指数や発達年齢などを算出することができるが，得られた指数には必ず測定誤差があり，あくまでも大きな目安である。また乳幼児期の場合は，発達の個人差が大きく経過を見ていくことが必要となってくる。特に発達指数などの数値は検査者の意図を離れて思わぬ形で受け止められることも少なくない。特に子どもが小さければ小さいほど，親の発達に対する不安が強く，数値を伝えることは，より不安を助長してしまうことがある。そのため，いくつかの発達検査では，発達年齢のみ算出を行い，発達指数をあえて出さな

い方向になってきている。検査を実施し，その結果をフィードバックするときには，何を目的としており，何をどう理解する必要性があるのかということを十分吟味した上で，慎重に行うべきであることも改めて明記しておきたい。

　また，乳幼児期の場合，1回の検査結果から発達状態は決定されにくく，経時的に発達を追っていくのが望ましい。また1歳半より年齢が小さい場合は，母子分離が難しく，親と同席あるいは，親に聴取しながら実施することが多い。親と一緒に発達の状況を確認していくことは，親にとって新しい子どもの側面を発見したり，客観的に子どもの状態を捉えなおしたりする1つのきっかけになる。そのため，検査は評価だけが目的ではなく，検査場面を通して，親に子どもの理解を促し，支援をしていくという側面があることを忘れてはならない。特に発達的な遅れや偏りをもつ子の場合，育てにくかったり，親が分かりにくいと感じていたりする子が多く，母子の相互作用の過程や環境との適応過程に問題が生じやすい。そのため，結果のフィードバックについても，発達の状態をプロフィールとして説明し，子の積極的な側面を強調しながら，子どもが苦手なことに対して，日常生活に照らし合わせながら共有し，より適切なかかわりができるように説明していくことが必要である。

発達検査① デンバー発達判定法（DENVER Ⅱ）

歴史	1967年，フランケンバーグ（Frankenburg, W. K.）とドッズ（Dodds, J. B.）はデンバー市の乳幼児をサンプルとして「デンバー式発達スクリーニング検査（以下，DDST）」を考案した。その後，1980年，上田礼子によって日本版に標準化したものが「日本版デンバー式スクリーニング検査（JDDST）」である。1992年，DSSTがDENVER Ⅱに改訂されたことに伴い日本小児保健協会によって日本版に標準作業が進み，現在は「デンバー発達判定法（DENVER Ⅱ）」となっている。
目的	乳幼児期の発達の遅れやアンバランスさを発見することを目的として開発された。あくまでも発達のスクリーニング検査であるため，発達の遅れやアンバランスさがある子を早期にスクリーニングし，適切な対応をすることに大きな役割があり，「疑い」や「判定不能」となった場合は，その後精査を行ったり適切な専門機関への紹介を考えたりする必要がある。
概要	122項目から構成されており，「個人‐社会」「微細運動‐適応」「言語」「粗大運動」の4領域に分けられる。対象児の応答と場合によっては親からの聴取から評価される。その結果，「正常」「疑い」「判定不能」のいずれかに判断される。記録用紙はA4判用紙1枚であり，視覚的に全体の発達の様相を把握しやすい。記録用紙の上下には，年月齢のスケールが書かれており，それぞれの判定項目には標準的な子の25%, 50%, 75%, 90%がその項目を達成する年月齢が示されている。
対象	適応年齢は0歳から6歳までである。健常児・障害児・早産児にかかわらず用いることができる。ただし，早産児の場合は月年齢の計算を修正する必要がある。

1. 実施方法

準備：実施する前に十分に『DENVER Ⅱ―デンバー発達判定法』（以下，DENVER Ⅱ）（日本小児保健協会，2003）を熟読し，検査に精通しておく必要がある。まず，判定用具がすべて用意できているかを確認する。判定用具は，赤い毛糸の玉，テニスボール等があり，セット購入するか（白い紙とレーズンは自分で用意する），自分で準備する必要がある。判定場所としては，粗大運動の項目を実施するための適切な場所が必要とされている。適切な椅子やテーブルを置く必要があるが，安全性には十分配慮しなければならない。なお，DENVER Ⅱの補助的な役割として「DENVER Ⅱ予備判定票」がある。詳細は本稿では割愛するが，DENVER Ⅱの実施の必要性の判断に役立つものとなっており，DENVER Ⅱの実施前に活用するとよい。

実施方法：DENVER Ⅱ（日本小児保健協会，2003）に従って検査を進める。また，判定を始める前に保護者や対象児と信頼関係が築けるよう努力する必要がある。記録用紙に名前や生年月日等基本事項を記載し，年月齢線を引く。2歳未満で早産児の場合は修正月年齢で計算するため注意が必要である。判定の順序は，対象児に応じて柔軟に調整されるべきであるが，まずは判定用具を対象児の前に置き遊ばせておきながら，保護者に判定の個人‐社会領域の「報告でも可」の項目を尋ねるとよいとされている。これは対象児が判定者に慣れる機会となるためである。実施する判定項目は，対象児の年月齢と能力により異なり，目的や判定に利用できる時間を考慮し決める。判定用具を用いるときは，対象児が飲み込んだり，目を傷つけたりしないように注意しなければならない。各判定項目の結果は記録用紙に記入をする。合格の場合はP，不合格の場合はF，その項目をしたことがない場合はNO，拒否の場合はRとなる。

所要時間：定められた時間はないが，知能検査と比べると，短時間で実施することが可能である。

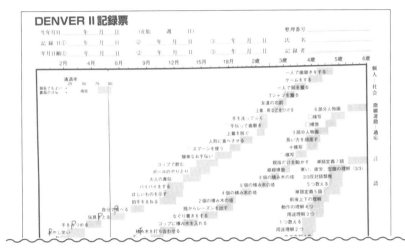

記録用紙の記入例（一部）

2. 分析・解釈の方法

それぞれ個々の項目において年月齢線との交わり具合から「進んでいる」「正常」「要注意」「遅れ」「したことがない」の5つのいずれかに判定される。「要注意」は年齢線が75％と90％の間（記録用紙に青く表示されている部分），あるいはその上にある時にその項目が不合格（F），あるいは拒否（R）の場合に判断される。記録用紙には標準枠の右側にCと記載するとよい。「遅れ」は年月齢線より完全に左側にある項目に不合格（F），あるいは拒否（R）である場合に判断される。記録用紙には標準枠の右側に赤色を塗って強調させるとよい。そして，それらの結果から全体的な総合的判断を行うこととなる。総合的判断は，「正常」「疑い」「判定不能」の3つであり，2つ以上要注意，および／または1つ以上の遅れがある場合「疑い」と判断される。「疑い」や「判定不能」となった場合は目的に応じて，2-3週間後に再度判定を行ったり，専門機関への紹介を考えたりする必要がある。ただし，検査場面での児の情緒的な影響（寝ている，気が乗らない等）や生育環境や家庭的背景等を考慮しなければならない。また，判定者の熟達度による問題がないかも注意する必要がある。

3. 所見・フィードバック面接

DENVER IIはあくまでもスクリーニング検査であり，判定結果を過信するのはよくない。所見については，目的に応じて作成してもよいが安易に保護者の不安を煽るものとなってはならない。フィードバック面接においても，本検査の限界を伝えながら必要に応じて再検査の提案，専門機関への紹介を行う。

引用文献

Frankenburg, W. K., Dodds, J. B., Archer, P., Shapiro, H., & Bresnick, B. (1992). The Denver II: A major revision and restandardization of the Denver Developmental Screening Test. *Pediatrics*, **89**, 91-97.（社団法人日本小児保健協会（編）(2003). DENVER II—デンバー発達判定法　日本小児医事出版社）

発達検査② KIDS（乳幼児発達スケール）

歴史	乳幼児の発達を評価するものは津守・稲毛式（1961）や遠城寺式（1977）など標準化された年代が古く，現代の生活状況に見合うものがなかった。乳幼児の心身発達の前傾向現象を受け，大村政男らが作成したのが Kinder Infant Development Scale（KIDS：キッズ）である。1989 年に 38 都道府県，6,090 名の子どもを対象に標準化が行われた比較的新しい質問紙式発達検査である。
目的	乳幼児の日常生活の様子をよく知る主たる養育者等に発達状況を観察・評価してもらう質問紙式のスクリーニング検査である。検査場面を必要とせず，普段の生活全体から評価ができる。他の質問紙よりも項目が細分化されているため，子どもの発達スキルを多面的に，かつ総合的に捉えることができる。項目も発達順序に構成されているため，養育者自身が回答をすることで子どもの発達の指標を意識させ，子育ての参考になることもねらいとしている。項目に対してできる「○」，できない「×」のどちらかに丸を記入するため，回答は簡単に行うことができる。ただ，その簡便さゆえ観察していない場面でも答えてしまうことや，養育者の期待や不安などが影響し回答がゆがめられる可能性も考慮しておく必要がある。
概要	「運動」「操作」「理解言語」「表出言語」「概念」「対子ども社会性」「対成人社会性」「しつけ」「食事」の 9 領域のプロフィールからなり，領域ごとに○ 1 つにつき 1 点として換算し，合計点を算出する。性差の出やすい項目をなくし男女同一換算表によって結果の処理を容易にしており，算出された得点をプロフィールに示す。得られた結果から，総合発達指数（DQ）を計算することもできる。
対象	0 歳 1 ヶ月～6 歳 11 ヶ月までの子どもが対象である。ただ，タイプ T は発達遅滞傾向のある子にも使用できる。

1. 実施方法

準備：KIDS 検査用紙（タイプ A, B, C, T）。記入者としては 3 通りが可能である。①面接者が母親（もしくは主たる養育者）に質問をして記入する（面接者＝心理専門家・教育専門家・保育専門家），②母親（もしくは主たる養育者）が直接記入する，③保育士・幼稚園教諭などが直接記入する。検査場面を要さないため，養育者等に家で記入してもらうことも多い。あらかじめ検査の趣旨を伝え，回答を基に子どもの発達を評定していくという目的を伝えることが望ましい。

実施方法：
①検査方法；評定としては「明らかにできるもの／過去においてできたもの／やったことはないが，やらせればできるもの」は○，「明らかにできないもの／できたりできなかったりするもの／やったことがないのでわからないもの」は×とし，記入していく。原則，全項目に記載するが，心理検査の専門家が実施する場合には，○や×が連続して 5 問続くときは，それ以降を省略する簡便法を用いることもできる。

②発達プロフィールの作成；表紙裏面に領域ごとの得点を記載し，発達プロフィールとしてグラフ化することができる。領域ごとに○印を 1 点とし，数えていく。○，×の双方にマルがついている場合も 1 点とするが，△や？，未記入の場合は得点としない。発達プロフィールには相当する発達年齢が記載されているため，表紙の記入欄に発達年齢，得点を転記する。すべての領域の合計得点を計算し，総合発達年齢換算表を用いて総合発達年齢を求める。総合発達年齢［（DA）÷生活年齢（CA）× 100］により総合発達指数（DQ）を求めることができる。ただし，この検査における発達指数の総合平均は 105 となるように設定されている。

所要時間：15 分程度。

2. 分析・解釈の方法

まずは，9 領域ごとの発達年齢を確認していく。本検査に特徴的な部分は，生活自立を「しつけ」と「食事」という 2 つの領域で測定していることである。この領域は，社会適

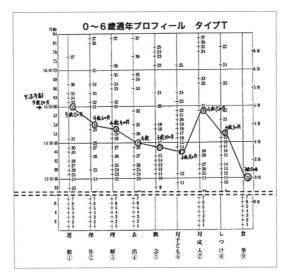

KIDS プロフィール記入例

応と関連しており，特に「しつけ」は社会生活を営むための自己コントロールとも捉えることができる。ただ，経験の有無・養育の方針といった環境的要因にも左右されるため，生活年齢よりも低い場合は子どもの特性なのか，環境要因なのかを聞き取りで把握する必要がある。また，社会性に関しても，「対成人社会性」と「対子ども社会性」に分けられており，対人関係の基盤となる大人との関係性と，そこを基盤とした同年代との関係性を別で評定している。どこに苦手さがあるのか，また今どういった段階にあるのか，プロフィールを分析することで，より具体的に発達のアンバランスさを捉えることができる。

KIDS は年齢に伴い一般的にできるようになる行動が順番に書かれており，項目の〈　〉内の数字がその項目ができるようになる相当月齢を示している。領域ごとに分析を行い，プロフィールの解釈を行った後は，どういった項目が不通過なのか，○と×が混在していないかなど具体的に項目を確認していくことが望ましい。より詳細に子どもの発達の特徴を捉えることができるとともに，回答した養育者等が感じている育てにくさを明らかにすることができる。

3. 所見・フィードバック面接

本検査の結果より，発達の遅れやアンバランスさが疑われる場合は，他の発達検査とバッテリーを組んだり，生活場面での適応状況を具体的に聴取したりした上で，詳細にアセスメントを行うべきである。特に，生活年齢と発達年齢にギャップがある場合，その背景要因について検討を行う必要がある。また，できる・できないの評定にとらわれず，KIDS の結果を基にどういう場合ならできるのか，できにくい理由はどこにあるのかなど具体的なエピソードを確認しながら面接を行うことが望ましい。

引用文献

三宅和夫（監修）　大村政男・高嶋正士・山内　茂・橋本泰子（編）(1991). KIDS（キッズ）乳幼児発達スケール手引　発達科学研究教育センター

発達検査③ 新版 K 式発達検査 2001

歴史	1951 年，京都市児童院（現：京都市児童福祉センター）で開発された。嶋津・生澤らによって原案が制作され，主に京都市内で使用されていた。その後，改訂と標準化が行われ，1980 年に 1 つの尺度となり「新版 K 式発達検査」として公表された。1983 年には尺度が 13，14 歳まで拡張され「増補版（新版 K 式発達検査，1983）」が公表され全国に広まった。そして，2001 年に時代に合わせ再度改訂となり，2002 年「新版 K 式発達検査 2001」として尺度も成人まで拡張された現在の検査となった。
目的	子どもの発達支援，障害児者の支援に役立てるために発達状態を捉えることが主な目的である。その他，臨床診断のための補助的役割や，療育手帳などの判定にも用いられることがある。数値による能力の測定より，反応内容や検査態度，保護者とのやりとりなどの検査場面の観察に重きを置き，一人ひとりの発達状態を捉え支援に結び付けていくことが重要な役割である。
概要	個人検査である。ゲゼル（Gesell, A.），ビネー（Binet, A.），ビューラー（Bühler, C.）などが考案した項目に独自の項目を加えた 328 の検査項目から成っており，姿勢・運動（postural-motor, P-M），認知・適応（cognitive-adaptive, C-A），言語・社会（language-social, L-A）の 3 つの領域に分類されている。検査項目は，6 枚の検査用紙（第 1 葉〜第 6 葉）に記載されており，16 歳までの項目は 50％が合格（以下，通過）できる年齢（通過年齢）に基づいて配列されている。それ以上の年齢については難易度に応じて成人 I，成人 II，成人 III の 3 段階で配列されている。検査結果からは，各領域および全領域の発達年齢と発達指数が算出される。
対象	適応年齢は 0 歳から成人までである。健常児者・障害児者・早産児にかかわらず用いることができる。なお，障害児者の場合は障害の状態に応じて適切な配慮をしたり，早産児の場合は修正年齢を算出したりと，対象者の力が最大限発揮できるようにする必要がある。

1. 実施方法

準備：実施する前に十分に『「新版 K 式発達検査 2001」実施手引書（以下，実施手引書）』（生澤ら，2002）を熟読し，検査用具を実際に触れるなどして検査に精通しておく必要がある。また，検査項目のもつ意味も理解しておくべきである。その他，子どもや障害児者に接する経験や子どもの心理や発達に関する基本的な理論や知識を習熟しておくことは必須である。検査場所としては，適当な広さ，明るさ，室温等考慮する必要がある。また，集中して検査に取り組めるように，不要なものや騒音など妨害的な刺激はできるだけ取り除くことが望ましい。加えて，対象者の年齢に応じて検査用の寝台または検査机と椅子を置くとされているが，安全面には十分に注意する必要がある。また，検査用具は，すべて揃っているか，どこに何が置かれているか把握すること，加えて，検査用紙に必要事項を記載するなど，スムーズに検査が行われるよう努める必要がある。

実施方法：実施手引書（生澤ら，2002）に従って検査を進める。検査者の位置は，対象者の安全に配慮しながら記録がとれるところがよい。0 歳児の項目（第 1 葉，第 2 葉）は主に姿勢や用具への興味の観察であり，無理なく行うために実施順序が定められている。1 歳児（第 3 葉）以降の実施順序は基本的に定まっておらず，対象者の様子をうかがいながら彼らの力が最大限発揮できるように実施をする。低年齢では，視覚的に興味を引きやすい積木やはめ板等から始めることで抵抗が少なく開始することができる。必ずしも実施できる生活年齢級の項目に固執することはないが，各行すべて通過する項目から不通過の項目まで実施する。通過，不通過は検査用紙の所定の欄に+，－などの記号で記入する。また，その他の対象者の様子や反応もできるだけ詳しく記録しておく必要がある。検査中にどうしても観察できなかった反応については聴取を行うが，できるだけ聴取には頼らない

記入済み検査用紙の一部

ように注意すべきである。また，低年齢の場合，寝ている等，十分検査にのれない場合も存在する。その場合，並行して間接検査を実施するとよい。

所要時間：定められた時間はないが，おおむね 30–60 分弱で完了することが多い。子どもの場合，集中が長く続かないことが多いため，所要時間は短い方が好ましい。

2. 分析・解釈の方法

検査用紙上で，各行ごとの通過から不通過へ移り変わる境目をはっきり示すため，一本の線でつなぐ。これをプロフィールと呼ぶ。プロフィールを描くにあたって以下のことに留意する。①プロフィールは，凸凹がなるべく小さくなるように描く。②プロフィールは屈曲点がなるべく小さくなるように描く。③プロフィールの屈曲が複数の点で可能なときは，❶二重線，❷実線，❸破線の順で優先順位をつける。実際の検査では，時々通過領域（プロフィールより低年齢側の領域）に不通過項目が混ざったり，その逆が生じたりする。この場合は，混入した項目は見やすいように項目全体を丸で囲っておく。発達年齢と発達指数の算出は，通過項目の数によって算出する。その際，年齢級により異なった重みづけが必要である。重みは，検査用紙の下，得点欄に丸の中の数字で示されている。このように 3 領域と全領域の検査得点を求めたら，実施手引書の領域別換算表，全領域換算表を用いて発達年齢を換算する。続いて，発達年齢（DA）÷生活年齢（CA）× 100 で発達指数を求める。なお，早産児や 14 歳以上の対象児は，所定の手続きにしたがって生活年齢を修正する。解釈は，発達年齢，プロフィールの凸凹のみならず，反応内容や保護者とのやりとりなど観察から得られたことも含め総合的にみることが重要である。一項目の表面的な意味のみに捉われず，項目の相互関係にも着目し，多角的に捉える必要がある。また，生活史や環境も十分に考慮しなければならない。

3. 所見・フィードバック面接

所見の内容は目的に沿って記述する必要がある。保護者や保育士等，対象者と日常生活をともにする者に書く場合は，単に発達年齢や発達指数を示すだけでなく，対象者の日常の姿と照らし合わせながら，支援につながる所見にすることが望まれる。また，フィードバック面接も，同様のことを念頭に置きながら，対象者の発達の理解が深められるように実施する。当然のことながら，その際の心理的配慮も忘れてはならない。

引用文献

嶋津峰眞（監修）生澤雅夫（編）(1985)．新版K式発達検査法―発達検査の考え方と使い方　ナカニシヤ出版
生澤雅夫・松下　裕・中瀬　惇 (2002)．「新版K式発達検査 2001」実施手引書　京都国際社会福祉センター

発達検査④ 遠城寺式乳幼児分析的発達検査法

歴史	1958年，九州大学小児科の遠城寺宗徳を中心として遠城寺式乳幼児分析的発達検査法が発表された。その後，子どもの生活環境の変化を加味し，より容易に発達評価ができるようにと，1977年に全面的な改訂が行われた。
目的	0歳児から利用できる簡易式の発達のスクリーニング検査である。養育者に対する質問紙式の検査として利用される場合も多いが，専門家が行う際には実際に課題を提示し，子どもの様子を観察することで評定を行う。乳児期から幼児期まで各月齢の発達課題が詳細に書いてある。検査項目を縦に評定していくことで，領域ごとの子どもの発達年齢を確認することができ，子どもの年齢段階における発達課題を横断的に見ていくこともできる。ただ，標準化された年代が古いため，社会環境の変化に伴い，年齢と課題が必ずしも現代の発達状況に即していない部分もあるので，注意を要する。
概要	子どもの暦年齢に相当する問題から開始し，できるものに「○」できないものに「×」と回答していく。検査領域は「運動（移動運動・手の運動）」「社会性（基本的習慣・対人関係）」「理解・言語（発語・言語理解）」の3領域，6項目に分かれており，プロフィールを完成させることで発達の遅れや，アンバランスさなどを把握することができる。短時間で評定を行うことができる，養育者や専門家同士でも結果を共有しやすい，同一質問紙上に何度でも記入でき，発達を継続的に見ることができるといった点がメリットとして挙げられる。
対象	0歳0ヶ月から4歳8ヶ月までが対象とされる。ただし発達に遅れがある場合には小学校低学年も対象となる。

1. 実施方法

準備：遠城寺式乳幼児分析的発達検査用紙，手引き，検査道具（ボールやガラガラ，おもちゃの太鼓など1歳未満の課題に使用する用具から，大小の理解を確認するためのカードや数の概念を確認するための積み木など計20個の用具）。検査場面は子どもが検査に集中できるよう環境を整えておく。

実施方法：
①検査方法：まず，グラフ欄の「暦年齢」と書かれた線上に子どもの年齢相当位置に点を打ち，暦年齢相当の問題から検査を始める。ただし，明らかに発達の遅れがみられる場合は，通過できそうな年齢の問題から始めてもよい。問題が現段階でできる場合には「○」，できない場合には「×」を問題の欄に記載していく。原則として低年齢の問題から上へと検査をしていくが，明らかにできると思われる問題は省略しても構わない。次頁の図を参照していただきたいが，❶合格の場合には上の問題に進み，不合格が3つ続くとそれ以上の問題はしなくてもよい。❷低年齢の問題も合格が3つ続いたところで，それ以下の年齢段階の問題については通過していると判断し，中止する。3領域，6項目とも順次実施していく。子どもが未経験のために判定が困難な場合や家族に尋ねたほうがよい問題については，養育者から状況を聴き取ることで記載していく。その際に，養育者のバイアスがかかることが多いため，具体的な状況をイメージしやすいように質問していくことが重要である。また，発達の伸びを確認していくためにも，乳児期は4ヶ月，幼児期には6-8ヶ月おきに検査を行うことが望ましいとされている。

②発達グラフの記入方法：❸合格の一番上の検査問題をその子の発達年齢として発達グラフ欄に点を打つ。❹ただし，○と×が入れ替わる場合もあるため，○の数を数えて該当する年齢に点を打つ。すべての領域・項目について点を打ち，各項目の点を結び，発達グラフを完成させる。

所要時間：10-15分程度。

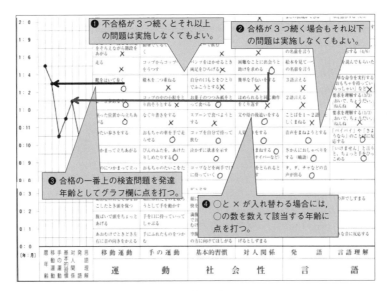

遠城寺式乳幼児分析的発達検査法記入例（記入，注記は著者による）

2. 分析・解釈の方法

結果の判定：発達グラフの点の位置が各領域の発達年齢を表している。ただし，本課題は1950年代に，各月齢の60-70％の子どもが通過するとして設定されており，生活環境が変化した現在の発達状況とは異なる場合もある。さらに，集団に参加しているか，その課題を経験したことがあるかということも結果に影響するため，算出された発達年齢のみにとらわれないように気をつける。

下位領域の解釈：発達グラフを見ることでその子の特徴や困難さを理解するきっかけになる。例えば，自閉スペクトラム症児では対人関係の苦手さが「社会性」「言語」領域の遅れとして表れてくるだろう。知的障害児の場合，全体の領域の発達年齢の遅れ，特に「言語」や「運動」の「手の運動」が低く出る傾向がある。また，発達年齢段階の問題を横断的に関連を見ていくことも重要である。例えば，なぐりがきのような手首を回す力が発達することによって，「社会性」の「基本的習慣」におけるさじの使用や包み紙の開封などができるようになってくる。また，対人関係において，相手の身振りの真似などの模倣ができにくいと発語の音声の真似にはつながっていかないと言えよう。このように各領域は相互に関係していることを意識し，どの部分に難しさがあるのか項目ごとに分析を行うことも重要である。

3. 所見・フィードバック面接

養育者にも子どもの様子を見てもらいながら行うことができ，聞き取りにより家族と子どもの関わりも垣間見ることのできる検査である。発達の遅れに対して保護者が敏感になっている場合，できない部分を強調すると不安を高めてしまう可能性もある。生活年齢に近づける関わりではなく，発達年齢相当の関わりを繰り返し行っていき，丁寧に身につけていくことが重要であると伝える。観察した検査場面の様子，聴取した情報等を踏まえ，養育者が家庭でできる具体的な関わりを話し合うことが望ましいと考える。

引用文献

遠城寺宗徳・合屋長英・黒川　徹・名和顕子・南部由美子・篠原しのぶ・梁井　昇・梁井迪子 (1977). 遠城寺式乳幼児分析的発達検査法　慶應義塾大学出版会

発達検査⑤ 乳幼児精神発達診断法

歴史	津守・稲毛により日常生活の中にあらわれるありのままの行動の収集を基に開発された。1961年に『乳幼児精神発達診断法—0才〜3才まで』(津守・稲毛，1961)が，1965年には「3才〜7才まで」(津守・磯部，1965)が発刊された。後の1995年には増補版（0才〜3才まで）が発刊された。増補版の発刊にあたり，発達指数の算出は除外された。従来の発達検査は直接検査であるのに対し，本検査は検査場面の設定が不要である点で大きな役割を果たした。
目的	乳幼児，障害児の発達状況や特徴を明らかにすることが目的である。他の発達検査を補うものとして使用されることもある。
概要	母親（または，主たる養育者；以下，母親）と面接をし，対象児の日常の発達状況を尋ねることで対象児の発達を捉える間接検査である。『乳幼児精神発達質問紙』を使用し，該当する質問を尋ねる。これは，年齢によって「1〜12ヶ月まで」「1歳〜3歳まで」「3歳〜7歳まで」の3種類ある。基本的には「運動」「探索・操作」「社会」「生活習慣」「言語」の5領域で構成されている。質問項目は日常生活に即した内容になっており自然な雰囲気の中で実施できる点，検査時の子の状態に左右されず実施することができる点で有益である。ただし，1960年代に開発されたことがあり，当時の社会的文化的背景の影響を受けている項目があるため考慮する必要がある。
対象	適応年齢は0歳から7歳までである。定型より発達が遅れている子（障害児等）については，適応年齢以下の年齢でも実施可能である。健常児・障害児・早産児にかかわらず用いることができる。

1. 実施方法

準備：実施する前に乳幼児の発達に関しての基礎知識は習得しておくことが望ましい。検査場所としては，母親と面接できる部屋を用意すればよい。子が同室の場合は子が安全に過ごせるスペースを確保する必要がある。質問内容は私的な内容に関するものという意識を与えないとされているため，個室である必要はないとされているが，十分に会話ができる環境は整える必要がある。

実施方法：まずは，母親と信頼関係を築くことが重要である。ごく自然な会話の中で子の発達状況を話し合えるとよい。会話の中で自然と質問項目が話される場合も多くあり判定の際の参考となる。また，より生き生きとした子の様子を聴取でき今後の支援に役立つものとなる。ただし，自然な雰囲気の中でも，一つひとつの質問項目は客観性をもって判断しなければならない。可能な限り項目は表現通り読んで尋ねるとよい。尋ねる順番について決まりきった規定は設けられてないが，子ができそうな項目から尋ねたり，同様の内容の項目はまとめて尋ねたりすると負担が少なく実施できる。項目の前の番号が書かれている。これは，点より前の数字は月齢を示しており，点より後の数字はその領域の中の通し番号を示している。評価は，○，△，×をつけることで行う。確実にできるならば○，明らかにできない，もしくは，そのような経験がない場合は×，ときどきできる場合，もしくは，ここ数日内にできるようになった場合は△印をつける。すべての項目ができる月齢からどの項目もできない月齢のところまで尋ねる。すべて○となった月齢項目より，以前の項目はすべて○とみなし，すべて×となった月齢項目より，以降の項目はすべて×とみなす。

所要時間：約20分（0-3歳まで），または約30分（3-7歳まで）で終了できるとされている。

検査用紙

2. 分析・解釈の方法

　当初0-3歳までの子の場合に採用されていた発達指数は，表面的な理解に留まることを危惧し，増補版の際に削除された。分析や解釈の手立てとなるものとしては，大きく発達年齢，発達輪郭表がある。発達年齢の手続きは，まず，○1つを1点，△を0.5点（3-7歳の場合は0点）とし，各領域の合計点を算出し，その合計点を換算することで得られる。発達年齢への換算は，引用文献を参照してほしい。発達輪郭表は，回答を転記し，「運動」「探索・操作」「社会」「生活習慣（食事・排泄・生活習慣）」「言語（理解・言語）」の各領域の発達段階を線でつなぎ，折れ線グラフで図示するものである。どの領域が発達し，どの領域の発達が停滞しているのか等が明瞭に把握できる。例えば，肢体に障害のある子は「運動」や「探索・操作」の得点が低く，自閉スペクトラム症の子は，「社会」「言語」の得点が低い傾向にある等，その特徴をプロフィールで確認することができる。これらに加え，一つひとつの回答内容を丁寧に扱うことで子の発達の現状，背景，今後の課題を捉え考えるために極めて重要である。なお，他の検査と比べ，質問項目が運動面は細かく設定されているが，1歳以下の言語領域の項目数は少ない等の特徴を有している。そのため，場合によっては，他の検査も併用することが望ましいだろう。また，本検査は，知能検査のIQとの相関は認められていない。その点も考慮し使用する必要がある。

3. 所見・フィードバック面接

　所見を書く際は，特に母親に直接回答してもらった場合，過大評価していることがあるため注意する必要がある。また，実施目的によっても異なるが，改めてフィードバック面接を設けるより，検査者は検査を実施しているなかで，母親と子の発達状況を共有できるとより子の理解が進みやすい。場合によっては，縦断的に実施し，発達の経過を追うことで，支援に活かしていけるとよい。

引用文献

津守　真・稲毛教子（1961）．乳幼児精神発達診断法―0才～3才まで　大日本図書
津守　真・磯部景子（1965）．乳幼児精神発達診断法―3才～7才まで　大日本図書
津守　真・稲毛教子（1995）．増補　乳幼児精神発達診断法―0才～3才まで　大日本図書

発達検査⑥ S-M 社会生活能力検査［第3版］

歴史	1950年代，三木安正らは国内の知的障害児に対し実態調査を行い，ドール（Doll, E. A.）が開発した社会成熟度検査を参考に「社会生活能力」を測定する検査を作成した。その後，社会生活状況の変化に合わせた項目修正や低年齢段階の尺度の必要性などから1980年に改訂版として「新版 S-M 社会生活能力検査」が作成され，標準化された。さらに2016年には，これまでの社会生活能力検査の考え方や構成を継承しつつ，より現代の生活様式に合わせた項目内容の改訂と再標準化が行われた（上野・名越，2016）。
目的	この検査は，日常生活を送る上で必要な社会生活能力を簡便に捉えるために開発されたものである。近年アセスメントを行う際に，知能な能力だけではなく，その子自身がどの程度日常生活の中で自立・適応しているかという「生活適応能力」も重視されてきている。社会生活能力のおおよその発達を捉えることや，個別の支援計画の作成のために用いられることもある。本検査だけでなく，適応行動全般を測定することができる「日本版 Vineland Ⅱ 適応行動尺度」，社会適応の基礎的能力を測定する「ASA 旭出式社会適応スキル検査」なども刊行されている。
概要	本検査は被検児の日常生活をよく知る保護者などに記入してもらう質問紙式の検査である。全129項目から成り立っており，できるものに「○」，できないものに「×」と回答し，粗点から全検査社会生活年齢（SA）や社会生活指数（SQ）に換算することができる。また，それらは6つの構成領域（身辺自立，移動，作業，コミュニケーション，集団参加，自己統制）からなり，領域別の SA を算出することもできる。各領域をプロフィールにすることで，社会生活能力面での子どもの特徴を捉えることができる。
対象	満1歳から13歳までの児童である。ただし，社会生活能力の遅れがある場合には13歳以上でも適用することができる。

1. 実施方法

準備：新版 S-M 社会生活能力検査用紙［第3版］，手引き。

実施方法：

①記入について：被検児の日常の様子をよく知る家族，もしくは担任教師などに記入してもらう。面接が可能な場合は，専門家が聞き取りを行いながら記入した方が，客観的な評価が得られる。評価の基準としては，項目に記載されている事項に対し「日常生活の中でほとんどできている／機会があればできると思われる／今はできないが，小さい頃にはできていた」に該当する場合は○をつけ，「まだできない／たまにできてもあまりよくできない／これまでに行う機会がなかったが機会があってもできないと思われる」に該当する場合は×をつける。

②検査方法について：生活年齢（CA）を算出し，Ⅰ-Ⅶ（Ⅰ：6ヶ月-1歳11ヶ月，Ⅱ：2歳0ヶ月-3歳5ヶ月，Ⅲ：3歳6ヶ月-4歳11ヶ月，Ⅳ：5歳0ヶ月-6歳5ヶ月，Ⅴ：6歳6ヶ月-8歳5ヶ月，Ⅵ：8歳6ヶ月-10歳5ヶ月，Ⅶ：10歳6ヶ月以上）の発達段階指標を目安に，該当する年齢段階から回答を始める。ただ，発達に遅れのある子どもの場合は，現在の発達の状況を考慮し，可能な発達段階から開始する。

年齢段階の最初の項目から連続8項目○がついた場合は，前の年齢段階の項目はすべてできるものとみなし（下限），回答を続ける。しかし，連続8項目○がつかずに×がついた場合は，そこで中断し前の年齢段階の最後の項目に戻り，連続8項目○がつくまで，逆に検査を進めていく。そこで連続8項目○がつけば，それより前の項目はすべてできるとみなし（下限），中断した項目に戻り検査を続ける。検査の終わりは8項目連続×がつく（上限）まで続け，それ以降の項目はすべてできないとみなす。

所要時間：15分から20分程度。

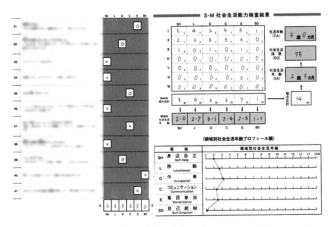

S-M 社会生活能力検査［第3版］ プロフィール例（一部加工）

2. 分析・解釈の方法

社会生活年齢（SA）と社会生活指数（SQ）の算出：検査用紙の評価欄を領域別に縦に見ていき，○の項目数をⅠ–Ⅶの発達年齢段階ごとに数え，評価欄の最後に記入する。下限より前の項目はすべて○，上限より後の項目はすべて×にして数え，各領域・全検査粗点の合計を計算する。手引きの付表を基に，領域別SA，全検査SAを読み取り，記録欄に記入する。SQも付表を用いて調べるが，「全検査社会生活年齢（SA）÷生活年齢（CA）×100」で算出してもよい。プロフィール欄に領域別SAをプロットし，視覚的に被検児の特徴を捉える。

下位領域の解釈：結果の解釈において，具体的にどのような能力の発達につまずきがあるのか，その理由を明らかにすることが重要である。そのため，必要に応じて知能検査等とバッテリーを組み，精査していくことが推奨されている。一概に知的能力と社会生活能力は一致するものではないが，関連は強い。そのため，「身辺自立」「移動」「作業」領域が明らかに知的能力に比べて低い場合は経験の乏しさや環境が整っていないことがつまずきの要因として挙げられるかもしれない。また，「コミュニケーション」「集団参加」「自己統制」領域においては，子どもの特性により，○×のばらつきがでることもある。そのため領域別SAのみで判断するのではなく，各項目レベルでの分析を行うことが重要である。

3. 所見・フィードバック面接

社会生活能力は学習や経験によって発達が急速に伸びてくる可能性が十分にある力である。その点では，現在の子どもの社会生活能力の把握とともに，今後，必要になってくる経験やスキルを話し合えるとよいだろう。しかし，適応状況ばかりを重視するのではなく，社会環境の中でその子なりに折り合いをつけて生活しやすいように導いていくことも重要である。フィードバックを行う際には，その子に合わせて環境を整えることや，スキルアップのための学習支援なども視野に入れて面接を行うことが大切である。

引用文献

肥田野直（監修）(2012). ASA旭出式社会適応スキル検査 手引 旭出学園教育研究所
三木安正 (1980). 新版S-M社会生活能力検査 手引 日本文化科学社
辻井正次・村上 隆（監修）. 黒田美保・伊藤大幸・萩原 拓・染木史緒 (2014). 日本語版Vineland-Ⅱ適応行動尺度 マニュアル 日本文化科学社
上野一彦・名越斉子・旭出学園教育研究（編）(2016). S-M社会生活能力検査 第3版 手引 日本文化科学社

発達検査⑦ ベイリーⅢ乳幼児発達検査

歴史	ベイリーⅢ乳幼児発達検査（Bayley Scale of Infant & Toddler Development-Ⅲ［以下，ベイリーⅢ］）は，アメリカの心理学者ナンシー・ベイリー（Bayley, N.）が作成したベイリー発達検査（1969），ベイリー発達検査第2版の改訂（1993）を経て，最新の子どもの発達理論や研究知見を踏まえながら，2006年に発行された。
目的	発達の遅れをもつ子どもを特定し，介入計画のための情報を提供するという初期の目的を継承しながら，総合的に子どもの発達を多角的に査定することができるように改訂が重ねられている。
概要	ベイリーⅢは，世界で最も利用されている発達検査であり，認知，言語（受容言語，表出言語），運動（粗大運動，微細運動），社会－情動，適応行動の5領域から構成されている。認知，言語，運動の3領域は子どもを直接観察・査定し，社会－情動，適応行動については保護者に質問を回答してもらう。ベイリーⅢは，子どもの総合的な発達について詳細にアセスメントすることができる。加えて，繰り返し測定を行った結果を発達チャートに表すため，継続的に子どもの発達を捉えることも可能になる。それらのことから，子どものスキルや能力，長所や苦手なところの理解について，保護者に示唆を与えることが可能となる。この検査は，欧米で広く用いられている発達検査であり，国際比較がしやすい点，日本でよく用いられる新版K式発達検査などの発達検査と比べて3歳半までの言語や運動のアセスメント項目が充実している点，検査中の観察で得ることができない社会性や適応行動についての情報と面接で得られた情報を合わせて検討することができる点，などが挙げられる（片桐，2016）。日本では2013年（平成25年）に標準化作業が開始されている。
対象	生後1ヶ月から42ヶ月の乳幼児を対象としている。

1. 実施方法

準備：検査者は検査実施や解釈の複雑性を考慮し，発達のアセスメントの訓練を受け，経験を積んだ専門家が望ましい。また，①検査者はラポールを形成・維持する方法，②子どものパフォーマンスを最大限に引き出す方法，③心理検査に関する標準的な手続きへの準拠や検査の保全といった，査定手続きの基本的原則を熟知しているべきである。検査環境は，子どもが検査に集中できるような個室で行い，気が散るようなものは置かない。歩行やジャンプといった粗大運動を実施できるように一定の部屋の広さも必要となる。また，子どもが姿勢を保てる高さの机と椅子も用意する。検査実施前には，検査道具に加え，ティッシュペーパーやラムネ菓子など，検査に必要なものを準備し，子どもの目に届かないようなところに置いておく。また，子どもが集中を維持できるように，スムーズに検査を行うことが大切であり，事前に検査のリハーサルを十分にしておくことも必要である。

実施方法：検査は，子どもの年齢に応じて実施課題の開始点が決まっている。項目は難易度順にまとめられているため，可能であれば項目順に実施する。しかし，子どもの様子やラポール形成の程度によって，言語領域などの一部の課題を除き，検査者は実施順を柔軟に決めることができる。また，検査者との間では見られなかったが，保護者に対して言語的行動や社会的行動が見られる場合があり，これらの行動が検査者によって観察された場合のみ，得点に入れてもよい（「偶発的な観察」）。この偶発的な観察は，検査中のどのタイミングに検査者が観察しても，得点に入れることができる。例えば，微細運動の課題の際は通過しなかった課題が，認知課題の際に見られた場合は点数化することができる。

所要時間：子どもが12ヶ月以下の場合は約50分，13ヶ月以上の場合は90分ほどかかる。ただし，検査者の検査への精通，子どもの不得意などの要因によって，検査時間は多少前後する。

検査道具の一部

2. 分析・解釈の方法

まず，検査の素得点を下位尺度ごとに記入し，尺度得点を計算する。これらの尺度得点の合計点から，認知尺度，言語尺度，運動尺度，社会-情動尺度，適応行動尺度の5領域の合成得点を算出する。下位尺度得点は平均10，標準偏差3，合成得点は平均100，SD15で標準化されている。領域ごとに偏差得点と発達年齢は算出するが，総合的な単一の発達指数，発達年齢は出さない。そして，パーセンタイルや信頼区間についても，マニュアルに書かれている表を参照しながら記入する。また，よりよい解釈を行うために，尺度得点と合成得点をプロフィールに表す。加えて，子どもの5領域における下位尺度同士の差について統計的に検討を行うために，標準化データと比較して，下位尺度間でディスクレパンシーを計算する。情動の発達段階を捉えるために，社会-情動領域内の8項目から社会-情動成長チャートを作成し，感覚処理能力を査定する。適応行動尺度については，分野ごとのディスクレパンシーの比較を行うために，合成得点から概念・社会・実践の3分野の得点を出す。

3. 所見・フィードバック面接

検査結果は，保護者が子どものスキルや能力に関する洞察を与えるものや，子どもの長所や弱点の理解につながるような内容を伝える。また，子どもに発達の遅れなど，介入が必要な場合にはしかるべき早期療育を勧めるなど，支援につなぐことも考慮するべきである。また，ベイリーⅢは，それぞれの課題に大きな意義を有しており，検査課題の遂行を観察する際に子どもの理解と支援がみえてくることも多いため（田中，2013），それらを保護者と共有することも重要である。また，継続的に子どもの発達を捉えるために，繰り返し測定を行い，下位尺度のパフォーマンスを発達チャートに記入し，発達の様相を標準的な発達曲線に照らし合わせながら捉えることも必要である。

引用文献

Bayley, N. (2006). *Bayley scales of infant and toddler development* (3rd ed). San Antonio, TX: PsychCorp.
片桐正敏（2016）．発達水準をアセスメントする：Bayley-Ⅲ 乳幼児発達検査（特集 発達障害のアセスメント）—（その他の有用なアセスメント） 臨床心理学，**16**(1), 48-51.
中澤 潤（2014）．日本版ベイリーⅢ乳幼児発達検査 辻井正次（監修）発達障害児者支援とアセスメントのガイドライン 金子書房，pp.91-95.
田中恭子（2013）．小児の発達尺度—デンバーⅡ発達判定法・ベイリー乳幼児発達検査第3版を中心に（特集 小児の発達と乳幼児健診）—（知っておきたい知識） 小児看護，**36**(3), 266-273.

3 発達障害に関する検査
ASD・ADHD・LD 関連の検査, その他の検査

●概　論

　わが国における発達障害は，「自閉症，アスペルガー症候群その他の広汎性発達障害，学習障害，注意欠如・多動性障害その他これに類する脳機能の障害であってその症状が通常低年齢において発現するもの」（発達障害者支援法，2004年，一部改変）とされている。①全体的な発達の遅れではなく，ある特定の能力に極端な苦手さがある，すなわち発達に偏りがあること，②それが脳機能の障害からきていて低年齢からみられるものであること，の2点により定義づけられている。

　発達障害として特に問題になるのは，上記の3つ（自閉スペクトラム症（ASD）（広汎性発達障害），注意欠如・多動性障害（ADHD），学習障害（LD））であり，本章ではその発見や支援に用いられている検査を紹介する。

　自閉スペクトラム症（ASD）は，以前は広汎性発達障害とよばれていた自閉症およびその近縁障害の総称である。学童期の1-2%に認められる。①社会的コミュニケーションの障害，②限定された反復的な行動様式が特性として認められる。社会的コミュニケーションの障害としては，他者とのかかわりの薄さ，養育者との愛着形成の困難，言語および非言語コミュニケーションの障害，他者の意図や場の状況を判断することの困難などがみられる。限定された反復的な行動様式としては，こだわりや変化への抵抗，興味の限局などが認められる。こうしたASDに特異的な特性の他に，多動・衝動性，不注意，協調運動障害，学習能力の偏りなどの他の発達の偏り，不登校，うつなどの心理的精神的な二次障害などもみられることがある。こうした特性があるために，対人関係でのトラブルや集団生活での不適応，家庭での養育困難が生じることも少なくない。

　自閉スペクトラム症の症状や行動障害は多岐にわたり，状況依存的で，経過により変化しうるために，診断および状況把握は容易ではない。的確な診断のためには，本人の行動観察，生育歴を含む保護者からの詳細な情報聴取，集団場面（学校等）における本人の情報に加えて，鑑別診断のための身体検査，心理検査（知能検査等）が必要である。本章では，ASDの見立て，支援方法の検討に有用である5つの検査を掲載した。PEP-3，ADOSは，本人に対して働きかけを行ってその様子を観察する検査であり，観察法であるCARSも含めて，現在の対象児者の状態を把握することを目的としている。PARSおよびADI-Rは，保護者に対する面接法であり，生育歴や診察場面以外の状況を含めた，過去から現在までの対象児者の様子を広範に聞き取ることを目的としている。本人に対する検査・観察と，保護者に対する面接法の双方を行うことで，ASD児者に対する的確な評価と適切な支援が可能になると考えられる。

注意欠如・多動性障害（ADHD）は，注意集中欠如（不注意）および多動・衝動性の2つの特性を認める障害である。注意集中欠如のみ，多動・衝動性のみ，両者の特性がみられる場合がある。学童期の約5％に認められるとされている。注意集中欠如としては，気が散りやすい，注意が持続しない，勉強などで不注意な間違いをする，なくし物・忘れ物が多いなどの特徴が見られる。多動・衝動性としては，じっとしていられず立ち歩く，座っていてもゴソゴソしたり椅子をガタガタ動かしたりする，順番を待てない，衝動的に行動する，しゃべりすぎるなどの特徴がみられる。診断はこうした特徴が2つ以上の状況でみられるか，以前から（12歳以前から）みられるか，などを踏まえて行う。本章ではADHD関連の検査としてADHD-RSを掲載した。ADHD-RSは，DSM-Ⅳにおける診断基準の文面を基に作成された保護者記入式の質問紙法である。スクリーニングや治療効果の簡便な指標として有用であるが，これのみで診断を行うことはできない。

　学習障害（LD）は，文部科学省における定義では「基本的には全般的な知的発達に遅れはないが，聞く，話す，読む，書く，計算する又は推論する能力のうち特定のものの習得と使用に著しい困難を示す様々な状態」とされており，6つの学習領域のいずれかの困難を挙げている。一方で，医学的診断では，書字，読字，算数の3つの学習能力に限定して学習障害の定義が行われている。定義の混用について承知しておく必要がある。本章では，3つの検査を掲載している。LDI-Rは，教員を対象としたスクリーニング（発見）のための質問紙調査であり，文部科学省の定義に準じた広範な学習の問題を抽出することを目的としている。MIM-PMおよびSTRAWは読字，書字に関する児童本人に対して直接行う検査である。MIM-PMは検査だけでなく，評価と支援がセットになったものである。学習障害は，単独では相談に至ることが少ない。学習困難は学校現場では日常的にみられる問題であり，やる気や努力，練習量の問題として捉えられがちであって，学習障害という生来の発達障害が背景にあるという発想に至らない。実際に，学習障害のみで相談に訪れることは少なく，他の発達障害に併存したケースが大半である。しかし，学習障害であること，そして要因となっている苦手な能力がはっきりすれば適切な支援に結びつくことになる。掲載した検査がその一助になればと考える。

ASD 関連の検査① PEP-3

歴史	ショプラーら（Schopler et al., 2005）によって開発された，学習や教育活動に関する重要な個別の特性を評価するための教育診断検査である。1979年にPEP（Psychoeducational Profile）が開発され（Schopler & Reichler, 1979），その改訂版であるPEP-R（Schopler et al., 1990）がある。さらに，多くの非言語性の検査項目，実施手続きの柔軟性，時間制限の撤去，具体的な教材の使用，発達段階の幅の拡大，言語課題を他の機能領域から分離など，すべての自閉症スペクトラムの子どもたちの検査を可能にするための改訂がされ，2004年に完成したのがPEP-3である。日本語版は2007年に出版された。標準化は，全米において5年程かけて行われており，洗練された検査項目で構成されている。
目的	自閉スペクトラム症（ASD）や関連する発達障害を特徴づける，不均衡な学習の強みと弱みを評価し，最適な個別教育計画を作成するために有用な情報を得るために用いる。また，診断補助的な情報を得る，発達／適応レベルを確定する，研究や学習の効果測定をするという目的で用いられることもある。養育者レポートは，家庭と学校での教育的介入の調整や評価をするために特に有用である。
概要	領域別検査項目と日常生活に関して養育者などからの聞き取りによって完成させる養育者レポートで構成されている。領域別検査は，発達下位検査（認知／前言語，表出言語，理解言語，微細運動，粗大運動，視覚-運動模倣）と特異行動下位検査（感情表出，対人的相互性，運動面の特徴，言語面の特徴）の全172項目からなる。養育者レポートは，対象児者の現在の発達レベル，障害の程度，気になる行動，身辺自立，人や物への適応行動からなり，養育者などに聞き取り行為を行い完成させる。課題実施においては，段階的な指示を与えることで，各課題を合否で判定するだけでなく，「芽生え反応」として採点し，支援計画を立てる上で有用な情報を与えるという特徴をもつ。
対象	乳児（1歳前）から7歳程度の子ども。

1. 実施方法

準備：領域別検査を行う検査者は，ASDに関する知識が求められることは言うまでもないが，検査の実施や採点，実施に関する一般的な手順，検査についての統計などに関するトレーニングを受ける必要がある。また，PEP-3実施経験のある指導者のもとで実施の練習も必要となる。実施の練習の際には，単に手順を覚えるだけでなく，対象者の何を評価するための検査項目であるのかを理解した上で，練習をすることが望ましい。養育者レポートの記載は，各項目の行動について具体的な例を挙げながら，対象者について討議しながら進める。そのため，記入者は，対象者の日常的な行動をよく知る養育者などである必要がある。検査を行う部屋は，十分に明るく適温で，外部の音がなるべく聞こえない部屋が望ましい。着席して行う課題の他に，体を動かしたり，休憩や課題の切り替えをするためのスペースが必要であるため，ある程度の広さのある部屋を用意する。また，検査道具の他に，チョコレートなどの小さな食べ物，飲み物，クッキーかクラッカー，ティッシュペーパーを用意する。

実施方法：一般的には，検査項目順に行うが，対象者の様子を見ながらシャボン玉課題など，緊張や不安がほぐれやすい課題から行い，その後も現実に則した順で実施してもよい。ただし，明らかに簡単すぎる課題に関しては行わなくてもよいとされているが，基本的には検査項目は省略しない。課題実施は，A：語，簡単な言葉での指示，B：期待していることを非言語で示す（ジェスチャー・合図），C：課題の一部や全部を実演する（デモンストレーション），D：課題への取り組みや達成を手を取るなどして援助する（身体的ガイダンス）といった段階的手順で行う。段階的に実施することにより，苦手な課題であってもどのような支援があれば実施が可能であるのかなど，支援に有用な情報が得られる。

所要時間：45-90分程度。

検査実施時のセッティング例

2. 分析・解釈の方法

検査結果とまとめの記録用紙に，各検査項目について，0点，1点，2点でスコアリングする。検査実施後，各下位検査項目の粗点を合計し，換算表を用いて標準得点とパーセンタイル順位を検査結果のまとめの記録用紙へ記入する。そして，パーセンタイルから，発達／適応レベルを正常（＞89），軽度の問題あり（75-89），中度の問題あり（25-74），重度の問題あり（＜25）と分類する。同様に，養育者レポートの結果も，気になる行動，身辺自立，適応行動については，粗点からパーセンタイル，発達／適応レベルを判定することが可能である。

また，コミュニケーション（認知／前言語，表出言語，理解言語），運動（微細運動，粗大運動，視覚－運動の模倣），特異行動（感情表出，対人的相互性，運動面の特徴，言語面の特徴）の3つの領域別に，パーセンタイル，発達／適応レベル，発達年齢の判定をすることも可能である。

先述した通り支援案を作成することが，PEP-3の目的の1つである。検査結果とまとめの記録用紙には，「検査結果の解釈と指導計画に関わる提案」を記入する箇所があるので，そこに検査結果から提案し得る支援案を記入する。診断的な情報も必要な場合には，PEP-3だけでも診断補助的な情報は得られるが，CARSを同時に行い，両検査の結果から対象者の理解を深めてもよい。CARSはもともとPEPの実施中に観察を行って評定ができるよう開発された尺度である。

3. 所見・フィードバック面接

領域別検査の検査の評定によって現状を把握すると同時に，芽生え反応評定の項目を確認し，教育計画として具体的にどのような支援方法が考えられるかを提案する。PEP-3を過去に受けたことがある場合には，前回との比較により，発達／適応レベルの変化や支援方法の効果としてまとめるとよい。また，特異行動パターンの解釈からは，子どもの自閉症特性の中でより特徴的なところがあるかを確認することができるため，診断補助的な情報となる。養育者レポートからは，検査場面と日常生活場面の違いを確認することができるため，場面の違いによる行動の変化，特性のあらわれ方についても整理しておくとよい。

引用文献

茨木俊夫（2007）．PEP-3 教育診断検査　川島書店

Schopler, E., & Reichler, R. J. (1979). *Individualized assessment and treatment for autistic and developmentally disabled children: Vol. 1. Psychoeducational Profile*. Austin, TX: PRO-ED.

Schopler, E., Reichler, R. J., Bashford, A., Lansing, M. D., & Marcus, L. M. (1990). *Individualized assessment and treatment for autistic and developmentally disabled children: Vol. 1. Psychoeducational Profile-Revised*. Austin, TX: PRO-ED.

Schopler, E., Lansing, M. D., Reichler, R. J., & Marcus, L. M. (2005). *Psychoeducational Profile* (3rd ed). Austin, TX: PRO-ED.

ASD 関連の検査② CARS

歴史	CARS（Childhood Autism Ratng Scale）は自閉症児と自閉症群以外の発達障害児とを鑑別するために開発された尺度である。1971年にライクラー（Reichler, R. J.）とショプラー（Schopler, E.）によって考案され，1980年にショプラーらによって公刊された。その後15年以上にわたり1,500以上のケースに用いられ，1985年に改訂版が完成した。日本語版は1989年に出版され現在も使用されている。その後，CARS2が2012年に出版され，日本では新装版CARSとして出版されている。
目的	自閉スペクトラム症（ASD）の疑いのある児者の行動の評価をして，ASDであるか否かの鑑別と，その重症度を評価する。評価は直接観察，もしくは，母親などの主たる養育者から成育歴や日常の様子の聴き取りによって行う。2次スクリーニングを想定して開発されているが，診断補助として使用されることも少なくない。
概要	ASDの行動特徴を評価するための15項目（人との関係，模倣，情緒反応，身体の使い方，物の扱い方，変化への適応，視覚による反応，聴覚による反応，味覚・嗅覚・触覚反応とその使い方，恐れや不安，言語性のコミュニケーション，非言語性のコミュニケーション，活動水準，知的機能の水準とバランス，全体的な印象）からなる。内的整合性，評価者間の一致，再テストによる相関係数による検討の結果，十分な信頼性が認められている。また，臨床的な評価との相関係数による基準関連妥当性などが検討されており，十分な妥当性が認められている。
対象	3歳から12歳のASDを疑われる子ども。

1. 実施方法

準備：評価者は，マニュアルを熟読し，すべての項目評価基準と項目の内容に精通している必要がある。しかし，それだけでは，評価が困難な場合もあるため，ASDに関する十分な知識をもち，CARS実施経験のある専門家のもとでトレーニングを受けることが望ましい。また，評価をする際には，同年齢の子どもと比べてどの程度異なるかを判断することとなるため，子どもの発達についての基本的な知識も必要とされる。

実施方法：直接観察，もしくは，母親などの主たる養育者からの聴き取りによって，全15項目について，「同年齢の子どもと比べて正常範囲内の行動である：1点」から「同年齢の子どもと比べて重度の異常を示す行動である：4点」でスコアリングする。基本的には正常範囲：1点，軽度の異常：2点，中度の異常：3点，重度の異常：4点であり，それぞれの得点の中位点として小数値（1.5点，2.5点，3.5点）のスコアリングをする。スコアリングは，検査実施中に得られた情報に限らず，学校場面などでの観察の様子や養育者からの情報など，尺度項目について必要な情報が含まれている場合には利用することができる。そのため，項目に関連する情報は，記録用紙やスコアリングシートに記録する。スコアリングをする際には，子どもの生活年齢を考慮するだけでなく，対象児の行動の特異性，頻度，強度，持続時間も考慮して評定する必要がある。実施に際しては，各項目の定義，留意点，スコアリングの例がマニュアルに記載されているので，熟読し内容に精通していなければならない。

所要時間：30分程度。

2. 分析・解釈の方法

評定は，15項目すべてに対する情報収集およびスコアリングが完了してから行う。スコアリングされた得点を加算合計し，30点を超えると自閉症と判定される。30から36.5点では軽・中度自閉症，37点以上では重度自閉症と判定される。CARSが開発された当時は，知的障害のない自閉症の存在が現在のように認識されていた訳ではない。そのため，

CARS 記述用紙（佐々木（1989）を一部加工）

　CARS を用いる際には，知的障害のある小児自閉症の評定行うことを想定された項目で構成されていることを考慮する必要がある。しかし，メジボブら（Mesibov et al., 1989）によって，知的障害を伴わない青年以上を対象に実施した場合には，27以上で自閉症と判定されることが報告されているので，参考にされたい。ここから，加齢に伴って CARS でのカットオフポイントは低くなる傾向があると考えられる。昨今では PARS のような青年以上の対象者も想定した評定尺度があるため，青年以上の対象に CARS を使用することはあまりないかもしれないが，CARS を児童期に受けたことがある対象者であれば，再度同じ評定を使用してアセスメントを行い，経年による変化を確認することは，その後の支援を検討する上で有用な情報となり得るであろう。

3. 所見・フィードバック面接

　スクリーニングを目的として開発されたが診断に用いられることが少なくないのは，先述の通りである。ただし，診断の補助ツールであることにかわりはない。CARS では，自閉症か否かを判定する基準は30点であるが，この得点で判断した結果，自閉症ではないのに自閉症であるとされる30点以上となる子は10.7％，自閉症であるのに29点以下になる子は14.6％であった。このように評定尺度による判定は絶対的ではないこと，CARS の実施を通して得られた支援に繋がる情報，これらを養育者に分かりやすく伝えることが重要である。CARS のような評定や来院が初めての養育者に対しては，特に評価項目が意図していることや，今後の支援の視点も含めたフィードバックが望ましいであろう。

引用文献

Mesibov. G. B., Schopler. E., Schaffer. B., & Michael. N. (1989). Use of the Childhood Autism Rating Scale with autistic adolescents and adults. *Journal of the American Academy of Child & Adolescent Psychiatry*, **28**, 538-541.
Reichler, R. J., & Schopler, E. (1971). Observations on the nature of human relatedness. *Journal of Autism and Childhood Schizophrenia*, **1**, 283-296.
佐々木正美（1989）．CARS 小児自閉症評定尺度　岩崎学術出版社
Schopler, E., Reichler, R. J., DeVellis, R. F., & Daly, K. (1980). Toward objective classification of childhood autism: Childhood Autism Rating Scale (CARS). *Journal of Autism and Developmental Disorders*, **10**, 91-103.

ASD 関連の検査③ PARS-TR

歴史	2006年に自閉症圏の児（者）の発達・行動症状を評定するために開発された検査である PARS の開発は、発達障害者支援法の施行（2005年4月）や特別支援教育の始まり（2007年4月）よりも前の、2003年から始められており、自閉スペクトラム症（Autism Spectrum Disorder : ASD）のなかでも知的障害のない対象者（当時で言うところの高機能自閉症やアスペルガー障害）の評定をするという先駆的な視点をもつ尺度であった。2013年に評定例、評定をする際の指針（頻度と程度）、評定不能の場合の記録方法が加筆されるなどして、改訂版である PARS-TR（親面接式自閉スペクトラム症評定尺度 テキスト改訂版）となった。
目的	評価対象者の日常的な生活における適応困難の背景にある ASD の特徴を、把握するための評定尺度である。対人、コミュニケーション、こだわり、常同行動、困難性、併発症、過敏性、その他（不器用）の8領域における評価を行う。対象者の知的障害の有無にかかわらず評定が可能であり、対象者のスクリーニング、および、支援ニーズを把握するために用いられる。支援ニーズを把握するためには、より詳細な情報が必要となるため、各項目について条件が異なる場合についても養育者に聞くことが望ましい。例えば、項目1の「視線が合わない」は、最も身近な養育者である母親に成立するのか否かに加え、父親やその他の者などではどうかという情報が、支援をしていくためには有用な情報となる。
概要	項目は、ASD の発達・行動特徴の観点からなる全57項目で構成されている。評価対象者の年齢帯によって、就学前（幼児期）、小学生（児童期）、中学生以上（思春期・成人期）と評定を開始する項目が異なる（各年齢帯の評定開始項目については、図を参照）。評定者は、母親（母親から情報が得がたい場合はほかの主養育者）への面接を通して、幼児期の症状が最も顕著な時（幼児期ピーク評定）と最近の症状（現在評定）について評定を行う。23項目の短縮版による評定も可能であるが、この場合も幼児期ピーク評定と現在評定の両方を行う。
対象	3歳以上の ASD 傾向が疑われる者。

1. 実施方法

準備：1人の対象者に対し、評価用紙を1部用意し、対象者のことをよく知る養育者との言語的やりとりが成り立つ静かな場所を確保する。評定者の職種は問われないが、ASD に関する基本的知識を有する専門家であることが求められる。

実施方法：養育者への半構造化面接により、各項目の症状についての頻度と程度に基づき、0（なし）、1（多少目立つ）、2（目立つ）の3段階で評定する。ただし、養育者が十分に把握していない項目や、身体的な障害（例えば視覚障害や聴覚障害）や言語理解能力のために評定ができない項目は、評定不能とし、前者を8、後者を9とする。評定は幼児期ピーク評定と現在評定に分かれており、いずれの年齢帯においても両方を行う。評価対象者が就学前である場合は、項目1から34について、幼児期ピーク評定と現在評定の両方を行う。小学生の場合は、幼児期ピーク評定を項目1から34、現在評定を項目21から53まで行う。中学生以上の場合は、小学生の場合と同様に項目1から34までは幼児期ピーク評価を行い、項目25から57の現在評定を行う。

所要時間：短縮版を用いてスクリーニングのために実施した場合には、年齢帯による差や個人差はあるものの20分前後で実施可能である。しかし、フルバージョンを用いて、環境条件の把握も行った場合には、60分以上確保して実施するとよい。

2. 分析・解釈の方法

幼児期ピーク評定と現在評定でつけた数字を加算する（8と9は除く）。該当年齢帯における判定基準を参照して判定する（ASD 特性の判定基準については図を参照）。原則的

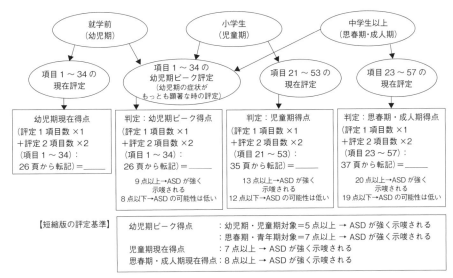

各年齢帯で評定するPARS-TR項目および得点計算法とASD（自閉スペクトラム症）特性の判定
（発達障害支援のための評価研究会，2013）

には幼児期ピーク評定を用いるが，幼児期ピーク得点が得られない，もしくは，8や9が多くの項目においてスコアされている場合には，現在評定を判定に用いることも可能である。また，幼児期ピーク評定と現在評定による判定のいずれかが「ASDが強く示唆される」となった場合は，ASDとする判定を採用し，専門医による診察を受けるのが望ましい。PARS-TRが医学的診断に代わるものではないのは言うまでもないが，評定による見逃しを防止するためにも重要である。

また，いずれの年齢帯の対象者を評定する場合においても，幼児期ピーク評定とで重複する項目（就学前：項目1から34，小学生：項目21から34，中学生以上：項目25から34）があるが，これらの項目からは，ピーク時の発達・行動特徴と現在における対象児者の変化を把握することが可能となる。この変化から対象児者の支援に有用な情報が得られることが少なくないため，重要な確認項目である。

3. 所見・フィードバック面接

PARS-TRは，先述の通りASDに関する基本的知識を有する専門家が，母親などの養育者への半構造化面接で実施されるものである。養育者の面接なしでの評定や養育者のみでの実施による評定は採用しない。また，基本的には養育者の回答によって評定されていくため，養育者から条件の異なる場合についても確認しながら進める必要がある。例えば，養育者が視線の問題は全くないと感じている場合でも，評定者とは視線が合わない，もしくは，合わせるために評定者側に工夫を要するというような場合は，得点には表れないが支援を検討する上では，重要な情報となるため，所見には記載することが望ましい。

PARSは一定の確率でASDの判定と除外が可能であるが，確定診断のためには医師による診断の必要であるため，このことはフィードバックの際には確実に伝える必要がある。また，PARS-TRは支援につなげるための有用な情報が得られる評定尺度であるため，そのような視点でのフィードバックをすべきである。

引用文献

PARS委員会（2006）．広汎性発達障害日本自閉症協会評定尺度PARS　日本自閉症協会

発達障害支援のための評価研究会（2013）．PARS-TR親面接式自閉スペクトラム症評定尺度テキスト改訂版　スペクトラム出版社

ASD関連の検査④ ADI-R

歴史	ADI（Autism Diagnostic Interview：自閉症診断面接）の初版はルクトゥール（Le Couteur, A.）らにより1989年に開発された。その後，項目の再検討や対象年齢下限を2歳に引き下げるなどの修正を行ったADI-Rを1994年に発行した。ADI-Rの本質を変更しない形で，分析と関係しない項目や順番の検討等を行ったWPS版（2003）が現在英語圏で広く用いられている。日本版はWPS版を基に2013年に発行された。
目的	自閉症スペクトラム[1]の診断においては，身体的な検査等による客観的な指標はなく，本人の行動観察や保護者からの詳細な情報聴取に基づいた臨床的な判断が求められる。診断する専門家の知識や経験，地域の文化や医療水準によって，診断結果は影響を受ける。ADI-Rは，自閉症スペクトラムの診断と症状評価について評価者間のばらつきを少なくすることを目的とした面接法である。
概要	自閉症スペクトラムの診断と症状評価を目的として，保護者等に対して行う面接法である。ADI-Rには，「面接プロトコル」と「包括的アルゴリズム」が入っている。面接プロトコルは，自閉症スペクトラムの症状を明らかにするための具体的な質問内容が記載された93項目から構成されており，これに従って保護者等に質問して情報収集を行う。包括的アルゴリズムを基に得られた回答内容をスコア化して，対象児者の診断および症状評価について検討する。
対象	2歳以上で，自閉症スペクトラムの診断および症状評価を必要としている者が対象となる。

1. 実施方法

準備：静かで落ち着いて秘密が守られる状況で面接を行えるような部屋を準備する。必要物品は，ADIの「面接プロトコル」「包括的アルゴリズム」「マニュアル」と筆記用具のみである。面接者の要件としては，目的が臨床か研究かによって異なる。臨床での利用の場合には，次の3点が必要であるとされている。①自閉症スペクトラムの概念と多様な行動に十分に精通している，②詳細な行動の聞き取りを行うための面接スキル，③行動を評定するためのスキルの習得。研究での利用の場合には，評定について高い一致率が求められるため，公認の研修プログラムに参加した上で，ADI-Rの使用資格を認められることが必要である。いずれも詳細は，出版元（金子書房）のウェブサイト（http://www.kanekoshobo.co.jp/book/b183697.html）を参照されたい。

実施方法：対象児者についてよく知る者（多くは保護者）に対して，直接対面での個別面接により行う。面接は，面接プロトコルの93項目の質問を順に聞いていくことで実施する。各項目で，必ず聞くべき必須項目（太字で表示されている）をまず用いて聞き取りを行う。その後，項目の意図している内容を評価できるよう必要な追加の質問を行う。十分な聴取によって情報を聴取した上で，その行動や特徴の頻度や深刻さにより0-3のコードをつける（該当無しは8，不明または不問は9とコード化する）。項目ごとに評価する標的年齢は異なっている。多くの項目で，「現在」について聴取するが，それに加えて，「今まで」または「4-5歳の間」のいずれかの様子を答えてもらうこととなっている。

所要時間：面接プロトコルを実施するのに通常90-120分を要する。その後，面接プロトコルの結果を基にアルゴリズムを用いて分析するのに15-30分程度の時間を見ておく必要がある。

2. 分析・解釈の方法

面接プロトコルを用いてつけられたコードを基に，「包括的アルゴリズム」により症状

---

[1] 本検査はDSM-Ⅳに準じて作成されており，本節でもDSM-Ⅳにおける診断名を用いた。

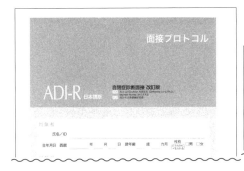 

診断用紙・分析用紙の一部（ADI-R 日本語版研究会，2013）

についてのスコアを算出する。アルゴリズムは，2通りの結果を出すことが可能である。1つ目は「診断アルゴリズム」で，対象者の発達歴全体を踏まえて ADI-R による診断を評価する。もう1つは，「現在症アルゴリズム」で，現在の日常生活で観察された行動を基にしたスコアを算出する。どちらのアルゴリズムも，4つの領域から構成されている。（A）相互的対人関係の質的異常，（B）意思伝達の質的異常，（C）限定的・反復的・常同的行動様式の3領域は，世界的に用いられている代表的な医学的診断基準である ICD-10 および DSM-Ⅳ における自閉性障害の診断基準を構成する特性を表している。（D）36ヶ月までに顕在化した発達異常も，上記の診断基準の要件となる項目である。包括的アルゴリズムにおけるスコアは，コード1を1点，コード2または3を2点として，それ以外は0点として算出する。診断アルゴリズムでは領域ごとにスコアを合計して領域ごとの合計スコアを算出し，カットオフ値と比較して評価を行う。

3．所見・フィードバック面接

　診断アルゴリズムにおいて，自閉症スペクトラムの診断基準項目である（A）（B）（C）領域のスコアのうち，3領域ともカットオフ値よりも低い場合には，自閉症スペクトラムの可能性は少ないと評価する。また，（A）–（D）の4領域ともがカットオフ値を超えている場合には自閉症スペクトラムの存在を強く示唆するものである。上記以外の場合には，面接の回答内容の詳細な検討や，臨床上の他の情報を参照するなどして慎重な診断評価を行うことが必要である。現在症アルゴリズムではカットオフ値は設定されていない。以前との症状の変化を評価したり，今後の指導に結びつく情報を抽出したりすることを目的に評価を行う。

　フィードバックの際には，ADI-R による診断と臨床診断との違いについて意識することが必要である。ADI-R による診断は，面接によって得られた情報から機械的に算出されたものであり，また聴取した対象者の認識や面接への態度によるバイアスを受ける。しかし，自閉症スペクトラムに関する広範な情報収集によって得られた内容はそれ自体が重要な臨床情報であり，専門家の診断に際して重要な根拠となりうる。ADI-R は保護者からの聞き取りによる情報であり，実際の対象児者の様子を反映させるために，ADOS などの観察法を併用することが ADI-R マニュアルにおいても推薦されている。

引用文献

Rutter, M., Le Couteur, A., & Lord, C. (2003). *ADI-R Autism Diagnostic Interview-Revised WPS Edition Manual*. Los Angeles, CA: Western Psychological Services.（ADI-R 日本語版研究会（監訳）　土屋賢治・黒田美保・稲田尚子（監修）（2013）．ADI-R 日本語版マニュアル　金子書房）

ASD 関連の検査⑤ ADOS-2

歴史	現在，自閉スペクトラム症（Autism Spectrum Disorders，以下 ASD）の診断は統一した基準が明確ではない部分が残されており，世界的に ASD 診断補助のゴールドスタンダードとして使用されている（Lord et al., 1999）のが，ADI-R と ADOS-2 (Autism Diagnostic Observation Schedule Second Edition) である。ADI-R は主として過去の特性から，ADOS-2 は ASD 児（者）本人を対象として現在の特性から診断の判定を行い，それぞれが相補的な関係になっている。ADOS-2 はもともと研究用に開発された検査であり，エビデンス・レベルが高いことが確認され，臨床的にも大変有用な検査として広く普及している。
目的	ADOS-2 は，ASD の疑いのある乳幼児から大人までを対象に，「現在の」意思伝達，相互的対人関係，遊び／想像力，限定的・反復的行動を評定するためのものである。
概要	ADOS-2 は ASD 診断・評価に特化した検査で，ASD 者本人を対象とした半構造化面接である。標準化した検査用具や質問項目を用いて半構造化された場面を設定し，DSM-V の ASD の診断基準である対人的コミュニケーションおよび対人的相互交渉の障害，限局した興味と反復行動が把握できるように構成されている。そこで観察された対人コミュニケーションなどの行動を数量的に段階評定し，最終的にアルゴリズムを使って，「自閉症」「自閉症スペクトラム」「非自閉症スペクトラム」に分類することができる。
対象	ADOS-2 は幼児から成人までの幅広い年齢を対象に実施できることも大きな特徴であり，特に従来診断が難しいとされていた青年期・成人期の知的障害のない ASD 者の診断・評価にも適している。ADOS-2 には言語水準および年齢によって 5 つのモジュールが用意されている。月齢 12-30 ヶ月の幼児には乳幼児モジュールを使用し，月齢 31 ヶ月以上で表出言語が二語文レベルの幼児にはモジュール 1 を使用する。三語文レベルで話すが流暢に話すレベルには達していない幼児にはモジュール 2 を用いる。モジュール 3 と 4 はどちらも流暢に話すレベルを対象としており，モジュール 3 は子どもおよび青年期前期（一般に 16 歳未満），モジュール 4 は青年期後期および成人に最適である。

1. 実施方法

準備：ADOS-2 を臨床および研究で使用するためには，使用資格をもつことが必須条件となっている（臨床使用研修 2 日，研究使用研修 4-5 日）。また ADOS-2 を実施する際は，標準化された正式のキットを用いなければならない。日本語版マニュアルおよびキットは 2015 年に金子書房から発売されている。

実施方法：ADOS-2 には「働きかけ」とよばれる構造化された対人的課題が取り入れられており，この働きかけを行うことで，相互的対人関係，意思伝達，限定的・反復的行動が現れやすい標準的な場面を作り出す。ADOS-2 のそれぞれのモジュールは，一連の状況，すなわち構造化された場面とされていない場面を組み合わせた一連の対人的・意思伝達的行動から構成される。そのため検査者は，検査場面というよりもより日常的な対人コミュニケーション場面に近い，リラックスした雰囲気を作ることを心掛けなければならない。それぞれのモジュールは観察（observation）・評定（cording）・アルゴリズム（algorithm）から構成されている。

観察は設定された場面での行動観察や質問を実施するパートであり，さまざまな課題が用意されている（課題の詳細はマニュアル参照）。それぞれの課題で関されるべき行動は複数あり，検査者からの働きかけがどのような行動を引き出すためのものなのかを熟知しておかなければならない。また，課題と評定は 1 対 1 で対応しているわけではないため，把握するべき行動（例えばアイコンタクト，表情，身ぶり，検査者への関わり方など）についても熟知しておく必要がある。

観察された行動は，「言語と意思伝達」「相互的対人関係」「想像力／創造性」「常同行動と限定的興味」「他の異常行動」の 5 領域に

ADOS-2 検査キット
（金子書房「ADOS-2 日本語版」〈http://www.kanekoshobo.co.jp/book/b200309.html〉（最終確認日：2017年10月20日））

おいて 0-2 点，または 0-3 点で評定される。これらの領域は DSM-V にほぼ対応している。その後，評定のいくつかの項目を抽出したアルゴリズムにそって診断分類が行われる。

所要時間：5 つのモジュールそれぞれの実施には 40-60 分を必要とし，モジュールが高くなるほど行動観察よりも半構造化面接が増え，所要時間が増す。

2. 分析・解釈の方法

ADOS-2 の結果の解釈において重要な点の 1 つは，カットオフ値の意味を理解しておくことである。カットオフ値とは，「自閉症」「自閉症スペクトラム」「非自閉症スペクトラム」という ADOS-2 診断分類の閾値となる得点である。これらの得点は，ASD 診断の 1 つの指標となるが，この分類だけで診断をするのは危険である。知的障害，不安の高さ，適応障害などの合併症がある場合，こうした症状が対人・意思伝達行動に影響を及ぼすため，ADOS-2 得点が高く出ることがある。研究目的であっても臨床目的であったとしても，最適な診断を行うには ADOS-2 得点だけでなく保護者からの報告，成育歴，認知・言語機能検査，本人の直接観察から得られた情報を含む，包括的な情報を考慮することが重要である。なお，ADOS-2 診断分類のみを参考にして診断や公的サービス受給資格の判定を行うことはできない。

3. 所見・フィードバック面接

ADOS-2 の評価結果を保護者や教師などの非専門家に対して伝える際には，最終的な ADOS-2 診断分類を伝えるだけではなく，検査中に見られた対人・意思伝達的行動を詳しく説明する必要がある。また，ADOS-2 で示された ASD 症状の程度についても説明を加えながら伝えるとよいだろう。得点のみを拠り所にして特定の困難さについて伝えるのではなく，検査を通して観察された行動も含めて説明することで，より意味のあるフィードバックになるのである。

また，検査の結果についての報告書を作成するときには，ADOS-2 の具体的な評定項目や得点を記載することは避けた方がよいかもしれない。報告書がどう扱われるかによっては，具体的な得点が示されていることが誤解につながったり，適切な支援につながらない恐れがあるからである。

ADOS-2 によるアセスメントは，ASD の診断補助という役割だけでなく，評価対象者の得意不得意のパターンを明らかにして，親や教師の理解を促し，個別の行動上および教育的介入の支援計画の作成に役立たせることができるだろう。

引用文献

黒田美保・稲田尚子（2015）．ADOS-2 日本語版マニュアル　金子書房

Lord, C., Rutter, M., & DiLavore, P., & Risi, S. (1999). *Autism Diagnostic Observation Schedule: Manual*. Los Angeles, CA: Western Psychological Services.

ADHD関連の検査　ADHD-RS

歴史	DSM-IVにおけるADHD（注意欠如・多動症：Attention Deficit/Hyperactivity Disorders）の診断基準に準拠した評価尺度として，デュポール（DuPaul, G. J.）らにより1998年に開発されたADHD Rating Scale-IVが日本語に翻訳（2008）されたものである。
目的	ADHDの診断は，本人および保護者からの詳細な情報聴取，行動観察，学校場面の情報収集に加えて補助的な検査（脳器質的検査，心理検査等）の情報も加味して行う。しかし，ADHDの有病率は子どもの5％とも言われており，すべてに詳細なアセスメントを行うことは困難である。ADHD評価スケールは，簡便で専門的知識がなくても回答が可能であるため，さまざまな利用が可能である。原著者のデュポールは以下の3つの役割を果たしうると述べている。①ADHDの診断を要する可能性のある対象児のスクリーニング，②ADHDの包括的な診断評価の中で，親および教師が症状を報告する手段，③ADHDの治療効果に関する指標。
概要	DSM-IVにおけるADHDの診断基準に準拠した18項目を基にしたADHDの評価尺度である。質問項目の内容は，DSM-IVのADHD診断項目の文中から「しばしば」を抜いたもので，回答にあたっては頻度を4段階で答えることになっている。奇数項目により不注意サブスケール，偶数項目により多動性・衝動性サブスケール，両方を合わせてADHDのスケールが評価できる。家庭版および学校版があり，それぞれ親または教師が回答する。
対象	5-18歳の子どもが対象となる。

1. 実施方法

準備：実施に際して，本スケールは「診断・対応のためのADHD評価スケールADHD-RS【DSM準拠】―チェックリスト，標準値とその臨床的解釈」（市川・田中，2008）の付録に掲載されている評価表をコピーして使用する。使用に当たっては，出版社著作権管理機構から複写使用の許諾を得る必要がある。

実施方法：家庭版は親が，学校版は教師が回答する。いずれも最初に子どもの名前，性別，年齢，学年，記入者名を記載する。その後，ADHDの診断基準に準拠した質問項目について，「過去6ヶ月間（または新学年の初頭から（学校版のみ））における子どもの家庭（または学校）での行動」を最もよく表している回答を選択する。回答は，それぞれの項目ごとに4つ（「0点：ない，もしくはほとんどない」「1点：ときどきある」「2点：しばしばある」「3点：非常にしばしばある」）のうちのいずれかから回答する。

所要時間：15分以内とされている。

2. 分析・解釈の方法

家庭版，学校版それぞれについて，各項目の0-3点の得点を足し合わせることで，奇数項目から構成される不注意スコア，偶数項目から構成される多動性-衝動性スコア，全18項目による合計スコアの3つのスコアが算出される。スコアの得点は，得点が高いほどADHD特性が高いと判断する。スコアは，上記の市川・田中（2008）の付録に掲載されているスコアシートに基づいてパーセンタイルを求める。スコアシートは男女，年齢により分かれているので注意が必要である。

ADHD 評価スケールの一部 (市川・田中 (2008) を一部加工)

3. 所見・フィードバック面接

スコアとパーセンタイルに基づいて，ADHD症状の強さについて評価する。不注意スコア，多動性−衝動性スコアを見ることで，ADHD症状におけるサブスケールを評価することができ，子どもの問題を整理する助けとなる。ただし，この評価スケールはあくまでも親または教師からみた子どもの行動評価であり，これのみを用いて診断をつけることはできない。

ADHDの診断を行うためには，①ADHDの症状が6ヶ月以上持続し，その程度が発達の水準に不相応で，社会的および学業的活動に直接，悪影響を及ぼすほどである，②症状の一部が12歳になる前から存在する，③症状は2つ以上の状況（家庭，学校など）で存在する，④症状は社会的，学業的機能を損なわせているまたはその質を低下させている，といったことを明らかにすることが求められる。そのためには，本人および保護者からの詳細な面接による情報聴取および行動観察によって現在および生育歴上の状況や症状について把握するとともに，学校や他の場面での様子を情報収集する必要がある。また，他の身体疾患，精神疾患，環境要因による影響を鑑別するための補助的な検査や面接も必要となる。

ADHD評価スケールは，これのみで診断が行えるものではないが，本スケールを行って高かった子どもについて詳細な聞き取りを行うなど，診断を要する可能性のある子どものスクリーニングとしての利用が可能である。また，面接場面に同席できない支援者（来談者以外の家族，教員など）から子どもに関する情報を得るためのツールとしても有用である。

また，スケールのスコアだけでなく，回答内容にも着目して面接の中で確認することで，より多くの情報を得る契機となることから，そうした臨床上の利用方法にも留意すべきである。

引用文献

DuPaul, G. J., Power, T. J., Anastopoulos, A. D., & Reid, R. (1998). *ADHD Rating Scale-IV: Checklists, Norms, and Clinical Interpretation*. New York: The Guilford Press. (市川宏伸・田中康雄（監修） 坂本 律（訳）(2008). 診断・対応のためのADHD評価スケール ADHD-RS【DSM準拠】―チェックリスト，標準値とその臨床的解釈 明石書店)

LD関連の検査① LDI-R（LD判断のための調査票）

歴史	2005年，小学生を対象としたLDI（Learning Disabilities Inventory）が，わが国初の標準化されたLD調査票として出版された。2008年には，中学生用の調査項目が追加された改訂版のLDI-Rが出版された。
目的	LDI-Rは，学習障害（LD：Learning Disabilities）のある子どもが示すことが多い，学習上の行動特徴に照らして，LDの有無についての可能性を判断する調査票である（上野ら，2008）。
概要	子どもの基礎的学力等を実際に測定する直接的アセスメントではなく，子どもと多くの時間接する指導者（教師）などが，日頃の様子の観察から評価を行う間接的アセスメントの1つである。調査項目は，LDの定義（文部省，1999）に沿った，基礎的学力の領域である「聞く」「話す」「読む」「書く」「計算する」「推論する」（中学生版は「英語」「数学」が加わる）に，「行動」「社会性」を合わせた，小学生版8領域，中学生版10領域からなっており，それぞれの領域が，12項目（「数学」のみ8項目）の質問項目で構成されている。なお「行動」は，ADHDの不注意，衝動性，多動性の3つの基本症状と関連する行動特徴から構成されている。また「社会性」は，集団場面や対人場面での社会的行動の未熟さや不適切さを表す内容となっている（上野ら，2008）。
対象	子どもの適用年齢は小学校1年生から中学校3年生。回答者は対象となる子どもを実際に指導し，子どもの学習の状態を熟知している指導者，専門家（例：担任教師，特別支援教育担当教師，教育・心理の専門家，言語聴覚士など）であることが望ましい。なお，記入されたLDI-Rを採点し，結果から解釈を行う評定者は，LDについて十分な知識と指導経験を有する教師，教育・心理の専門家，言語聴覚士などである（上野ら，2008）。

1. 実施方法

準備：評価には，「LDI-R（LD判断のための調査票）」用紙を用いる。採点には，「LDI-R手引き」の巻末に掲載されている「パーセンタイル換算表」を用いる。

実施方法：それぞれの項目について，その特徴が「1：ない」「2：まれにある」「3：ときどきある」「4：よくある」のいずれかを選択する4段階評定となっている。直接観察していない項目内容については，日頃の様子から推測しうる範囲で回答を行う（上野ら，2008）。

小学生の場合，「計算する」「推論する」の2つの領域においては，回答する項目が学年によって異なっている。項目の右端の（　）内に学年表示（例：小2以上）があるため，評定および採点の際は注意が必要である。学年表示のない項目に関しては，全項目回答を行う。中学生の場合は，10領域すべての項目に回答する。

所要時間：調査票回答に要する時間は，約20-40分（海津，2014）である。

2. 分析・解釈の方法

採点方法：それぞれの領域における粗点合計を算出し，対象児の学年ごとの「パーセンタイル換算表」から，パーセンタイル段階を求める。PL1（50パーセンタイル未満）は「つまずきなし」，PL2（50パーセンタイル以上75パーセンタイル未満）は「つまずきの疑い」，PL3（75パーセンタイル以上）は「つまずきあり」と評定される。求めたパーセンタイル段階を，調査票用紙末尾にあるプロフィール図にプロットし，線で結ぶと，子どもの個人内差を視覚的に捉えることができる（上野ら，2008）。最後に，「プロフィール判定の基準」に基づいて，子どものプロフィールの分析を行う。

解釈方法：プロフィール判定による総合評価は，A-G型の7つのうちのいずれかとなる。A・B型は「LDの可能性が高い」，C・D・E型は「LDの可能性はある」，F・G型は「LDの可能性は低い」とされている。LDの可能性が高いと判定されるのは，「つまずきあり」領域と「つまずきなし」領域とが混在するなど，領域間における個人内差が明らかなプロ

LDI-R 10領域の内容 (篁, 2016)

領域	内容
聞く	他者の話に注意を向け，理解する力
話す	口頭の意思伝達，コミュニケートする力
読む	書かれた題材（文字）を分解し，そこに意味を構成する力
書く	文字や文章をつづる力
計算する	計算スキルを使って，量的課題を解く力
推論する	図形や数量の理解・処理といった数学的思考を含んだ，問題解決に向かって思考する力
英語	中学校から本格的に開始される新たな言語教科
数学	小学校の算数より抽象度も増し，論理的思考を必要とする教科
行動	落ち着きのなさ，注意力の問題，衝動性
社会性	集団行動，対人葛藤場面行動，社交性

フィールである。一方で，すべての領域で明らかなつまずきが認められる場合は，全般的な遅れの可能性があるため，LDの可能性は低く判定される。ただし，対象児の年齢が上がるにつれて，つまずきが全領域に及ぶ場合もあるため，解釈には注意が必要といえる。

「行動」「社会性」については，ADHD・ASDといった他の発達障害の有無の可能性について検討するだけではなく，対象児の行動特徴と学習上のつまずきとの関連や，今後の指導方法について検討していく上で，重要な情報を提供するものといえる。

3. 所見・フィードバック面接

LDI-Rは，LDの可能性を判断する尺度であり，その結果が障害を断定するものではない。そのためLDI-Rの結果は，総合的判断のための評価の1つと捉え，他の全般的知能や認知機能を測定する検査の結果や医学的評価，さらには学力や生育歴・環境に関する情報などとあわせて活用することが重要である。

また，実施に一定期間をあける必要がなく，複数の場面（指導者）ごとの回答を比較できるという利点があることから，学校における子どもの実態把握や，定期的に指導方法に関する検討を行っていく上で，非常に有用なツールといえる。

引用文献

海津亜希子（2014）．LDI-R（エルディーアイ・アール：LD判断のための調査票）　辻井正次（監修）　発達障害児者支援とアセスメントのガイドライン　金子書房，pp.230-233.
文部省（1999）．学習障害児に対する指導について（報告）
篁　倫子（2016）．LDのスクリーニング—LDI-R：LD判断のための調査票　臨床心理学，**16**(1)，38-40.
上野一彦・篁　倫子・海津亜希子（2008）．LDI-R—LD判断のための調査票：手引　日本文化科学社

LD 関連の検査② MIM-PM

歴史	2010年，RTIモデル（Response to Intervention/Instruction）における，「通常の学級での質の高い指導」「子どものつまずきが重篤化する前段階における速やかな指導・支援」に焦点を当てた，わが国における通常学級での多層指導モデル，Multilayer Instruction Model（以下，MIM）が開発された。このMIMにおいて重要な役割を担うのが，アセスメントツールであるMultilayer Instruction Model-Progress Monitoring（以下MIM-PM）である（海津，2015）。
目的	MIM-PMは，学習が進んでいくにつれてつまずきが顕在化する子どもを，つまずく前の段階で把握し，効果的な指導につなげていくためのアセスメントである（海津，2010）。
概要	MIMは，ひらがな・カタカナにおける特殊音節を含む語の，正確で流暢な読みの習得を目指す指導モデルである。まず，すべての子どもに対して，視覚化と動作化という方法を用いて，特殊音節の読みの効果的な指導を行い（1stステージ），それに対して伸びが乏しい子どもには，通常学級内での補足的な指導（2ndステージ），さらに必要があれば，通常学級内外で集中的に，柔軟な対応による，より特化した援助介入（3rdステージ）を段階的に行っていくものである。つまり，集団指導場面でより効果的な指導を行うことで，多くの児童のつまずきを予防し，それでもつまずく児童を早期発見することで，個に応じた対応・支援を早期に導入し，重篤な学習のつまずき，および二次的な障害を予防することを目指している。MIM-PMは，MIMによる指導の一環として，月1回もしくは隔週1回の頻度で継続して実施することで，子どもがどの段階の指導ニーズを有しているかを判断することができ，子どもの伸びも把握できるツールである。MIM-PMの結果によって直接LD等の診断・判断が行えるものではないが，継続的・定期的に実施し，定着の度合いを把握することにより，読み困難を抱える児童の発見と支援の必要性の気づきに役立つと考えられる。アセスメントの結果と指導の内容・方法が直結しているところに，その特徴があるといえる。
対象	通常学級における導入は1-2年生が想定されているが，ガイドブック（海津，2010）では個別学習における活用も推奨しており，より高学年段階における特殊音節の定着を促すための指導でも活用できるといえる。

1. 実施方法

準備：筆記用具（えんぴつ2本，消しゴムは用いない），問題（テスト①②各1枚），MIM-PMアセスメント用プリント集，ストップウォッチ。

実施方法：テストは「めざせ よみめいじん」という表題で2部構成となっている。テスト①は，「絵に合うことばさがし（3つの選択肢の中から絵に合う語に○をつける課題）」，テスト②は，「3つのことばさがし（3つの語が縦に続けて書いてあるものを素速く読んで，語と語の間を線で区切る課題）」である。①では，正しい表記の語を素速く認識する力，②では，語を視覚的なまとまりとして素速く認識できる力をみており，それぞれ35問ずつで構成されている。またそれ以外に，テストの感想を選択式で尋ねる5つの質問項目がある。なお，アセスメント用プリントは全11回用意されているが，一通り終わったら，再度第1回に戻るなど，繰り返し使うことができる（海津，2010）。

実施前には，例題用紙を用いて実演し，説明を行う。手順等の詳細に関しては，パッケージ付属のアセスメント用プリント集とCD-ROMに収録されているので参照されたい。

所要時間：テスト①，②ともに，制限時間は1分である。それぞれ1分経過したところで終了し，用紙を回収する。

MIM-PMのテスト1（独立行政法人国立特別支援教育研究所　「MIM-PM（ミム・ピーエム：「めざせ　よみめいじん」
〈http://forum.nise.go.jp/mim/index.php?page_id=29〉（最終確認日：2017年7月10日））

2．分析・解釈の方法

採点方法：テスト①・②とも，1問正答につき1点で採点する。列ごとに同じ要素（清音，濁音，長音，促音，拗音，拗長音，カタカナ）の問題が配列されているので，列ごとの得点を出すと，各要素の得点が算出できる。算出した得点を，付属のCD-ROMに収録されたソフトに入力すると，クラスレポート・個人レポート・個別の配慮計画が作成される。

解釈方法：クラスレポートでは，クラスの子どものMIM-PMの結果を得点順に表すことで，クラスの子どもの相対的な位置の把握，支援を必要とする子どもの明確化，クラス全体としての習得度が把握できる。また，個人レポートでは，それぞれの子どもの各回の得点を時系列にプロットし，子どもの伸びが把握できるようになっている（海津，2010）。

3．所見・フィードバック面接

ガイドブック（海津，2010）では，MIM-PMの得点が低い児童については，読み・書き・算数などにおける普段の学習状況について観察し，通常学級内における環境調整や読みに関する指導を行うなどの手順（2ndステージ）が紹介されている。

さらに通常学級内における指導の効果が得られにくい場合には，個別指導や小集団指導など，より個に特化した指導（3rdステージ）を行っていくことになるが，その際は，全般的知能や認知能力等に関する詳細なアセスメントを別途行い，子の発達特性に配慮した指導を行っていく必要があると考えられる。

また，MIM-PMにおける各回のテストの感想とその変化を通じて，学習における子どもの効力感への配慮を行っていくことも重要である。

学校現場においては，通常学級における全体的な指導への適用の他，通級指導教室・特別支援学級などにおける個別指導の場での利用，および指導の効果測定に役立つと考えられる。

引用文献

独立行政法人国立特別支援教育研究所　「多層指導モデルMIM」〈http://forum.nise.go.jp/mim/?page_id=29〉（最終確認日：2017年7月10日）

海津亜希子（2015）．RTIとMIM　LD研究, **24**(1), 41-51.

海津亜希子（編著）（2010）．多層指導モデルMIM—読みのアセスメント・指導パッケージ：つまずきのある読みを流暢な読みへ—ガイドブック　学研教育出版

LD 関連の検査③ STRAW

歴史	2006年，わが国初の発達性読み書き障害児を検出するためのスクリーニング検査として STRAW (Screening Test of Reading and Writing) は出版された。また改訂版として，対象を小学生から高校生まで広げた STRAW-R が，2017年に出版された。
目的	学習障害の中核障害である「発達性読み書き障害（発達性 dyslexia）」を診断評価する上で必要な学習到達度を測定する検査である。
概要	検査課題は，漢字・カタカナ・ひらがなの3種類の表記に関する，音読（文字を声に出して読む）と書取（言語音を聞き，その通りに書き取る）である。STRAWでは，音読と書取の正確性について測定する。
対象	適用年齢：小学校1年生から6年生。

1. 実施方法

準備：筆記用具，問題，答案用紙，検査者用記録用紙 B，検査手引き，ストップウォッチ。

実施方法：問題は，1文字（ひらがな・カタカナ：清音，濁音，半濁音，拗音を含む）の音読と書取，単語（ひらがな・カタカナ・漢字）の音読と書取で構成されており，各課題20問ずつとなっている（1年生は計80問，2年生以上は計200問）。1文字のひらがな・カタカナは，全学年で同じ項目だが，単語に関しては，2年生で小学校1年生配当漢字，3年生以上では2学年下の学年配当漢字によって構成されている。ただし，それぞれの学年で用いる単語は，すべての文字種（ひらがな・カタカナ・漢字）で同一内容であり，その順番のみが入れ替えられている。

検査には実施の手順が定められており，同日程で行わない方がよい課題もある。詳細については，本検査手引き（宇野ら，2006）の検査手順を参照されたい。

なお，実施の際の注意事項としては，書取課題で対象児が正しく音が聞き取れていることを確認するため，検査者の発話を復唱した後で書くよう指示すること，単語の書取で同音異義語の説明を行うことなどが挙げられる。表1，2に検査の構成を示す。

所要時間：検査に要する時間は約15分（宇野，2015）とされているが，音読・書字が流暢でない児童はそれ以上の時間を要する場合もある。

2. 分析・解釈の方法

採点方法：各課題の正答数と誤りの内容，反応開始時間について，記録用紙に記載する。本検査手引き（宇野ら，2006）には，書字採点の原則として，①文字の乱雑さや拙劣さによると判断される場合には，誤りとみなさない，②カタカナの「ツ」「シ」「ソ」「ン」は，最終のストロークの向きが正しくない場合は誤りとする，③漢字は，字形を構成している要素の間が一要素以上離れている（例：「町」→「田」「丁」の間に，構成要素1つ分以上の間隔がある）場合，誤りとみなすなどが記されている。

ひらがな・カタカナの書字の誤りカテゴリーとしては，文字種の誤り（ひらがなをカタカナで書くなど），濁点・半濁点の誤り（濁点または半濁点の付加や脱落），拗音の誤り（小文字の表記の誤りなど，拗音に特有の誤り），鏡映書字（字形の反転）などがある（鈴木ら，2010）。また漢字の誤りカテゴリーとしては，同音異字（例：日本→二本），構成要素間の広い間隔，非実在文字への誤りなどがある（井村ら，2011）。

解釈方法：各課題成績に関して，学年・年齢と性別に対応した平均値や標準偏差（SD）

表1　1年生における刺激と課題
(宇野ら，2006)

		音読	書取
1文字	ひらがな	○	○
	カタカナ	－	－
単語	ひらがな	○	○
	カタカナ	－	－
	漢字	－	－

表2　2-6年生における刺激と課題
(宇野ら，2006)

		音読	書取
1文字	ひらがな	○	○
	カタカナ	○	○
単語	ひらがな	○	○
	カタカナ	○	○
	漢字	○	○

などの基準値から，対象児の得点の位置を調べる。本検査手引き（宇野，2006）では，−1.5SD未満の得点を「何らかの問題がある可能性」，−2SD未満の得点を「明らかな異常値」としており，「例えば，全般的知能の尺度であるRCPM（レーヴン色彩マトリックス検査）やSCTAW（標準抽象語理解力検査）で平均値付近の得点を示し，STRAWの漢字課題での得点が−1.5SDライン付近の場合は，全般的知能や言語発達に比べて，漢字習得度に大きな遅れがあると解釈できる」としている。

3. 所見・フィードバック面接

　STRAWはスクリーニング検査であることから，本検査によって読み書きにおける何らかの問題が予測された場合，その他の詳細な検査などを用いたアセスメントが必須である。発達性読み書き障害の診断評価のためには，全般的知能や認知機能，学習到達度などを測定する検査や，生育歴・学習環境等の情報収集が必要であり，それらの結果をあわせて，総合的に判断することが重要といえる。

引用文献

井村純子・春原則子・宇野　彰・金子真人・Wydell, T. N.・粟屋徳子・後藤多可志・狐塚順子・新家尚子（2011）．発達性読み書き障害児と小学生の典型発達児における漢字書取の誤反応分析—小学生の読み書きスクリーニング検査（STRAW）を用いて　音声言語医学, **52**, 165-172.

鈴木香菜美・宇野　彰・春原則子・金子真人・Wydell,T. N.・粟屋徳子・狐塚順子・後藤多可志（2010）．発達性読み書き障害群のひらがなとカタカナの書字における特徴—小学生の読み書きスクリーニング検査（STRAW）を用いて　音声言語医学, **51**, 1-11.

宇野　彰（2016）．標準読み書きスクリーニング検査—STRAW-R　臨床心理学, **16**(1), 41-44.

宇野　彰（2015）．学習障害（LD）のアセスメント　黒田美保（編著）これからの発達障害のアセスメント—支援の一歩となるために　金子書房，pp.32-38.

宇野　彰・春原則子・金子真人・Taeko N. Wydell（2006）．小学生の読み書きスクリーニング検査—発達性読み書き障害（発達性dyslexia）検出のために　インテルナ出版

その他の検査① CBCL

歴史	1960年代より，アメリカにてアッケンバック（Achenbach, T. M.）らは，幼児期から思春期・青年期までの子どもの情緒と行動の問題を包括的に把握するためのアセスメント体系の開発を進めてきた。まず，4-18歳の子どもの保護者が評定するChild Behavior Checklist（CBCL），教師が評定するTeacher Report Form（TRF），子ども本人が自己報告するYouth Self Report（YSR）を開発し，実証研究に基づき改良を重ねた。これらは今日では，乳幼児から高齢者までの情緒と行動の問題を包括的に評価するチェックリストシステム（The Achenbach System of Empirically Based Assessment: ASEBA）として整えられ，すでに90言語以上に翻訳されている。上記の体系のうち最もよく用いられるものがCBCLである。2000年に就学前の幼児を対象としたCBCL/1^1/$_2$-5，2001年に児童青年を対象としたCBCL/6-18が開発された。日本語版は，CBCL/1^1/$_2$-5については長沼ら（2012），CBCL/6-18については河内ら（2011）により標準化されている。
目的	子どもが日常の中で示すさまざまな情緒や行動の問題を客観的かつ包括的に把握することを目的としている。
概要	子どもの情緒や行動の問題に関する質問項目（症状尺度）が，CBCL/1^1/$_2$-5では100項目，CBCL/6-18では120項目用意されている。下位尺度得点，上位尺度得点，および総得点を算出し，一般群を正常域・境界域・臨床域の3つに区分するカットオフ・ポイントを踏まえながら子どもの特徴を捉える。
対象	1歳半から18歳の子どもの保護者が対象である。

1. 実施方法

準備：対象となる子どもの年齢に応じた質問紙を用意する。1歳半から5歳までの子どもにはCBCL/1^1/$_2$-5，6歳から18歳の子どもにはCBCL/6-18が適用される。ただし，6歳以降に再度CBCLによる評価が行われる見込みであれば，5歳児にもCBCL/6-18を用いてよいとされている。

実施方法：CBCL/1^1/$_2$-5では過去2ヶ月間，CBCL/6-18では過去6ヶ月間における子どもの情緒や行動の状態を，親またはそれに準ずる養育者が記入する。CBCL/1^1/$_2$-5では，基本属性，症状尺度（「Ⅰ.情緒的反応」「Ⅱ.不安／抑うつ」「Ⅲ.身体的訴え」「Ⅳ.引きこもり」「Ⅴ.睡眠の問題」「Ⅵ.注意の問題」「Ⅶ.攻撃的行動」の7下位尺度と「その他」で計100項目），子どもの疾患・障害および心配事に関する自由記述の順に回答する。CBCL/6-18では，基本属性，能力尺度（子どもが取り組んでいる活動や社会性，学校生活の様子，保護者が子どもについて心配していること，子どものよいところなどについての自由記述や選択式設問），症状尺度（「Ⅰ.不安／抑うつ」「Ⅱ.引きこもり／抑うつ」「Ⅲ.身体的訴え」「Ⅳ.社会性の問題」「Ⅴ.思考の問題」「Ⅵ.注意の問題」「Ⅶ.規則違反行動」「Ⅷ.攻撃的行動」の8下位尺度と「その他」で計120項目）の順に回答する。症状尺度は，各項目の内容が「とてもよくあてはまる，またはしばしばあてはまる」場合には「2」，「ややあてはまる，または時々あてはまる」場合は「1」，「あてはまらない」場合は「0」の3件法で評価する。一部の項目には自由記述欄も設けられている。

所要時間：項目数は多いが，各項目が短く簡潔であるため，一般的には15分から20分で回答することができる。

CBCL/6-18 の症状尺度における項目 (河内ら (2011) を参考に作成)

症状尺度	項目数	項目例	上位尺度
Ⅰ. 不安／抑うつ	16	よく泣く，誰も大切に思ってくれない，自分には価値がない，など	内向尺度
Ⅱ. 引きこもり／抑うつ	8	一人でいるのを好む，しゃべろうとしない，極端に恥ずかしがる，引きこもる，など	
Ⅲ. 身体的訴え	9	めまい，頭痛，腹痛，など	
Ⅳ. 社会性の問題	11	他の子とうまくやれない，よくからかわれる，他の子から好かれていない，など	総得点
Ⅴ. 思考の問題	10	強迫観念，強迫行為，など	
Ⅵ. 注意の問題	14	行動が幼い，やり終えられない，集中力や注意力が長続きしない，など	
	12	落ち着きがないあるいは多動，衝動的，おしゃべり，など	
Ⅶ. 規則違反行動	12	悪いと思っていない，決まりを破る，うそをつく，盗みをする，など	外向尺度
Ⅷ. 攻撃的行動尺度	20	言い争いをする，ものを壊す，学校でいうことをきかない，けんかをする，など	
その他の問題	8	爪をかむ，規則にとらわれすぎる，太りすぎ，授業中に眠る，など	

2. 分析・解釈の方法

各下位尺度の得点を合計することで，尺度得点が算出される。また，上位尺度である「内向尺度」は，CBCL/1^1/$_2$-5 では尺度Ⅰ-Ⅳ，CBCL/6-18 では尺度Ⅰ-Ⅲを合計することにより，「外向尺度」は，CBCL/1^1/$_2$-5 では尺度ⅤとⅥ，CBCL/6-18 では尺度ⅦとⅧを合計することにより算出される。症状尺度をすべて合計すると「総得点」が算出される。

わが国では，CBCL/1^1/$_2$-5 については長沼ら (2012)，CBCL/6-18 については河内ら (2011) により標準化が行われている。また，原版の基準にのっとり，T 得点 65 点未満 (93 パーセンタイル) を正常域，65 点以上 69 点 (97 パーセンタイル) 以下を境界域，70 点 (98 パーセンタイル) 以上を臨床域として，各下位尺度，上位尺度，および総得点のカットオフポイントが定められている。これらを踏まえて，いずれの尺度が臨床域もしくは境界域に位置しているのかを確認しながら，子どもの情緒や行動の特徴を把握していく。

3. 所見・フィードバック面接

所見書を作成する際には，各下位尺度のプロフィール表を載せると視覚的にも理解がされやすくなる。フィードバック面接は，保護者と支援者とが子どもの情緒や行動の特徴についての共通理解をもち，かかわりの方向性を共に考えていく場となることが望ましい。

なお，CBCL と同時に，教師が評定する TRF や子ども自身が記入する YSR を実施することができれば，評定者間のギャップが示され，子どもの特徴をより詳細に捉えることが可能となる（実践例として，坪井・李 (2007) など）。

引用文献

アッケンバック, T. M.／船曳康子 (訳)　日本語版 ASEBA　京都国際社会福祉センター
Achenbach, T. M., & Rescorla, L. A. (2000). *Manual for the ASEBA: Preschool Forms & Profiles*. Burlington VT: University of Vermont, Research Center for Children, Youth, & Families.
Achenbach, T. M., & Rescorla, L. A. (2001). *Manual for the ASEBA: School-Age Forms & Profiles*. Burlington VT: University of Vermont, Research Center for Children, Youth, & Families.
船曳康子 (2016). 不適応行動をアセスメントする—ASEBA 行動チェックリスト　臨床心理学, **16**, 61-64.
河内美恵・木原望美・瀬戸屋雄太郎・槇野葉月・北　道子・上林靖子 (2011). 子どもの行動チェックリスト 2001 年版 (CBCL/6-18) 日本語版の標準化の試み　小児の精神と神経, **51**, 143-155.
長沼葉月・北　道子・上林靖子・河内美恵 (2012). ASEBA 就学前子どもの行動チェックリスト親記入様式および保育士・幼稚園教諭記入様式の日本語版の開発　小児の精神と神経, **52**, 193-208.
坪井裕子・李　明憙 (2007). 虐待を受けた子どもの自己評価と他者評価による行動と情緒の問題—Child Behavior Checklist (CBCL) と Youth Self Report (YSR) を用いた児童養護施設における調査の検討　教育心理学研究, **55**, 335-346.

その他の検査② SDQ

歴史	SDQ（Strengths and Difficulties Questionnaire）は，イギリスにおいてグッドマン（Goodman, R.）により開発された質問紙である（Goodman, 1997）。それまで子どもの行動のスクリーニング尺度として使用頻度の高かった「Rutter Questionnaire」に基づき，項目数を最小限にして作成された。子どもの情緒面・行動面を包括的に捉える尺度である「子どもの行動チェックリスト（Child Behavior Checklist: CBCL）」と比較して，項目数が大幅に少ないという特徴がある。臨床場面においては，対象児の情緒や行動の問題の程度や支援ニーズを把握するために用いられるほか，介入プログラム等の効果測定のために用いられることもある。また，コミュニティサンプルを対象とした疫学調査やさまざまな研究調査にも活用することが可能である。現在は60カ国以上の言語に翻訳され，日本語版の標準化も行われている（Matsuishi et al., 2008；野田ら，2013a, 2013b）。
目的	子どもの情緒および行動の特徴を具体的かつ簡便に把握することを目的としている。
概要	質問紙は全25項目からなる。「情緒面」「行為面」「多動・不注意」「仲間関係」および「向社会性」という5つの下位尺度・各5項目から構成されており，子どもの抱える困難さ（Difficulties）のみならず，向社会性に関する強さ（Strengths）についても測定することができる。各下位尺度，および「向社会性」以外の4下位尺度を合計した「全般的困難度」にはカットオフ・スコアが定められており，問題の深刻さを客観的に把握することができる。
対象	2–17歳の子どもが対象である。保護者，教師および本人が記入する質問紙が作成されている。

1. 実施方法

準備：対象児の年齢と評価者に応じた質問紙を用意して使用する。質問紙には，保護者評定用および教師評定用（2–4歳用／4–17歳用）と本人評定用（11–17歳）がある。いずれもほぼ同じ項目が同じ順序で配置されているが，保護者および教師評定用の質問紙では，年齢段階により一部の項目が異なっている。また，本人評定用においては，子どもが1人で回答することを考慮して表現が多少修正されている。質問紙はWebサイトからダウンロードできる（引用文献参照）。

実施方法：保護者評定用質問紙では，「以下のそれぞれの質問項目について，あてはまらない，まああてはまる，あてはまる，のいずれかのボックスにチェックをつけてください。答えに自信がなくても，あるいは，その質問がばからしいと思えたとしても，全部の質問に答えてください。あなたのお子さんのここ半年くらいの行動について答えてください」という教示がなされている。行動の評価範囲は過去6ヶ月であるが，教師評定用質問紙では「ここ半年くらい，あるいはこの年度中の行動」について評価するよう教示されている。子ども本人に実施する場合には，個別実施も集団実施も可能である。

なお，わが国では基本25項目の他に，臨床評価のための追加項目も翻訳されている。①全体的な困難さの程度・深刻さ，②困難の継続，③困難による子ども本人の苦痛や動揺，④日常生活における不適応や社会的不利，⑤評価者自身あるいは周囲の人たちの負荷や負担の程度，について4件法で回答する形式となっている。

所要時間：項目数が少なく難解な表現も認められないため，5分程度で回答できる。

2. 分析・解釈の方法

逆転項目の処理を行った上で，「あてはまらない」を0点，「まああてはまる」を1点，「あてはまる」を2点とし，各下位尺度の得点を合計する（0–10点）。また，「向社会性」以外の4下位尺度を合計すると「全般的困難度（Total Difficulties Score）」が算出される

SDQ の下位尺度と項目例　（森脇（2016）を参考に著者作成）

下位尺度	内容と項目例	項目番号
情緒面	抑うつや不安などの情緒的問題 ・頭がいたい，お腹がいたい，気持ちが悪いなどと，よくうったえる ・心配ごとが多く，いつも不安なようだ	3, 8, 13, 16, 24
行為面	反抗挑戦性や反社会的行動に関する行為の問題 ・カッとなったり，かんしゃくをおこしたりする事がよくある ・よくうそをついたり，ごまかしたりする	5, 7*, 12, 18, 22
多動・不注意	多動性，不注意や集中力の欠如に関する問題 ・おちつきがなく，長い間じっとしていられない ・ものごとを最後までやりとげ，集中力もある*	2, 10, 15, 21*, 25*
仲間関係	仲間からの孤立や不人気などの仲間関係の問題 ・一人でいるのが好きで，一人で遊ぶことが多い ・他の子から，いじめの対象にされたり，からかわれたりする	6, 11*, 14*, 19, 23
向社会性	協調性や共感性などの向社会的行動傾向 ・他人の気持ちをよく気づかう ・自分からすすんでよく他人を手伝う（親・先生・子どもたちなど）	1, 4, 9, 17, 20

*：逆転項目

（0-40点）。

各評価者用の質問紙におけるカットオフ・スコアは，全般的困難度と各下位尺度得点の上位10%（向社会性に関しては下位10%）を臨床域，次の10%を境界域，残り80%を正常域として算出されている。カットオフ・スコアを支援ニーズとして捉え，臨床域が「High Need」，境界域が「Some Need」，正常域が「No Need」と表記されることもある。

全般的困難度および各下位尺度が臨床域もしくは境界域に位置しているかどうかを踏まえて，子どもの特徴を捉えていく。ただし，リスクの低い子どもや一般集団を対象とする場合には，下位尺度ごとの結果を見るよりも，「行為面」と「多動・不注意」を合計した「外向性」尺度，「情緒面」と「仲間関係」を合計した「内向性」尺度，および「向社会性」の3下位分類が適用しやすい場合もある。

3. 所見・フィードバック面接

所見書では，各下位尺度および全般的困難度の得点を基にして子どもの情緒や行動の特徴を記述する。SDQの特徴を活かし，子どもの強さと困難さの双方に触れられるとよい。

なお，SDQの得点は神経発達症などの障害の診断と直接結び付くわけではない。診断は，SDQを含めたテスト・バッテリーと専門家による面接や行動観察に基づき行われるということを，フィードバックにおいて十分に伝えていく必要がある。

引用文献

SDQ：Information for researchers and professionals about the Strengths and Difficulties Questionnaire 〈http://www.sdqinfo.com/〉（最終確認日：2017年7月16日）

Goodman, R. (1997). The Strengths and Difficulties Questionnaire: A Research Note. *Journal of Child Psychology and Psychiatry*, **31**, 581-586.

Matsuishi, T., Nagano, M., Araki, Y., Tanaka, Y., Iwasaki, M., Yamashita, Y., Nagamine, S., Iizuka, C., Ohya, T., Shibuya, K., Hara, M., Matsuda, K., Tsuda, A., & Kakuma, T. (2008). Scale properties of the Japanese version of the Strengths and Difficulties Questionnaire (SDQ): A study of infant and school children in community samples. *Brain & Development*, **30**, 410-415.

森脇愛子（2016）．情緒と行動をアセスメントする―SDQ　臨床心理学，**16**, 52-56.

野田　航・伊藤大幸・原田　新・中島俊思・高柳伸哉・染木史織（2013a）．日本語版 Strengths and Difficulties Questionnaire 自己評定フォームの信頼性・妥当性の検討―単一市内全校調査を用いて　臨床精神医学，**42**, 119-127.

野田　航・伊藤大幸・中島俊思・大嶽さと子・高柳伸哉・染木史織（2013b）．小中学生を対象とした日本語版 Strengths and Difficulties Questionnaire 教師評定フォームの標準化と心理測定学的特徴の検討　臨床精神医学，**42**, 247-255.

4 知能検査

●概　論

(1) 知能検査の歴史

　知能のアセスメントは，1884年にチャールズ・ダーウィン（Darwin, C.）の従兄弟であるフランシス・ゴールトン（Golton, F.）が，知能を科学的に測定しようと試みたのが初めとされている。しかし，彼が作成したテスト項目は，知能を測定するには適切ではなかったために，成果は乏しかった。1905年に，アルフレッド・ビネー（Binet, A.）とテオドール・シモン（Simon, Th.）によって，今日の知能検査の原型である Binet-Simon Scale がフランスで作成された。ビネーらが知能検査を開発した目的は，一人ひとりの子どもの個性に合わせた教育を提供するために，行動に問題はあっても知的に遅れはない生徒と，知的な遅れのために学業不振に陥っている生徒を見分けることであったと伝えられている。この考え方は，今日の特別支援教育の発端ともいえる。その後，スタンフォード大学のルイス・ターマン（Terman, L. M.）によって，スタンフォード・ビネー知能検査が1916年にアメリカで発表された。それ以降，スタンフォード・ビネー検査は改訂を繰り返しながら，今日までアメリカで使用されている。

　1939年には，デヴィッド・ウェクスラー（Wechsler, D.）によってウェクスラー・ベルビュー知能診断検査（Wechsler-Bellevue Intelligence Scale）が開発された。スタンフォード・ビネー知能検査では，大人の知能を適切に測定できなかったことから，成人向けの課題から新たに構成された。また，スタンフォード・ビネー検査で使用されていた比率IQの問題を回避するために，偏差IQを新たに導入した。1949年に Wechsler Intelligence Scale for Children (WISC)，1955年に Wechsler Adult Intelligence Scale (WAIS)，1967年に Wechsler Preschool and Primary Scale of Intelligence (WPPSI) が，それぞれ発表された。ウェクスラー式の検査は，日本においても最も使用されることの多い知能検査の1つであり，最新版である WAIS-Ⅲの日本語版は2006年（WAIS-Ⅳが2018年に刊行予定）に，WISC-Ⅳの日本語版は2010年に刊行されている。

　日本においては，田中寛一によって1937年版スタンフォード改定案を基に改良が加えられ，1947年に日本独自の知能検査として，田中びねー式智能検査法が発表された。今日まで改訂を加えて，現在では，2003年に最新版の田中ビネー知能検査Ⅴが刊行されている。

(2) 知能検査の留意点

　知能検査の結果得られた知能指数は，一定の方法で測定した結果である。したがって，一定の限界があることに留意する必要がある。知能は発達によって大きく変化する可能性がある。

ある時点での知能検査の結果が，対象者の生涯にわたる知能水準を示しているとは限らない。知能は，生得的な要因の影響を受けているけれども，環境と関わるなかで獲得してきた現在の機能の水準を表している。教育や指導のあり方によって変化することも知られている。

　比率 IQ の解釈には，注意が必要である。例えば，6 歳 0 ヶ月で比率 IQ が 100，12 歳 0 ヶ月で比率 IQ が 90 になった場合，知能が低下したように誤解される恐れがある。ところが，12 歳時点では精神年齢が約 10 歳 10 ヶ月であるから，実際には知的に発達している点に留意する。ウェクスラー検査に加えて，KABC-II，DN-CAS などの新しく開発された知能検査では，比率 IQ の問題を回避するために，偏差 IQ が用いられている。

　妥当な検査の結果を得るためには，標準的な実施法にそって検査を実施することが求められている。算出される素点および評価点は，実施法に従った条件の下で，初めて意味をもつ。検査を適切に実施するためには，検査用具と手続きに習熟していなければならない。

　また検査には，測定誤差があることに注意する必要がある。例えば，WISC-IV では，全検査 IQ が 100 の時，90% 信頼区間は 95–105 となることが，あらかじめ調べられている。したがって，知能指数で 1 桁程度の違いについては，あまり大きな意味をもたない点に留意する。

　知能検査は，使い方を誤れば，対象者やその家族が著しい不利益を被ることが考えられる。ビネーとシモンが知能検査を開発した意図に今一度立ち返り，対象者の福利厚生にとって望ましい施行となっているか，慎重に顧みる姿勢が強く求められている。

知能検査① DN-CAS

歴史	20世紀以降，人の認知能力に関する学問的理解は著しく発展したといえる。そこで，これまでの知能検査の開発の歴史を踏まえ，一般的な知的能力というよりも，むしろ特定の能力を測定する必要性から開発されてきたのがDN-CAS (Das-Nagliery Cognitive Assessment System) である。その理論的背景は，ルリア (Luria, A. R.) の神経心理学的モデル（知能を構成する単位を機能システムとして表す）に端を発し，ナグリエリ (Naglieri, J. A.) とダス (Das, J. P.) によってPASS理論としてまとめられている。
目的	PASS理論によって示される認知機能を測定するために開発されたのがDN-CASである。PASS理論は，プランニング (Planning)，注意 (Attention)，同時処理 (Simultaneous)，継次処理 (Successive) が知能の基本的単位であるとの考え方であり，プランニングは，問題の効果的解決方法の決定に関わる認知プロセスである。注意は，必要な情報に注意を向け，不必要な情報を無視する認知プロセスである。同時処理と継次処理は情報操作の方法であり，複数の情報をまとまりとして統合するもの（同時処理）と，順序として統合するもの（継次処理）を示している。したがって，何らかの入力された刺激に対し，それにどのように注意を向け，計画を立てて情報を操作して，結果を出力するかという個々人の特徴を見出すことが可能となる。
概要	DN-CASは，以上の4つの機能を測定するための4つの尺度を有し，その尺度はそれぞれ複数の下位検査から構成されている。具体的には，プランニングは「数の対探し」「文字の変換」「系列つなぎ」，注意は「表出の制御」「数字探し」「形と名前」，同時処理は「図形の推理」「関係の理解」「図形の記憶」，継次処理は「単語の記憶」「文の記憶」「発語の速さ（5-7歳）／統語の理解（8-17歳）」によって測定される。
対象	5歳0ヶ月から17歳11ヶ月である。

1. 実施方法

準備：物品としては，DN-CAS認知評価システムに含まれる検査用具一式のほか，鉛筆，赤鉛筆，ストップウォッチが必要となる。また，本検査では，対象児が使用するプランニング方略を観察する必要があるため，その観察が容易に可能な位置に座席を配置することが求められる。さらに，教示においては，言語的なものだけではなく，ジェスチャーを併用することが決められている場合がある。これらの確認を行っておく必要もあるだろう。

実施方法：実施は，「実施・採点マニュアル」に基づいて正確に行う必要がある。下位検査は，プランニング→同時処理→注意→継次処理という順序で，各尺度に含まれる下位検査を実施後に次の尺度の下位検査を実施することとなる。また，標準実施は12の下位検査をすべて実施するものであるが，4つのPASS尺度それぞれ2つの下位検査のみを実施する場合を簡易実施としている。

いくつかの下位検査は，年齢に応じて実施する問題内容が異なる。また，中止条件は下位検査によって異なる。さらに，子どもが課題を正確に理解して取り組むことができるよう，援助的に教示を行うことが求められている。加えて，時間の計測が必要であったり，ワークシートの提示方法に工夫が必要であったりする場合もある。これらは，検査結果に影響を及ぼすことから，事前に十分に確認し，正確に行われる必要がある。

なお，本検査の実施時に特徴的なこととしては，先述のように，プランニングの下位検査を実施している際，その方略を評価することであろう。そこでは，検査実施時に検査者が観察した方略を記録しておくこととともに，検査実施後に対象児に対して聞き取りを行い，その報告結果も記録しておくことが求められている。そうして得られた情報は，検査結果の説明や，その解釈を行う際に用いられることとなる。

DN-CAS 認知評価システム検査用具一式（日本文化科学社「DN-CAS 認知評価システム」〈https://www.nichibun.co.jp/kensa/detail/dn_cas.html〉（最終確認日：2017年11月20日））

所要時間：標準実施では60-90分程度，簡易実施では40分程度が想定されている。

2. 分析・解釈の方法

　結果の処理は，粗点の算出，粗点から評価点への換算，評価点合計の算出，標準得点・パーセンタイル順位・信頼区間の算出という順序で行い，プロフィールを作成する。そして，PASS尺度間や下位検査間が統計的に有意な差があるか否か等を分析し，DN-CASワークシートを作成する。

　解釈は，まず，分類カテゴリー（平均の上，平均など）を用いて標準得点の評価を行う。そして，PASS尺度の個人内比較（PASS標準得点平均と各PASS標準得点との差の検討）と対比較（2つのPASS尺度間の差の検討）を行うことにより，対象児の4つの認知機能における得意・不得意を見出す。その後，各PASS尺度の下位検査に注目し，その個人内比較（各PASS尺度の下位検査評価点平均と各下位検査評価点との差の検討）と対比較（2つの下位検査評価点間の差の検討）を行い，その解釈を詳細に深めていく。

　なお，本検査は相当年齢（検査結果に基づいて考えると，対象児の年齢は何歳程度に相当するかということ）を求めることもできる。これは，保護者や教師に説明する際に理解されやすい一方，そのことが一人歩きしてしまう危険性もあり，慎重に行う必要がある。また，本検査を複数回実施した際には，その比較を行うことができるようにもなっている。そのため，支援の過程を見極める手がかりを得ることもできる。

3. 所見・フィードバック面接

　この検査では，同時処理や継次処理の結果から，対象児はいかなる処理方法が得意（あるいは苦手）なのか理解できるため，どうすれば苦手な方法を得意な方法で補うことができるのかを提示できる。また，プランニングの結果から，苦手な課題に対し，いかなる工夫をすれば取り組みやすくなるのかも考察できる。さらに，注意の結果から，必要な情報に焦点化するために，自分あるいは周囲の環境はどうすればよいのかを見極めることができる。このような基本的視点に則って所見を記し，フィードバック面接を行う必要がある。

引用文献

Naglieri, J. A., & Das, J. P. (1997). *Cognitive Assessment System. Administration and scoring manual. Interpretive handbook*. Itasca, IL: Riverside.（ナグリエリ，J. A.・ダス，J. P./前川久男・中山　健・岡崎慎治（訳）(2007). DN-CAS 認知評価システム　日本文化科学社）

Naglieri, J. A. (1999). *Essentials of CAS assessment*. Hoboken, NJ: John Wiley & Sons.（ナグリエリ，J. A./前川久男・中山　健・岡崎慎治（訳）(2010). エッセンシャルズDN-CASによる心理アセスメント　日本文化科学社）

Naglieri, J. A. & Pickering, E. B. (2003). *Helping children learn: Intervention handouts for use in school and at home*. Baltimore, MD: Brookes Publishing.（ナグリエリ，J. A.・ピカリング，E. B./前川久男・中山　健・岡崎慎治（訳）(2010). DN-CASによる子どもの学習支援―PASS理論を指導に生かす49のアイデア　日本文化科学社）

Kirby, J. R., & Williams, N. H. (1991). *Learning problems: A cognitive approach*. Toronto: Kagan and Woo.（カービィ，J. R.・ウィリアムス，N. H./田中道治・前川久男・前田　豊（編訳）(2011). 学習の問題への認知的アプローチ―PASS理論による学習メカニズムの理解　北大路書房）

知能検査② KABC-Ⅱ

歴史	K-ABC（Kaufman Assessment Battery for Children）とは，1983年にアメリカの心理学者であるカウフマン夫妻（Kaufman, A. S. & Kaufman, N. L.）によって作成された知能検査である。それを基に，日本では1993年に日本版K-ABC心理・教育テスト・バッテリーとして標準化された。そして，2004年にK-ABCの改訂が行われ，KABC-Ⅱが開発された。それを受けて，2013年に日本版KABC-Ⅱが刊行された。これにより，適応年齢が拡大され，認知尺度の下位尺度が増えた。さらに，臨床的・神経心理学的理論であるルリア（Luria）理論と心理測定学的理論であるCHC（Cattell-Horn-Carroll）理論の2つの異なった理論から分析・解釈が行えるようになった。また，行動観察が下位検査ごとにチェックできるように記録用紙が改訂された。
目的	KABC-Ⅱの大きな目的は，検査の結果を子どもへの指導に活かすことである。K-ABCは指導に活かすことを念頭に置きながら作成された。その1つが「認知処理過程（心理学的アセスメント）」と「習得度（教育的アセスメント）」の両方を別々に測定できるようにしたことである。これにより，子どもの認知過程レベル（情報処理の機能）にあった習得度（知識や技能）を達成できる指導を目指すことができる。
概要	日本版KABC-Ⅱは，認知尺度と習得尺度から構成されている。認知尺度は，継次尺度，同時尺度，計画尺度，学習尺度の4尺度から構成されている。習得尺度は，語彙尺度，読み尺度，書き尺度，算数尺度の4尺度から構成されている。さらに，これらの尺度はそれぞれ複数の下位検査によって構成されている。
対象	日本版KABC-Ⅱの適応年齢は，2歳6ヶ月から18歳11ヶ月となっている（米国版は3歳0ヶ月から18歳11ヶ月）。

1. 実施方法

準備：検査を実施する前は子どもへの心理的配慮のために，「すべての問題に正解する必要はないですよ」「とても難しい問題もありますからね」などと声かけする必要がある。また，検査中にも「一生懸命取り組んでくれているね」などと適切な励ましを行うなどして，子どもが検査に取り組みやすい状況をつくる必要もある。その際，正誤のフィードバックとならないよう気をつける必要がある。

【用具】日本版KABC-Ⅱの検査用具一式，日本版KABC-Ⅱマニュアル，ストップウォッチ，筆記用具（検査者用），消しゴムのついていない鉛筆3本（Bまたは2B），時計，A4判の白紙（数的推論の計算用紙）を用意する。

【環境】検査者と子どもは，テーブルの角を挟んで座ることが原則となっている。記録用紙はイーゼル（問題掲示板）の後ろに置き，記録が子どもに見えないように気をつける。机の上には必要な検査用具のみを配置し，その他の検査用具は子どもから見えず，手の届かないところに置く。

実施方法：【手順】イーゼルに必要な検査用具，進め方，実施の仕方，開始問題，基点ルール，中止ルール，採点基準が書かれている。それに従って検査を進めていく。①開始問題および基点ルール；子どもに負担がかかりすぎないようにするため，年齢に応じた開始問題が設定されている。②中止ルール；検査を中止するルールが下位検査項目ごとに決められている。③例題とティーチングアイテム；子どもが課題を理解できていないために本来の能力を発揮することができないことを避けるために，例題とティーチングを実施できる検査がある。どの検査で実施が可能であるか事前に確認しておく必要がある。④問題提示の繰り返し；問題提示を繰り返してはならない検査があるため留意しておく必要がある。⑤不確かな反応の確かめ；正誤の判断が難しい場合には，「もう少し詳しく言ってください」などと確認を行う必要がある。

所要時間：おおよそ25分から120分。所要時間の目安は年齢によって異なっている。

日本版 KABC-Ⅱ の構成

大きな枠組み	認知尺度								習得尺度							
尺度名	継次尺度			同時尺度				計画尺度	学習尺度		語彙尺度		読み尺度		書き尺度		算数尺度	
下位検査	数唱	語の配列	手の動作	顔さがし	絵の統合	近道さがし	模様の構成	物語の完成	パターン推理	語の学習	語の学習遅延	表現語彙	なぞなぞ	理解語彙	ことばの読み	文の理解	ことばの書き	文の構成	数的推論	計算

2. 分析・解釈の方法

子どもの反応は正答（1点）か誤答（0点）のどちらかを与える。これはどの問題も共通となっている。採点する際の原則として，認知尺度は情報処理機能を，習得尺度は正しい知識の保有を評定する。つまり，認知尺度では機能についての説明やジェスチャーでも正答となり，習得尺度では物の特徴や機能を理解していても正確な名前を回答できなければ誤答となる。分析は，ルリア理論に基づいた「カウフマンモデル」と CHC 理論に基づいた「CHC モデル」の2つの観点から分析する。これが KABC-Ⅱ の特徴といえる。分析の手順や詳細な解釈方法については，マニュアルに記載されているため，それを参照して進めていく必要がある。以下には簡略化した手順のみ記載する。

カウフマンモデルの分析：①粗点の算出，②評価点への換算，③標準得点への換算，④信頼区間の選択，⑤パーセンタイル順位の記入，⑥個人間差の判定，⑦個人内差の判定，⑧まれな差の判定，⑨相当年齢の記入，⑩尺度間の比較，⑪その他の換算と比較，⑫プロフィール図の作成の順で行う。

CHC モデルの分析：①評価点の転記，②各尺度の評価点計の算出，③CHC 評価点合計と CHC 評価点平均の算出，④標準得点，信頼区間，パーセンタイル順位への換算，⑤CHC 標準得点合計と CHC 標準得点平均の算出，⑥個人内差とまれな差の判定，⑦各尺度間の比較，⑧プロフィール図の作成の順で行う。

解釈：解釈は基本的に，①総合尺度の解釈，②各尺度の解釈，③尺度間比較，④質的指標の順で行う。

3. 所見・フィードバック面接

日本版 KABC-Ⅱ の目的は，検査結果を指導に生かすこと（認知レベルにあった習得度を達成すること）であるため，所見やフィードバック面接についてもどのような指導が必要なのかという点に焦点を当てる必要がある。つまり，子どもの得意な情報処理機能を活用した指導の工夫や計画を立案することが大切である。また，知識や技能を高めるために，どの情報処理機能を活用することが有効なのかという観点からも考えることが大切となる。

引用文献

願興寺礼子・吉住隆弘（編）(2011). 心理検査の実施の初歩　ナカニシヤ出版

Kaufman, A. S., & Kaufman, N. L. (2004). *Kaufman assessment battery for children* (2nd ed.). New York: NCS Pearson.（日本版KABC-Ⅱ制作委員会（訳）(2013). 日本版KABC-Ⅱマニュアル　丸善出版）

川瀬正裕・松本真理子・松本英夫 (2015). 心とかかわる臨床心理［第3版］基礎・実際・方法　ナカニシヤ出版

知能検査③ WPPSI知能診断検査

歴史	スタンフォード・ビネー知能検査が最もよく使われていた中，ウェクスラー（Wechsler, D.）は成人を対象とした，知的能力を別々の側面から測定できる検査が必要と考え，1939年にウェクスラー・ベルビュー知能診断検査を出版した。この検査は1955年に改訂され，ウェクスラー成人知能検査（WAIS）として現在も使用されている。1949年にはウェクスラー・ベルビュー知能診断検査は年少用に拡張され，4-16歳を対象にしたウェクスラー児童用知能尺度（WISC）が出版された。そして，WISCの対象年齢よりも更に幼い児童の知能検査として，1967年には2歳半から7歳を対象にしたウェクスラー就学前幼児用知能検査（Wechsler Preschool and Primary Scale of Intelligence：WPPSI）が出版された。その後1989年にWPPSI-R，2002年にWPPSI-Ⅲと改訂されている。これまで日本で翻訳，標準化され使用できるのは1967年に出版されたWPPSIのみであったが，WPPSI-Ⅲの翻訳，標準化も進められ，2017年に刊行された。
目的	幼児・児童の知的水準を明らかにする。
概要	言語性検査5種類，動作性検査5種類，補充検査1種類の計11種類の検査で構成されている。
対象	3歳10ヶ月から7歳1ヶ月。近接した年齢層（3歳の知能上位の子どもと7歳以上の知能下位の子ども）にも使用できるが，一般的には対象年齢の使用が勧められている。

1. 実施方法

準備：WPPSI知能診断検査用具一式。WPPSI知能診断検査手引，記録用紙，迷路用紙，幾何図形用紙，筆記用具，ストップウォッチ。

実施方法：幼児を対象とした検査であるため，子どもとのラポール形成がより重要になる。実施場所について決まりはないが，子どもにとって馴染みがない場所，活動が制約される場所，見知らぬ人が居合わせる場所は避けるようにする。本検査では言語性検査と動作性検査が交互になるように配置されている。また，検査の難易度も易しいものと難しいものが交互に配置されている。そのため，検査実施の順番は手引に従い，①知識，②動物の家，③単語，④絵画完成，⑤算数，⑥迷路，⑦幾何図形，⑧類似，⑨積木模様，⑩理解，⑪文章（補充問題），⑫動物の家（再検査）とするのが望ましい。しかし，子どもがある問題への回答に困難や抵抗を示す場合は，決められた順序を自由に変えることが認められている。禁じられている場合を除いて，子どもが質問を理解していない時は質問を繰り返してもよい。また，言語障害のある子どもの場合は動作性検査のみ，上肢障害や盲・弱視児は言語性検査のみ実施してIQを算出することも可能である。

所要時間：約50-75分。子どもの疲れが目立つ場合は検査を中断し，2回に分けて実施する。下位検査を省略することは勧められない。

2. 分析・解釈の方法

① 各下位検査における採点基準に従って，下位検査の粗点を算出する。
② 手引に従い，粗点から評価点に換算する。
③ 言語性検査（V），動作性検査（P），全検査の評価点を合計し，それぞれ手引に従って言語性IQ（VIQ），動作性IQ（PIQ），全検査IQ（FIQ）に換算する。

解釈としては，言語性IQ，動作性IQ，全検査IQから子どもの知能水準について判定する。言語性IQと動作性IQの得点に10以上の差がある場合は，有意水準5%で両者に差があることが認められる。また，下位検査の評価点のプロフィールを確認し，子どもの知能構造の特徴について把握する。例えば，言語性検査もしくは動作性検査の中でもどの検査の得点が高く，どの検査の得点が低いの

WPPSI 知能診断検査記録用紙の一部

か把握する。この作業は，子どもの特徴を理解するために重要である。

　言語性IQと動作性IQは原則5つの下位検査の評価点から換算されるが，4つの下位検査の評価点を修正して算出することも可能である。粗点が0の場合も，その検査で測られる能力がまったくないというわけではなく，その子どもの能力がその検査では測ることができないと捉えるべきである。このような考えに従い，言語性検査または動作性検査の2つ以上の下位検査で粗点が1点以上でない場合は，その子どもの言語性IQまたは動作性IQを算出するべきでない。また，全検査IQを算出するのも控え，このような子どもには検査が適用できないと判断するべきである。

3. 所見・フィードバック面接

　所見書を作成し，フィードバック面接を行う。所見書には，以下の4点を含める。保護者，学校だけでなく，子ども自身にも平易な言葉でフィードバックすることを検討する。

①検査時の様子：回答時における特徴や，子どもがどのように検査に取り組んだかを伝える。

②検査結果：全検査IQ，言語性IQ，動作性IQ，下位検査のプロフィールを示す。

③総合所見：全体的な知的発達水準と，言語性IQと動作性IQの有意差について伝える。また，下位検査の評価点のプロフィールから，子どもの知能構造の特徴について述べる。

④支援の方針：主訴に対する，検査結果からの回答を具体的に示す。

　検査用具は，適正な使用を守る専門家以外には公開しないことになっているため，検査結果のプロフィールや，被検査者が記入した記録用紙は原則としてコピーして渡すことは原則行わない。同様に，検査項目の詳細を報告することも必要最低限に留めることを心がける。

引用文献

Wechsler, D. (1967). *Manual for the Wechsler Preschool and Primary Scale of Intelligence*. New York, NY, TX: The Psychological Corporation.（ウェクスラー，D.／日本心理適性研究所・小田信夫・茂木茂八・安富利光・松原達哉（訳）(1969). WPPSI知能診断検査　日本文化科学社）

日本心理適性研究所（編著）(1969). WPPSI知能診断検査指針　日本文化科学社

知能検査④ 日本版 WISC-Ⅳ

歴史	日本版 WISC-Ⅳ（Wechsler Intelligence Scale for Children-Fourth Edition：ウェクスラー児童用知能検査第4版）は児童の知能測定のために作成された臨床検査であり，1939年に出版されたウェクスラー・ベルヴュー尺度の伝統を引き継ぐものである。1949年に最初のWISCが発表されて以来，時代の要請を受けてさまざまな改良が行われてきた。現在，ウェクスラー式知能検査は全世界30ヵ国以上で翻訳・標準化されており，教育現場や医療現場を始めとしたさまざまな領域で研究やアセスメントのために用いられている。日本でも早くからウェクスラー式知能検査が翻案され，時代に合わせて改定も進められてきた。そして，2010年1月にはこれまで広く利用されてきたWISC-Ⅲに代わり，大幅な改定を盛り込んだWISC-Ⅳが発表された。
目的	ウェクスラー（Wechsler, D.）は，知能を「目的的に行動すること，合理的に思考すること，環境に合わせて効率的に処理することができる個人の総合的かつ全体的な能力である」と定義しており，対象者の能力をさまざまな角度から測定することを目的としてウェクスラー式知能検査が作成された。
概要	WISC-Ⅳは10種類の下位検査および5つの補助検査から構成される検査である。これまで伝統的に用いられていた言語性IQ，動作性IQが廃止され，4つの合成得点（言語理解：VCI，知覚推理：PRI，ワーキングメモリー：WMI，処理速度：PSI）とそれらを統合した全検査IQが算出されることとなった。また，これらの合成得点間や下位検査得点間の差（ディスクレパンシー）やプロセス得点などを算出することによって個人内での能力のアンバランスさなども測定することもできる。このように，より詳細に子どもの能力を捉えることができる検査である。
対象	5歳0ヶ月から16歳11ヶ月を対象年齢とする。

1. 実施方法

準備：検査を円滑に進めるために，まずは検査者が検査の概要や実施手続きをしっかりと把握し，検査用具に十分に慣れておくことが必要である。検査の実施にあたっては，必要な検査用具が不備なく揃っていることを確認し，効率的に操作できるように準備をしておく。また，子どもが課題に集中して落ち着いて作業ができるように環境を整えなければならない。その上で十分なラポールを形成し，検査の実施に移ることが望まれる。

実施方法：はじめに，検査の目的や取り組み方について説明を行う。定められた下位検査の順番にしたがい，「実施・採点マニュアル」に記載されている実施の仕方や留意点に沿って施行する。多くの下位検査において，年齢や能力に応じた開始問題・中止条件などが設定されているため，あらかじめ確認しておくことが必要である。検査中は，子どもの回答だけではなく取り組みの様子や行動などにも気を配り，記録していくことも求められる。

また，子どもが特定の下位検査に取り組むことを嫌がる，教示の理解が難しいなど実施困難な状況になった場合には，実施順序を変更したり，補助検査に代替したりという措置をすることも可能である。このような措置を取った場合にも，記録用紙に記入し，結果の解釈の際に考慮しなければならない。検査実施後は，採点基準に基づいて採点を行い，換算表を用いて4つの合成得点と全検査IQを算出してプロフィールを描く。

所要時間：10種類の基本検査の実施にかかる時間は，およそ60-80分であるとされている。実施にあたっては1回ですべての検査を完了することが望まれるが，やむを得ない場合には複数回に分けて実施することも可能である。その場合には，できるだけ早く，1週間以内に2回目の検査を行うことが推奨されている。また，検査中に子どもが疲れてきたり，集中が難しくなったりした時には，1つの下位検査が終わったところで休憩を入れなが

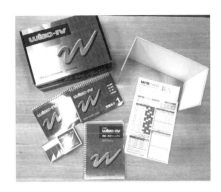

WISC-IV 知能検査

ら実施する。さらに，基本検査に加えて補助検査を実施することで，より多くの情報を得ることが可能となるが，その分所要時間も増えるため，必要な補助検査を見極めて子どもへの負担を最低限に収める工夫も求められる。

2. 分析・解釈の方法

WISC-IVの「理論・解釈マニュアル」では，子どものWISC-IVのプロフィールについて全検査IQから各合成得点へとトップダウン式に分析していくことが提案されている。ただし，個人内で大きな能力の差がみられた場合には，アセスメントをする上で全検査IQや合成得点が大きな意味はもたないことに留意し，個々の指標を検討することも必要である。それぞれの子どもの特徴に合わせて，どの部分に焦点を当てて解釈をしていくかを臨機応変に判断できるようになることも検査者が習得していくべき技術であろう。

また，WISC-IVの結果は単独で解釈されるべきではない。他の検査の結果や，検査中の子どもの様子，親や教師などから得られる情報と合わせて解釈を行うことで，アセスメントに深みが増し，より生き生きとしたその子ども像を描き出すことができるのである。

3. 所見・フィードバック面接

知能検査というと，全検査IQや合成得点の数値ばかりに意識が向けられてしまうことが少なくない。通常，検査は子どもの特徴を把握して支援につなげることを目的として行われる。そのため，結果のフィードバックにあたっては，数値だけでなくその子どもがどのような課題でつまずいてしまうのか，どのような支援があると取り組みやすくなるのかといった具体的な特徴を，誰が読んでも分かりやすい言葉を使って伝えなければならない。また，検査からうかがわれた特徴を一方的に伝えるだけではなく，親や教師が実際にその子どもと関わるなかで感じていることともすり合わせを行いながら，ともにその子どもの特徴理解を進めていくことが重要である。

さらに，子ども本人に対しても一生懸命取り組んでくれたことを労い，得意不得意やその対処方法を一緒に確認することができるとよい。

引用文献

ウェクスラー, D. ／日本版WISC-IV刊行委員会（訳編）(2010). 日本版WISC-IV知能検査 実施・採点マニュアル 日本文化科学社

ウェクスラー, D. ／日本版WISC-IV刊行委員会（訳編）(2010). 日本版WISC-IV知能検査 理論・解釈マニュアル 日本文化科学社

プリフィテラ, A.・サクロフスキー, D. H.・ワイス, L. G.（編）／上野一彦（監訳）(2012). WISC-IVの臨床的利用と解釈 日本文化科学社

上野一彦・海津亜希子・服部美佳子（編著）(2005). 軽度発達障害の心理アセスメント—WISC-IIIの上手な利用と事例 日本文化科学社

知能検査⑤ 田中ビネー知能検査

歴史	1905年に、フランスのアルフレッド・ビネー（Binet, A.）とセオドール・シモン（Simon, Th.）により、知能検査の原型が発表された。日本では、田中教育研究所の創立者である田中寛一博士が、アメリカのターマン（Terman, L. M.）によって再標準化された「スタンフォード・ビネー」を基にし、1943年に「田中びねー式智能検査」を完成させた。その後、1954年、1970年、1987年と改訂を重ね、現在は、2003年に改訂された「田中ビネー知能検査Ⅴ」が、広く使用されている。
目的	ビネーの知能観を基に作成されており、知的発達の進み具合、あるいは遅れ具合をトータルに捉えることができる。1つの統一体としての「一般知能」を測定しているため、基礎的な能力を把握することに優れている。福祉領域においては、療育手帳の判定のために使用されることも多い。また、できた問題、できなかった問題の年齢的な基準が示されるため、子どもを支援するにあたり、イメージがつかみやすい。
概要	田中ビネー知能検査の問題は、年齢に応じて分けられた構成となっている。各年齢級の問題は、同年齢の子どもの約55-75％が通過できるように作成されている。また、問題数は1-3歳級の問題では各12問、4-13歳級の問題では各6問となっており、それぞれ1問1ヶ月、1問2ヶ月と考えると、あくまでも目安であるが、問題のおおよその年齢的な基準が実施しながら把握しやすい。
対象	適用年齢は、2歳から成人までである。知能検査であるため、2歳未満の子どもは対象としない。田中ビネー知能検査Ⅴでは、1歳級の下に「発達チェック」という項目があるが、これは1歳級の問題にも不合格が目立つ子どものための指標である。

1. 実施方法

準備：田中ビネー知能検査では、多くの道具を使用するため、道具がすべて揃っているかを確認しておく。検査者はその道具に慣れておくことや、問題の採点基準を知っておくことが必須である。また、問題には、時間制限の有無、鉛筆を使用するかクレヨンを使用するか、教示の回数などの実施方法が細かく定められている。事前に、「実施マニュアル」を熟読する必要があろう。実施する問題数は、年齢級の中の問題がすべて通過、あるいは不通過となるまでであり、検査者は、あらかじめ、各問題の正答基準を頭に入れておく必要がある。対象の子どもの年齢やその他の事前情報から、どの年齢級まで実施するかの予測を立てるとよい。さらに、繰り返しマニュアルを読む、ロールプレイを行うなどして、万全な準備を整えることが大切である。

実施方法：対象児の年齢級の問題から、実施を開始する。生活年齢が2歳0ヶ月から13歳11ヶ月の場合は、全問題を合格できた年齢級から全問題が不合格となった年齢級までを実施する。生活年齢が14歳0ヶ月以上の場合は、成人級のA01-A17の問題を全問実施し、通常は下の年齢級に下がることはしない。ただし、明らかな遅れが認められ、生活年齢の級の問題でも合格が困難とされる場合には、年齢級を下げて行う場合もある。検査の教示は、子どもの理解力や不安に合わせて行う必要があるが、「ほら、こんなものも使いますよ」と、道具を見せ、検査に興味をもってもらうことも大切である。一方で、子どもによっては、注意がそれやすいこともある。検査者は子どもに合わせた対応を行い、子どもの注意・集中を最大限引き出すことができる技術が求められる。

所要時間：約60分から90分である。子どもによっては短く済んだり、もっと長くかかったりするが、熟練した者であれば、90分から120分以内に収めることができるといわれている。子どもの負担を考慮し、60分程度に収めたい。

田中ビネー知能検査V 検査道具

2. 分析・解釈の方法

「採点マニュアル」を参考にし，各問題の採点を行う。全問題を通過できた年齢級が，「基底年齢」となる。基底年齢を定めた年齢級より上の年齢級で通過した問題数にそれぞれ決められた加算月数をかけた上で基底年齢に加算をし，精神年齢を算出する。この精神年齢（MA）を生活年齢（CA）で割り，100をかけたものが知能指数（IQ）となる。

知能指数の値により，トータルの知能を把握できたら，合格および不合格となった問題の傾向についての分析を行う。例えば「IQ90」という同じ値であっても，通過した問題・不通過であった問題は，それぞれの子どもによって異なっている。さらに，子どもがどのように反応したのか，どのような間違え方をしたのかなど，取り組みや反応の仕方も解釈をする必要がある。単に知能が進んでいる，遅れている，と評価するためだけではなく，個人の発達の状態を詳細に捉えることが大切である。また，検査結果や検査の様子だけでなく，保護者や先生からの情報も手がかりにし，広い視野で子どもを捉えることがのぞましい。ただし，検査以外の情報に振り回されて，解釈が主観的になったり偏ってしまうことに注意するべきである。どの心理検査にも言えることであるが，スーパーヴァイザーに意見を求めたり，ケースカンファレンスを行うことはさまざまな視点をもつために有効である。

3. 所見・フィードバック面接

検査所見は，報告する相手に合わせ，分かりやすく書くようにすることが必要である。所見には，検査から分かった子の特徴に加え，どのような支援ができるかを記述することが大切である。IQのみでなく，実施された年齢級の範囲や，通過・不通過の問題の傾向から，子どもの得意・不得意が分かりやすく伝わるとよい。各問題は，実生活に即した内容であるため，支援者には，「こういう課題ならば，◯歳くらいのことができる」と年齢の基準を示しながら伝えるとよいだろう。それによって，子どもの像を共有しやすく，支援のイメージがつかみやすくなる。

引用文献

杉原一昭・杉原　隆（監修）中村淳子・大川一郎・野原理恵・芹澤奈菜美（編）(2003). 田中ビネー知能検査V―理論マニュアル，実践マニュアル，採点マニュアル　田研出版

知能検査⑥ ITPA

歴史	ITPA（Illinois Test of Psycholingustic Abilities）は，1961年に，イリノイ大学のカーク（Kirk, S. A.）博士らにより，言語学習障害児の診断テストとして開発された。カーク博士は，心理検査による判別から診断への重要性を説き，個人内差の測定という発想のもと，ITPAを開発した。1968年に改訂版が出されたが，日本版はこれに準拠している。1973年に日本語版が出版され，さらに1993年に改訂がなされている。
目的	ITPAは，人と人が意思交換をする際に必要な機能を測定するものである。LD児や，ことばの遅れのある子を対象として使用される。情報処理，認定過程の特徴を知りたいときに有効とされている。子どもの能力を他の子どもの能力と比較するのではなく，ひとりの子どもの中の優れた能力・劣っている能力との差異に注意を向け，個人内差をみることによって，個人の言語的機能のどの部分が苦手であるのかが診断できることが特色である。
概要	ITPAは，オズグッド（Osgood, C. E., 1957）のコミュニケーションモデルに基づいて構成されている。人が情報を受け取り，それを解釈し，だれかに伝えようとするコミュニケーション過程に必要な心理的機能に関するモデルである。子どもの言語学習能力を，ことばの「回路」「過程」「水準」の3次元構造で捉える。「回路」は，刺激の入力・出力に関するもので，「聴覚・視覚×音声・運動」の4種の組み合わせがある。「過程」は，「受容過程」「表出過程」「連合過程」から構成され，「水準」は，「表象水準」「自動水準」から構成される。これらの3次元がどの課題に反映されているかは記録用紙を参照されたい。このように，ITPAでは，言語学習能力を，「特定の回路を通る，特定の水準における，特定の過程」という3次元の能力として捉えている。
対象	2歳半から9歳半までの子どもを対象としている。10歳以上の子どもには使用することができない。

1. 実施方法

準備：検査者は，実施する前に，『言語学習能力診断検査手引』をよく読み，よく練習することが必要である。また，検査用具がすべて揃っているかを確認し，検査用具以外にも，CDプレーヤー，ストップウォッチの準備も必要である。教示の内容を変えたり，省いたりしてはならないため，教示文を事前に記憶しておく必要がある。

実施方法：一人ひとりの子どもの能力に即した項目の実施範囲を決定するために，下限と上限が設けられている。下限は，検査者が，子どもができるとみなした項目の限界を，上限は，子どもがもうできないとみなした項目の限界を示している。記録用紙に，各課題ごと，連続で何項目正答あるいは誤答になれば限界とみなすかが提示されている。原則として，下限を決めてから上限を決める。精神発達遅滞のある子どもには，生活年齢に関係なく，すべて検査項目を1から始めることが望ましい。

すべての検査には，練習項目があり，検査の課題を子どもに理解させる目的がある。そのため，練習項目では，子どもに理解させるために，繰り返したり，説明を加えたりしてもよい。また，ITPAの課題は，「ことばの理解」「絵の理解」「形の記憶」「ことばの類推」「数の記憶」「絵の類推」「絵さがし」「ことばの表現」「文の構成」「動作の表現」の10個から構成されており，この順序に従って実施をする。さらに，ITPAでは，「サンプリング法」というものがあり，「数の記憶」「形の記憶」に関してのみ，検査を簡略化するために，いくつか「サンプリング項目」を選び検査を開始することにより，子どもの能力水準のだいたいの検討をつけ，その水準に近い問題を実施することができる。

所要時間：熟練した検査者であれば，60分以内で実施することができる。子どもが小さい場合，疲れて正しい反応を引き出せなくなる場合がある。そのような場合は，途中で打ち

ITPA 言語学習能力診断検査，検査道具

切って，二度に分けてもよいが，長い期間を空けることは望ましくない。

2. 分析・解釈の方法

ITPA 記録用紙は，各下位検査の粗点と換算表によって換算される値を記録する用紙である。用紙の下部には，ITPA 得点の欄が5つあり，「全検査粗点」「全検査 PLA（言語学習年齢）」「SS（評価点）合計点」「SS 平均値」「SS 中央値（下位検査を順に並べたとき，第5，6番目の値の平均値）」をそれぞれ記入する。PLA は言語学習年齢であり，相当年齢が産出され，SS 得点は，下位検査の評価点である。また，記録用紙に欄はないが，全検査 PLQ を生活年齢で割って求められる心理言語指数（PLQ）というものもある。

各下位検査では，SS 得点と SS 平均値，もしくは中央値との差異の大きさにより，優れている能力・劣っている能力が明らかになる。差異が，±6点以内であれば能力間の優劣は特になし，差異が±7-9点であれば境界線上に，差異が±10点以上あれば，明らかにその能力は優れている，もしくは劣っていると考える。

これらの差異も踏まえ，結果の解釈を行っていく。例えば，プロフィールを見て，ITPA のモデルを構成する3つの次元のうちどれかに関する下位検査が共通して低い場合には，全体的な特徴をつかむことが必要である。差異を検討することによって，どの機能に問題があるのかを明らかにできる。差異の解釈にあたっては，保護者や担任の先生からの報告，他の検査結果など，関連する情報を考慮すべきである。

3. 所見・フィードバック面接

子どものできる能力とできない能力のパターンや，その関係をはっきりさせ，最初に支援し伸ばしていくところは何であるかを伝えられるとよい。数値やグラフをメインとするのではなく，解釈した内容，支援への指針を分かりやすく所見にまとめるべきである。例えば，視覚的に記憶する能力に問題があることが分かった場合，そうした経験を積ませる課題にまず重点を置くという指導方針を提案できる。その際は，子どものすぐれた能力を生かし，具体策を合わせて提示できるとよいだろう。

引用文献

上野一彦・越智啓子・服部美佳（1992）．ITPA 言語学習能力診断検査手引（1993年改訂版）　日本文化科学社

カーク, S. A.・カーク, W. D.／三木安正・上野一彦・越智啓子（訳）（1974）．ITPA による学習能力障害の診断と治療　日本文化科学社

旭出学園教育研究所（編）（1975）．ITPA の理論とその活用—学習障害児の教育と指導のために　日本文化科学社

知能検査⑦ WAIS-Ⅲ

歴史	WAIS とは Wechsler Adult Intelligence Scale の頭文字をとったものであり，日本語ではウェクスラー成人知能検査と訳される。WAIS は心理学者であるウェクスラー（Wechsler, D.）が開発した。言語性のみならず非言語性の知能を測定する尺度の必要性が高まるなかで，1939 年に言語性と動作性のどちらの知能も測定するウェクスラー・ベルヴュー知能検査（Wechsler-Bellevue Intelligence Scale）を開発した。これを改訂した WAIS が 1955 年に作成された（適応年齢は 16 歳から 64 歳）。さらに，適応年齢が 74 歳まで引き上げられ，検査項目や実施方法，採点方法に変更が加えられた WAIS-R が 1981 年に作成された。そして，言語性知能を構成する下位概念として言語理解と作動記憶，動作性知能を構成する下位概念として知覚統合と処理速度という 4 つの群指数が測定できる WAIS-Ⅲ が 1997 年に作成された。WAIS-Ⅲ は高齢社会に対応するため，適応年齢が 89 歳へとさらに引き上げられた。日本版の WAIS は 1958 年に，WAIS-R は 1990 年に，そして WAIS-Ⅲ は 2006 年に刊行されている。さらに，英語版のみであるが適応年齢が 90 歳まで引き上げられた WAIS-Ⅳ が 2008 年に作成されている。
目的	成人の知能を測定することを目的としている。ウェクスラーは，知能はいくつかの質的に異なる能力によって構成されていると考えており，言語性知能と動作性知能，群指数という概念を取り入れている。そのため，知能について一層多面的な解釈を行うことができる。また，偏差 IQ を採用しているため，以前行った結果と今回行った結果を直接比較することができる。
概要	WAIS-Ⅲ では，知能が言語性知能と動作性知能から構成されている。さらに，言語性知能は，言語理解と作動記憶の 2 つの群指数から構成されており，動作性知能は知覚統合と処理速度の 2 つの群指数から構成されている。それらに対応する下位検査として 14 の検査で構成されている。
対象	適応年齢は 16 歳から 89 歳となっている。

1. 実施方法

準備：検査は被検者の気が散らないよう静かな環境で実施し，必要な検査用具以外は被検者から見えないところに置く。WAIS-Ⅲ は下位検査が多いため，検査者がスムーズに検査を進めることが求められる。そのため，検査実施の練習を事前に行っておく必要がある。さらに，検査用具一式とは別に，実施・採点マニュアル，ストップウォッチ，鉛筆 2 本（符号および記号探し用：消しゴムの付いていないもの），筆記用具（検査者用）を用意する必要がある。

実施方法：検査の実施は，原則として検査者と被検者が対面するように座り実施する。検査者はついたての裏に記録用紙を置き，記録を書く。その際，検査状況の観察記録もつけておく。下位検査は，「1. 絵画完成」「2. 単語」「3. 符号」「4. 類似」「5. 積木模様」「6. 算数」「7. 行列推理」「8. 数唱」「9. 知識」「10. 絵画配列」「11. 理解」「12. 記号探し」「13. 語音整列」「14. 組合せ」の順で実施する。各下位検査の検査用具，実施の仕方，開始問題，リバース条件，中止条件，採点の仕方については実施・採点マニュアルに記載されており，それに従って実施する。検査時間を最小にする目的で開始問題，リバース条件，中止条件が設定されている。【時間の測定】時間測定の必要のある下位検査については，ストップウォッチによって正確に時間を測定する必要がある。時間測定の必要のない下位検査については，回答時間の目安をおおよそ 30 秒とし，答えが出てこなかった場合には「次の問題をやってみましょう」などと声をかけ，次の問題へと移行する。しかし，これはあくまで目安として考える必要がある。【クエリー（確かめの質問）】被検者の回答が不完全であったり，不明確であったりした場合に「それはどういうことですか」「もっとそのことについて話してください」などと声かけを行

日本版 WAIS-Ⅲ の構成

IQ	全検査											
	言語性							動作性				
群指数	言語理解				同時尺度			知覚統合			処理速度	
下位検査	単語	類似	知識	理解	算数	数唱	語音整列	絵画配列	絵画完成	積木模様	行列推理	符号	記号探し	組合せ

う。【記録の記号】クエリーを行った場合「Q (Query)」、被検者が答えを分からなかった場合「DK (Don't know)」、制限時間を超えた場合「TO (Time Over)」、被検者が無反応であった場合「NR (No Response)」などの記号を用いると便利である。

所要時間：60分から95分とされている。

2. 分析・解釈の方法

採点は採点マニュアルに従って採点する。採点の手順は、①下位検査の粗点の算出、②粗点から評価点への換算、③評価点合計の算出、④全検査IQ、言語性および動作性IQ、群指数の算出、⑤プロフィールの作成の順で行う。分析および解釈は、①全IQ、言語性および動作性IQ、②群指数、③個々の下位検査、④観察結果の観点から行う。【全検査IQ、言語性および動作性IQ】全検査IQは一般知能を最もよく表している得点である。同年齢集団と比較した場合の被検者の知的能力水準を解釈することができる。次に、言語性IQおよび動作性IQの値を参考に、被検者の言語性知能と動作性知能の水準を解釈することができる。言語性知能は聴覚情報を理解し、言葉によって他者に伝える能力であり、動作性知能は視覚情報を理解し、物事の関係性を捉える能力である（願興寺・吉住、2011）。これらのバランスから被検者の知的能力を解釈することができる。【群指数】言語理解は言語の理解と表現の能力水準であり、作動記憶は短期記憶の処理と操作の能力水準である。また、知覚統合は視覚情報の知覚と認知の能力水準であり、処理速度は情報を処理するスピードの能力水準である。これらの水準を解釈するだけでなく、4つの群指数のバランスやディスクレパンシーから解釈を行うことができる。【個々の下位検査】個々の下位検査の特徴についてはマニュアルに記載があるため、それを参考に被検者の知的能力を細かく解釈することができる。【観察結果】検査の数値だけではなく、検査中の集中力や注意の範囲、不安の高さなども考慮して解釈することが求められる。さらに、生育歴や現病歴といった情報も考慮する必要がある。

3. 所見・フィードバック面接

IQや群指数は専門的な用語であるため、それらについて被検者に分かりやすく伝え、知的能力について具体的に説明することで被検者が自身の知的能力の特徴について理解が深まるように留意する。また、特徴を伝えるだけでなく、日常への活かし方を提案することも重要である。

引用文献

日本版WAIS-Ⅲ刊行委員会（2006）．日本版WAIS-Ⅲ 実施・採点マニュアル　日本文化科学社
日本版WAIS-Ⅲ刊行委員会（2006）．日本版WAIS-Ⅲ 理論マニュアル　日本文化科学社
願興寺礼子・吉住隆弘（2011）．心理検査の実施の初歩　ナカニシヤ出版

知能検査⑧ レーヴン色彩マトリックス検査

歴史	1930年代後半より特定の文化の影響を受けない知能尺度が求められるようになった。そこでレーヴン（Raven, J. C.）は，1947年に言語を使用しなくても回答できる簡易知能検査として，色彩マトリックス検査，標準マトリックス検査，上級マトリックス検査を作成した。現在日本では色彩マトリックス検査（Raven's Colored Progressive Matrices：RCPM）のみ標準化されている。
目的	高齢者，脳器質障害，失語症患者の知的能力のアセスメント。
概要	課題図形の欠如部を埋めるために適切な図形を選択させ，知的能力の簡易的なアセスメントを行う。
対象	45歳以上（原版5-11歳）。

1. 実施方法

準備：色彩マトリックス検査用テキスト，検査手引，記録用紙〈個人検査用〉，解答用紙〈集団検査用〉，筆記用具，ストップウォッチ。

実施方法：検査用テキストの教示の与え方は，個人に対して実施する場合と集団に対して実施する場合で異なるため注意する。検査用テキストは，セットA，A_B，Bから構成されており，1セットには12問含まれている。参加者は課題図形の欠如部を見て，その欠如部を埋めるのに適切な図形を6種類の図形の中から選ぶ。課題に対する制限時間はないが，所要時間はセットごとに記録しておく。

制限時間がないことはあらかじめ参加者に伝えておいてもよい。問題A1からA5までを正答できなかった場合は，その被検査者は検査の本質を理解していないと考えられるため，検査を中止する。

回答に言語的能力は求められず，選択肢を指して回答することも認められている。参加者が何らかの形で「はい」「いいえ」の意思表示ができれば実施可能である。そのため，特定の文化の影響を受けにくく，文化的に公平な検査と考えられている。

所要時間：10-15分程度。

2. 分析・解釈の方法

この検査は，個人の類推に基づく判断の発達段階に沿って作成されている。セットAは連続した模様の同一性と変化を理解する力，セットA_Bは個々の図を空間的に関連した全体として理解する力，セットBは空間的，あるいは論理的に関連している図の相似的変化を理解する力について測定されている。被検査者がどのセットで失敗しやすいか，また同じセットの中でもどの課題で失敗しやすいかを確認し，なぜ失敗したかを分析することで，被検査者の推理方法の特徴を分析することが可能である。

その他分析，解釈のポイントとなるのは以下の5点である。

①課題に対して正答1点につき1点を与える。課題は36点満点であり，24点以下の場合は知能が低下している可能性を考える。

②手引の年齢群別の平均得点分布を参照し，参加者の年齢集団の平均値と比較する。

③各セットA，A_B，Bに対する得点構成の期待値も参照し，被検査者の推理方法の特徴について解釈を行う。

④全体を通して，被検査者が一貫した思考方法ができているか確認する。

⑤各セットの所要時間を比較し，被検査者の推理方法の特徴を理解する。

これらの作業を通して，被検査者の知的能力の水準や知覚様式，推理方法の特徴についてアセスメントを行う。

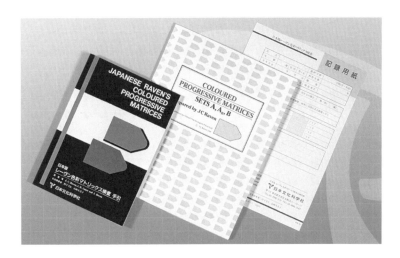

レーヴン色彩マトリックス検査
(日本文化科学社「レーヴン色彩マトリックス検査」〈https://www.nichibun.co.jp/kensa/detail/raven.html〉(最終確認日 2017 年 11 月 14 日))

3. 所見・フィードバック面接

　被検査者の知覚様式や推理方法の特徴を捉え，フィードバックを行う。また，被検査者の主訴への支援方法を考えることも重要である。

　しかし，この検査の得点は正規分布とならない。つまり，一般知能を仮定しIQを算出することはできず，全体的な知的能力の一部を測定していることに注意する。そのため，レーヴン色彩マトリックス検査のみで知的能力をアセスメントするのではなく，補助的なツールとして使用することが有用であると考えられる。

引用文献

レーヴン，J. C.／杉下守弘・山崎久美子（訳）（1993）．レーヴン色彩マトリックス検査　日本文化科学社
杉下守弘・山崎久美子（1993）．日本語版レーヴン色彩マトリックス検査 手引　日本文化科学社

5 人格・心の健康に関する検査

●概　論

(1) 人格・心の健康に関する検査の概要

　私たちが自分の性格や心の健康について知りたいとき，あるいは何らかの問題や悩みを抱えた人の特徴を理解しようとするときに，どのような方法が使えるだろうか。それには，質問紙法（チェックリスト方式）や，投影法，描画法，作業検査法，その他多くの方法が用いられる可能性がある。これらは臨床的な使用のみならず，一般的に自分の性格特徴や行動パターンに気づき，今後の自分の生き方の見直しや自己成長をはかる手がかりとして利用する際にも役立つものである。

　人格や心の健康を明らかにする際に，最も一般的には質問紙の手法がよく用いられる。質問紙法とは，いくつかの性格特徴を示す質問項目に対して，「はい」「いいえ」，あるいは「あてはまる」「あてはまらない」「どちらでもない」などの回答を選択して，それに基づいて得点化し，その結果から特徴を示すというものである。

　実際に人格や心の健康に関する質問紙は数多くのものが開発されており，そのすべてをここで紹介することは難しい。そこで，本章では，そのうち比較的利用頻度の高いもの，臨床的な使用の可能性のあるもののいくつかを取り上げて紹介する。

　まず，人の全般的な特徴を捉える人格検査として，TEG（東大式エゴグラム），YG（谷田部－ギルフォード）性格検査を取り上げる。いずれも，それぞれの質問項目に自分で答えていくことによって，その人がどのような性格（タイプ）であるのかが示されるものである。さらに性格特徴の中でも外向性と神経症的傾向に焦点を当てたものとして，MPI（モーズレイ性格検査）を紹介する。これらの検査はいずれも因子分析を基に，質問項目が構成されているものである。

　次に臨床的な視点から人格特徴を捉えるものとして，MMPI（ミネソタ多面的人格目録）が挙げられる。これは精神医学的診断の客観的尺度を作成する目的のため，実際の臨床群の症状から得られた項目を基にしているものである。

　質問紙以外に人格や心の健康を明らかにするものとして，投影法が挙げられる。代表的なものは，ロールシャッハ法，TAT（絵画統覚検査法），バウムテストなどをはじめとする描画法等々である。本章では，投影法の一種であるP-Fスタディ（絵画欲求不満テスト）を取り上げる。ほかに作業検査法としては内田クレペリン精神検査を紹介する。

　心の健康に関しては，全般的な特徴を明らかにするもの，あるいは特定の症状の把握やスクリーニングに用いられるものなど，さまざまなものが開発されている。例えば，全般的な心

の健康に関するものとして，CMI（Cornell Medical Index）健康調査票，およびGHQ（The General Health Questionnaire）精神健康調査票が挙げられる。またある条件における気分や感情をはかるものとして，日本版POMS（Profile of Mood States）を取り上げる。

さらに特定の症状に焦点を当てた質問紙も数多く開発されている。例えば，抑うつに焦点を当てたものとしてSDS（Self-rating Depression Scale）自己評価式抑うつ性尺度，不安に焦点を当てたものとして，STAI（状態・特性不安検査）やMAS（顕在性不安尺度）が挙げられる。

次に子どもに特化したものを紹介する。子どもの一般的な適応状態を示すQOL（Quality of Life）尺度として，Kid-KINDL Questionnaireが挙げられる。さらに子どもの抑うつに焦点をあてたものとしてCDI（Children's Depression Inventory）やDSRSC（Depression Self-Rating Scale for Children）バールソン児童用抑うつ性尺度等が挙げられる。さらに，子どもの心の発達にとって，親子関係は非常に重要であると考えられることから，本章では，子どもの心の健康に影響するものとして，親子関係検査についても紹介する。

最後に，近年，わが国において，東日本大震災をはじめとして，自然災害や大きな事件，事故等にみまわれた際の心のケアの重要性が広く認められるようになっている。このようなショックな出来事に曝された際の心の状態を明らかにするものについてもいくつかの質問紙が開発されてきているが，本章では，IES-R（Impact of Event Scale-Revised）改訂出来事インパクト尺度日本語版を紹介する。

紙面の都合上，限られたものしか取り上げられないが，ここで紹介したもの以外にも有用な尺度や検査法はいくつもある。各質問紙や検査の詳細については，それぞれの説明をご覧いただきたい。

(2) 人格・心の健康に関する検査における留意点

人格・心の健康に関する検査を実施するにあたって，また結果をどのように活用するかについて，留意点をいくつか述べる。

まず，心理検査全般にいえることであるが，結果を絶対的なものと考えすぎないことである。信頼性・妥当性が示されている検査であっても，その時の心の状態によって多少の変動があるということは知っておきたい。

さらに質問紙を用いた検査全般にいえることとして，自己記入式の場合，「社会的望ましさ」の影響を考慮する必要があるということである。本来の自分より，社会的に望ましい方向にバイアスがかかるということである。そのため，いくつかの質問紙では，虚偽尺度を用いたりしている。また，言葉の多義性（「しばしば」・「ときどき」などの頻度や，「簡単」・「難しい」などの言葉の受け取り方の個人差など）による回答の幅があることにも留意が必要であろう。

回答者が自分の気持ちや状態を客観的に認識できていない場合には，実際の状態が反映されない恐れがある。例えば子どもの場合では，そもそも自分の状態（「落ち着きがない」など）を意識できていないことがある。大人であっても，気持ちが落ち込んでいる状態のときなどは，悲観的な回答をしやすい傾向があるといえる。

さらに子どもの場合には，より慎重な配慮が必要である。年齢によっては，文字が読めなかったり，言語表現の意味の正しい理解ができなかったりすることもある。そのため，質問の意味が本当に理解された上での回答であるのかの見極めが必要である。「おおむね何歳以上」という年齢制限を設けている質問紙もあるため，実施の際には確認が必要である。

もう1点，特に子どもの検査の場合に気をつけておきたいことがある。それは，質問紙などで本人が記入するものと，大人（他者）が記入するものでは，結果にズレが生じるということである。これについて，坪井・李（2007）の児童福祉施設入所児を対象とした調査によると，大人が記入するCBCL（Child Behavior Checklist）と子ども自身が記入するYSR（Youth Self Report）では，問題の内容によって，大人が気づきにくい問題（「思考の問題」など）と，子ども自身が気づきにくい問題（「社会性の問題」「注意の問題」など）のあることが明らかになったとされている。

　このように子どもに限らず，1つの質問紙だけでは，人格や心の健康面についてのある部分しか反映できないこともある。そのため，各検査の特徴を知った上で，必要に応じて，テスト・バッテリーを組むなどして，より深い理解が得られるような工夫も求められるだろう。そして，検査結果を丁寧に理解することで，何らかの悩みや問題を抱える人の支援に結びつくようにしていくことが望まれる。

文　献

坪井裕子・李　明憙（2007）．虐待を受けた子どもの自己評価と他者評価による行動と情緒の問題—Child Behavior Checklist（CBCL）とYouth self report（YSR）を用いた児童養護施設における調査の検討　教育心理学研究，**55**(3), 335–346.

医師から心理職へ③：精神科医にとって役に立つ心理所見とは

　心理検査の所見がありがたいのは，診断や治療方針の決定の参考にしたい時であろう。その心理所見の文章にも書き手の個性が出ている。慣れてくると，所見を読むと，複数人所属している心理士の誰が書いたかが容易に分かる。最も所見に個性が出る心理検査はやはりロールシャッハ法だろうか。これまで読んできた所見の中でも，「魯山人の料理や器もかくありや」と思わされるような所見に2回ほど出会ったことがある。その所見について何とか表現してみると，「必要にして十分な内容で，無駄なものがそぎ落とされている」「優れた詩が文章の形式で書かれたような」「所見を読んでいると，患者さんが通って来たであろう人生の重要な場面やその時のやりとりや情緒が映像として浮かび，まるでその場にいて感じ取れるような」「まるで大河ドラマの総集編を観ているかのような」「患者さんの過去に経験したであろうことから現在の精神病理，防衛機制，対人関係もさることながら，未来まで的確に見通せるかのような」「所見を読んでいると，読み手が非常にインスパイアされるような」「優れた精神療法の症例報告を聞いているような」といったものになるが，これでもぴたりとフィットする表現が見当たらない。さながらミクロン単位の凹凸を調整できる金属加工職人の領域だろうか。

　少し話は変わって，筆者が精神療法のケースについて始めてスーパーヴィジョンを受けた時，スーパーヴァイザーが語ることが，直接，患者さんに会っている自分よりも，はるかに患者さんのことを見抜いていたことがあった。何かを述べた時の患者さんの表情から間合い，次にどんなことを言ったかまで正確に言い当てられて圧倒されたことがある。今となっては，このスーパーヴィジョンのあり方についての是非はともかく，どの職域でも熟達してくると経験値が高まり，先の見通しがついてくるようになるものなのだろう。

　また，ある心臓外科医が「手術がうまいというのは，基本的なことをどんな時でも正確に速くできるということだ」と言っていた。彼が言うには，心臓に出入りする大きな血管を吻合する際，当然，血管を1周，すなわち360度縫わなくてはならない。術者から手前側はよく見えて縫いやすいが，その反対側は見づらく縫いにくい。そうした悪条件でも正確に均質に短時間で作業し続けることができるかどうかに手術の成否がかかっているということだった。つまり基本的なことをいついかなる時も正確にできるかが肝要だということだろう。このこともまた，他の職域でも成り立つことだろう。日頃の修練や研鑽を地道に積んでおくことに勝るものはない。

　これまで述べてきたのは自身の技量を向上させることに関してであった。もう1つの視点として，精神科医師の特徴を日頃から観察しておいて，どういうことを心理検査に求めているのかを念頭に置いて所見を記載するとよいのだろう。つまり，「彼を知り己を知れば百戦殆からず」ということか。

人格検査① 新版 TEG-Ⅱ

歴史	TEG は,東大式エゴグラム(Tokyo University Egogram)の略称である。エゴグラムは,アメリカの精神科医バーン(Berne, E.)が 1964 年に提唱した交流分析(Transactional Analysis:TA)理論に基づいた心理検査法であり,最初に考案したのはデュセイ(Dusay, J. M.)である(1977 年)。なお,彼のエゴグラムでは直観的判断が重視されていたため,より精度を高めるためにアメリカでは 1979 年にハイヤー(Heyer, N. R.)が,日本では 1974 年に杉田らが,1977 年には岩井らが質問紙法のエゴグラムを開発した。さらに 1984 年に石川らが,多変量解析を用いて項目を選定し,信頼性,妥当性をもつ東大式エゴグラム(TEG)が作成された。その後,1993 年に TEG 第 2 版が発刊され,1999 年には質問項目が全面的に改訂され新版 TEG が公刊,2006 年には尺度の一部がさらに更新され,新版 TEG-Ⅱ が発刊された。
目的	エゴグラムとは「個人のパーソナリティの各部分同士の関係と,外部に放出している心的エネルギー量を棒グラフで表したもの」である(Dusay,1977)。そのため,正常か異常かを判定するものではなく,交流分析理論に基づき自分の自我状態に気づき,自己分析するためのひとつのツールとして,自己成長や対人関係の改善に役立てることが望ましい。
概要	新版 TEG-Ⅱ では,交流分析の 3 つの自我状態の心的エネルギーの配分状況を測定する。3 つの自我状態とは親(Parent:P),大人(Adult:A),子ども(Child:C)の自我状態であり,さらに CP,NP,A,FC,AC の 5 つに区分される。新版 TEG-Ⅱ は,この 5 つの自我状態をグラフ化して,視覚的に把握できるため,自分の特徴を客観的に知ることができる。なお,新版 TEG-Ⅱ は一般健康成人集団を用いて標準化が行われており,一般健康成人の中で自分の自我状態の位置や偏りが分かるという特徴をもつ。
対象	新版 TEG-Ⅱ の適用年齢は 15 歳以上とされている。

1. 実施方法

準備:新版 TEG-Ⅱ は,集団で実施することも個別で実施することも可能である。

実施方法:新版 TEG-Ⅱ は自己記入式の質問紙であり,各 10 項目からなる CP, NP, A, FC, AC 尺度 50 項目と妥当性尺度(L 尺度)3 項目の計 53 項目で構成されている。①記入方法:「記入のしかた」を読み,各質問項目が自分にあてはまるかについて,「はい」「どちらでもない」「いいえ」の□に○をつける。なるべく,「はい」か「いいえ」のどちらかの□に○をつけるようにする。訂正する時は,二本線で訂正し,すべての質問項目に答えることが求められる。②採点方法:質問項目にすべて答えた後,採点を行う。採点方法については,「採点のしかた」に従いながら行う。回答は「はい」は 2 点,「どちらでもない」は 1 点,「いいえ」は 0 点として 3 件法で採点される。CP から L まで,順番に点数を集計し,尺度ごとの得点を書き込む。③エゴグラム・プロフィールの描き方;エゴグラム・プロフィール表は,男女別に標準化した得点配置図がある。そのため,各自の性別に当てはまるプロフィール表を用いて,CP・NP・A・FC・AC の各得点の棒グラフを作成する。この 5 本の棒が各自のエゴグラムを表すことになる。④パターン分類の作業手順;プロフィールについて,パーセンタイル値を基準に 5 段階に分ける。1 段階は 0-5%,2 段階は 5-25%,3 段階は 25-75%,4 段階は 75-95%,5 段階は 95-100% となる。各自の記入した尺度の粗点が,どの段階にあたるかをチェックする。複数の尺度が同じ段階にある場合は,ほぼ同程度の心的エネルギーを有していると考えられる。

所要時間:自由記述に回答する所要時間は 10 分程度であり,その後自己採点には 5 分程度の時間を要する。

自我状態（東京大学医学部心療内科 TEG 研究会（2006）を基に筆者作成）

1) P (Parent)：親の自我状態	
自分を育ててくれた親または養育者から取り入れた自我状態	① CP (Critical Parent)：批判的親の状態 ② NP (Nurturing Parent)：養育的（保護的）親の状態
2) A (Adult)：大人の自我状態	
客観的事実を基に物事を客観的かつ論理的に理解し，判断しようとする自我状態	
3) C (Child)：子どもの自我状態	
生まれもった本能的な直感や情緒に深く関わり，幼い頃身につけた行動様式や感情を表現する自我状態	① FC (Free Child)：自由な子どもの状態 ② AC (Adapted Child)：順応した子どもの状態

2. 分析・解釈の方法

プロフィールの読み方：プロフィールを通して，心のエネルギー量の全体像と，5つの尺度の高低から自我状態を把握できる。なお，各自我状態は，長所あるいは短所と捉えられる面がある。

妥当性尺度の読み方：妥当性尺度（L尺度）が3点以上の場合は，応答態度に関する信頼性が乏しいため，判定には注意する。疑問尺度（Q）は，「どちらでもない」と答えた項目の合計であり，32点以上は判断を保留した方がよい。

TEGパターンの読み方：新版TEG-Ⅱは19のパターンに分類される。①5尺度のうち1つの尺度だけが高い場合を優位型とし，その尺度の自我機能が優勢に発揮されている状態である。②5尺度のうち1つの尺度だけ低い場合は低位型とされ，その尺度の自我機能が抑制されている。③5尺度のうち2つあるいは3つの尺度が同程度に高いあるいは低い場合は混合型とする。④混合型の一種で，特にCPとNPが同程度で優位な場合はP優位型，FCとACが同程度で優位な場合はC優位型とする。⑤5尺度がすべて同程度である場合は平坦型とされ，その位置する段階によって，高い平坦型，中程度の平坦型，低い平坦型に分類される。

3. 所見・フィードバック面接

新版TEG-Ⅱは，タイプごとにラベリングするのでなく，あくまでも本人の自己理解・自己実現を助けるためにフィードバックを行う必要がある。そのため，5尺度の高低から性格特性を把握することを基本としながらも，他の尺度との関連などエゴグラムを総合的な観点から観察し，評価する必要がある。具体的には，各自我状態における行動パターンの肯定的側面と否定的側面について伝え，クライエントの状態を鑑みた上で，クライエントが比較的行動の変化を期待しやすい点や今後重要となる点について，他の心理検査との結果も照らし合わせながら，伝えていけるとよい。詳しい事例については，『新版TEG-Ⅱ活用事例集』を参照されたい。

引用文献

Dusay, J. M. (1977). *Egograms: How I see you and you see me.* Harper & Row publishers.
白井幸子（1983）．看護にいかす交流分析―自分をしり，自分を変えるために　医学書院
東京大学医学部心療内科TEG研究会（編）(2006)．新版TEG-Ⅱ 実施マニュアル　金子書房
東京大学医学部心療内科TEG研究会（編）(2009)．新版TEG-Ⅱ 活用事例集　金子書房

人格検査② YG性格検査

歴史	矢田部-ギルフォード性格検査（YG性格検査）は，ギルフォード（Guilford, J. P.）らが作成した以下の3つの尺度を参考に，矢田部達郎と辻岡美延らが現行のYG性格検査を作成した。ギルフォードらが作成した1つ目のGuilford Personality Inventory of Factorsでは，従来の向性検査（外向性-内向性）を基に多因子構造を探り，5尺度を採用した。次のGuilford-Martin Personality Inventory for Factorsでは，外向性-内向性以外の性格面について検討し，新たに5つの性格尺度を明らかにした。また，Guilford-Martin Personnel Inventory Iでは，社会的適応・不適応面に焦点を当て，3尺度を採用した。最終的には，計13尺度が抽出された。ギルフォードらの性格検査を基にして，矢田部らは内的整合性を基盤にもち，日本の環境に適合する項目を考案し，ギルフォードと同じ13特性からなるYG性格検査を開発した。さらに辻岡らは，M（男性的態度と興味）尺度を除外し，10項目ずつ12尺度からなる現行の「矢田部-ギルフォード性格検査」を作成した。
目的	YG性格検査は，臨床，教育，産業などあらゆる分野で広く利用されている性格検査である。本検査を用いて，情緒的特性や人間関係特性，行動特性，知的活動特性等を把握することができ，これらを総合的にみて判断する。本検査は，集団で実施でき，質問項目も少なく，テスト結果の解析についても比較的やさしいため，手軽に実施できる点が利点である。
概要	YG性格検査は，12尺度と6因子の得点水準より，15の類型に分類される。尺度と因子の得点水準とまとまりを読みとることによって，性格を構成する心理特性を数量的に把握することができる。
対象	YG性格検査用紙には，児童用（小学校2-6年），中学生用，高校生用，一般用（18歳以上）の4種類がある。

1. 実施方法

準備：YG性格検査用紙，ボールペンまたは鉛筆（予備も準備する）。

実施方法：YG性格検査は，集団検査用とともに個人検査としても使用可能である。なお，本検査は，検査者が質問項目を読み上げながら，被検者が回答を行う「強制速度法」である。ただし，個人検査の場合，一対一形式で検査者が読み上げながら実施することに被検者がやりづらそうな様子を見せる際には，被検者に一人で回答させる方法が適している場合もある。

①検査用紙配布前の説明：検査目的を説明し，秘密は守られること，目的以外では使用しないことを伝える。また，性格を正しく理解できるように説明をする（「性格には善悪がないこと」「性格は変わる可能性が十分にあること」等）。②検査用紙の配布と記入方法の説明：配布にあたっては用紙の裏表紙を上にして配り，氏名，生年月日，検査月日，性別を記入するよう伝える。「注意事項」や「作者のことば」を読み上げる。「答えの書き方」について説明し，「あてはまる」場合は，「はい」の欄に○，「あてはまらない」場合は，「いいえ」の欄に○，どうしても決められない場合は，「？」の欄に△を記入する。つけた印を後で訂正したい時は，最初につけた印はそのままにして，後で訂正した印の方を●▲のように塗る。続いて「れんしゅう」の箇所で，実際に記入方法を練習させる。記入方法について練習が一通り終わったところで，質問がないか確認する。③質問の読み上げ要領：被検者が回答を間違えないように，各質問の項目番号も一緒に読み上げる。読み上げのスピードは，考える暇を与えないように，また速すぎてとばし回答が増えない適度な速度を被検者の様子をみながら工夫する必要がある。通常，質問1項目あたり，読み上げ時間も含め5-7秒であるが，中学生・小学生にはさらに時間をかける方がよい場合もある。

所要時間：検査時間は約30分である。

YG性格検査プロフィール5類型 (辻岡 (1976) を一部改変)

典型	型名	形による名称	情緒安定性	社会的適応	向性
A型	平均型 (average type)	平均型	平均	平均	平均
B型	不安定積極型 (blacklist type, blast type)	右寄り型	不安定	不適応	外向
C型	安定消極型 (calm type)	左寄り型	安定	適応	内向
D型	安定積極型 (director type)	右下がり型	安定	適応または平均	外向
E型	不安定消極型 (eccentric type)	左下がり型	不安定	不適応または平均	内向

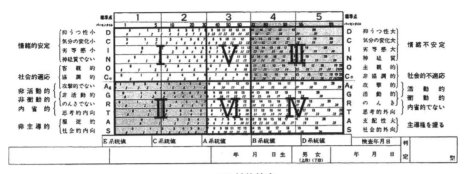

YG性格検査

2. 分析・解釈の方法

結果の整理：①採点；○印は2点，△印は1点（●，▲印は0点）として，尺度ごとに集計し，得点を粗点の欄に記入する。②プロフィール作成；各尺度の粗点男子は各尺度上段の数字を，女子は下段の数字を○で囲む。各尺度の○印を線で結び，プロフィールを作成する。③系統値算出；系統値は作図スペースを区分し算出する（図参照）。④A系統値；ブロックⅤとブロックⅥ内の○印総数。⑤B系統値；ブロックⅢとブロックⅣ内の○印総数。⑥C系統値；ブロックⅠとブロックⅡ内の○印総数。⑦D系統値；ブロックⅠとブロックⅣ内の○印総数。⑧E系統値；ブロックⅡとブロックⅢ内の○印総数。⑨類型判定；プロフィールの全体的傾向から，典型・準型・混合型（亜型）の15類型に分類される。詳細は「新性格検査法」を参照されたい。

検査結果の読み方：①尺度レベルの判定；尺度のなかで粗点が非常に高いもの，もしくは低いものがないかプロフィール表より確認する。該当する尺度により，性格特性を把握する。②因子レベルの判定；同一因子内の尺度得点が類似しているかに着目する。まとまりが強いほどその群の因子特徴が被検者のなかにある。逆に，同一因子内の尺度得点がかけ離れている場合は，被検者の検査態度の不適切さや人格構造に矛盾がないか調べる。③類型レベルの判定；プロフィール型から全体的な特徴を読み取る作業を行う。最も典型的な5つの型については表にまとめた。

3. 所見・フィードバック面接

臨床場面では，不適応者はE型が多く，ついでB型も多いとされるが，E型とB型の人すべてが，不適応状態であることを意味するものではない。まずは他のプロフィールも詳細に見ていくなかで，最終的には人格像の全体的なイメージを描きながら，解釈の矛盾点について調整することとなる。そのためには，他の心理テストや面接，行動観察などの情報も踏まえ，検査結果を多角的に理解する必要がある。

引用文献
辻岡美延 (1976). 新性格検査法 (YG性格検査—実施・応用・研究手引) 日本心理テスト研究所
八木俊夫 (1987). YG性格検査—YGテストの実施応用的診断法 日本心理技術研究所
八木俊夫 (1989). 新版YGテストの実務手引－人事管理における性格検査の活用 日本心理技術研究所

人格検査③ P-F スタディ

歴史	P-F スタディとは，Picture-Frustration Study の略であり，正式には The Picture-Association Study for Assessing Reaction to Frustration（欲求不満に対する反応を測定するための絵画連想研究）のことである。P-F スタディはローゼンツァイク（Rosenzweig, S.）によって開発された。彼は，精神分析の諸概念を研究する過程のなかで，「欲求不満反応型」理論を構築し，これが P-F スタディの創案となった。その後，臨床研究を重ね，1945 年に成人用の P-F スタディが発刊され，1948 年には児童用，1964 年には青年用が公刊された。日本版は，標準化された P-F スタディの児童用が 1955 年，成人用が 1956 年に公刊され，1987 年には青年用が刊行された。2006 年には，児童用刺激図面が全面的に改訂された。なお，ローゼンツァイクは P-F スタディにあえて検査という言葉を使用せずスタディとした。これは「P-F スタディは各個人ごとの反応を母集団として，これらの反応間の内的一貫性を求めることによって，個性を理解しようとする。したがって，検査の必要条件である標準を必ずしも重視しない」点を理由として述べている。
目的	P-F スタディでは，主張行動や攻撃行動を含むすべての目標指向行動をアグレッションと定義している。そのなかでも特に対人関係に起因するフラストレーション状況下でのアグレッション反応を測定する検査である。
概要	P-F スタディは，24 の欲求不満場面から構成されており，各場面に対する回答は，アグレッションの方向とアグレッションの型の 2 つの次元から評価される。P-F スタディは，精神力動的な観点よりアセスメント可能であり，臨床機関や病院，司法場面，学校等の幅広い領域で用いられている。
対象	児童用（6-15 歳），青年用（12-20 歳），成人用（15 歳以上）。

1. 実施方法

準備：P-F スタディは集団実施と個別実施ともに可能であるが，精神障害や知的障害がある場合には個別実施が原則となっている。集団で実施する場合は，被検者 50 名にテスター 1 名，補助者 1 名の配置が適している。

実施方法：テスト用紙を配布し，氏名，年齢，生年月日等必要事項を記入させる。その後，被検者は表紙に書かれた説明を読み，練習を行い，同じような場面が 24 場面あることを知る。場面は，日常普通に誰でも経験する欲求不満場面が描かれており，大きく分けて，自我阻害場面と超自我阻害場面の 2 つから構成されている。自我阻害場面とは，人為的，非人為的な障害によって直接に自我が阻害されて欲求不満を引き起こしている場面である。一方，超自我阻害場面は，誰か他の者から非難されている（良心の呵責が生じる）場面であり，超自我が阻害されて欲求不満を招いた場面となっている。自我阻害場面が 16 場面と超自我阻害場面は 8 場面あるが，そのことは被検者には分からない。場面の受け取り方に関しては，必ずしも作成者の意図通りでなくてもよく，その場面の受け取り方は被検者に委ねられている。なお，すべての絵において左側の話しかけている人物が右側の人物に何らかの意味で不満を起こさせている場面となっている。被検者は絵を見て左側の人物の台詞を読み，どのような場面かを認知し，右側の人がどのように答えるかについて絵のなかの空欄に記入する。もし回答を書き直したい場合には，消しゴムで消さず，鉛筆で線を引いて消すように伝える。施行上の注意としては，被検者が問われているのは，「あなただったらどう答えるのか」ではなく，「右側の人はどのように答えるのか」という点である。これは，被検者に自己批判的な気持ちを抱かせないようにするための工夫である。また，もし質問する人がいる場合，検査者は暗示誘導とならぬように，被検者が場面を客観的に理解できるように説明する必要がある。

所要時間：20-30 分。

評点因子一覧表（林（2007）を一部改変）

型＼方向	障害優位型（O-D）(Obstacle-Dominance)	自我防衛型（E-D）(Ego-Defence)	要求固執型（N-P）(Need-Persistence)
他責的（Extraggresion）	E'（他責逡巡反応：Extrapeditive）欲求不満を起こさせた障害の指摘の強調にとどめる反応	E（他罰反応：Extrapunitive）とがめ、敵意などが環境の中の人や物に直接向けられる反応　E̲反応の変型。負わされた責めに対して、自分には責任がないと否認する反応	e（他責固執反応：Extrapesitive）欲求不満の解決をはかるために他の人が何らかの行動をしてくれることを強く期待する反応
自責的（Intraggression）	I'（自責逡巡反応：Intropeditive）欲求不満を起こさせた障害の指摘は内にとどめる反応	I（自罰反応：Intropuntive）とがめや非難が自分自身に向けられ、自責・自己非難の形をとる反応　I̲I反応の変型。一応自分の罰は認めるが、避け得なかった環境に言及して本質的には失敗を認めない反応	i（自責固執反応：Intropersistive）欲求不満の解決をはかるために自分自ら努力したり、あるいは、罪障感から賠償とか罪滅ぼしを申し出たりする反応
無責的（Inaggression）	M'（無責逡巡反応：Impeditive）欲求不満をひき起こさせた障害の指摘は最小限にとどめられ、時には障害の存在を否定するような反応	M（無罰反応：Impuntive）欲求不満を引き起こしたことに対する非難をまったく回避し、ある時にはその場面を不可避的なものと見なして欲求不満を起こさせた人物を許す反応	m（無責固執反応：Impersistive）時の経過とか普通に予期される事態や環境が欲求不満の解決をもたらすだろうといった期待が表現される反応

2. 分析・解釈の方法

結果の整理：①反応の記号化；欲求不満への反応は、アグレッションの方向とアグレッションの型という2つの次元に分類されており、計11種の評定因子（表）から記号化する。②記号の出現頻度；プロフィール欄では、評定因子別に集計し、％を算出する。超自我因子欄は超自我評定EおよびIの出現率を算出する。③集団適応度（Group Conformity Rating：GCR）の算出；GCRは、標準的な反応と被検者の反応を比較して社会適応や協調性を測ることを目的とした指標である。④反応転移；テストの前半と後半で反応の質に差があるかどうかを計算する。

解釈：解釈では、以下の点を順次検討していく。①GCR；標準より著しく逸脱した％を示す人たちは、欲求不満場面における反応の仕方が適応的でない可能性がある。②プロフィール欄・超自我因子欄；各評定因子の健常群の平均出現頻数表と比較するなかで、被検者の反応の特色を把握できる。③反応転移欄；被検者のテストに関する心構えや心理行動、再教育の効果測定等を検討できる。

一方で、ただの項目解釈のみとせず、各項目から出てくる傾向を互いにかみあわせて力動的に解釈し、生きた人間像を把握する必要がある。そのためには、被検者の日頃の行動、家庭環境、知能等のさまざまな側面からの資料を参考にし、解釈することが大切となる。

3. 所見・フィードバック面接

治療場面や学校での様子などとP-Fスタディの結果にズレが生じることもある。このズレは被検者の重要な情報であり、被検者を深く理解する一助となる。P-Fスタディは欲求不満状況に対する被検者の構えであり、場合によっては被検者が実際には言えない心のなかで思っている言葉が表現されている可能性もある。すなわちP-Fスタディを通して、被検者が現在もっている対人的構えの背景にある無意識的な願望を一緒に考える一資料として活用することで、人格の深層に触れる機会となる。

引用文献

林　勝造（筆者代表）（2007）．P-Fスタディ解説2006年版　三京房

Rosenzweig, S. (1945). The picture association method and its application in a study of reaction to frustration. *Journal of Personality*, **14**, 3-23.

秦　一士（1993）．P-Fスタディの理論と実際　北大路書房

人格検査④ MMPI 新日本版

歴史	MMPI（Minnesota Multiphasic Personality Inventory：ミネソタ多面的人格目録）は1943年にミネソタ大学の心理学者ハサウェイ（Hathaway, S. R.）と精神医学者マッキンレイ（McKinley, J. C.）によって作成された人格目録である。当初は精神医学的診断に客観的な手段を提供する目的で作成されたが，今日では精神医学的鑑別診断から人格叙述へと適用範囲が拡がってきている。日本版は，「日本版MMPI」が阿部満洲らによって1963年に刊行されたのち，田中富士夫らによって1993年に「MMPI新日本版」が標準化されている。「MMPI新日本版」では，項目文章が一新され，標準化の際には国勢調査結果に基づいて人口構成が検討された標準化集団に対して実施されている。
目的	被検者の受検態度，適応状態，性格特徴，行動特徴を把握することができる。
概要	MMPIは550個の項目から構成されており，それらの項目は精神的・身体的健康および家族・職業・教育・性・社会・政治・宗教・文化等についての態度に関する文である。また，MMPIには被検査者の受検態度の偏りをチェックする機能をもつ4個の妥当性尺度（?，L，F，K）と，パーソナリティ特徴を査定する10個の臨床尺度（Hs, D, Hy, Pd, Mf, Pa, Pt, Sc, Ma, Si）が設けられている。妥当性尺度と臨床尺度を合わせて基礎尺度と呼ぶ。妥当性尺度があることで，受検態度情報を得ることができる点はMMPIの1つの特徴である。また，臨床尺度は経験的アプローチによって作成されており，臨床群と健常群の回答率に十分大きな差が認められた項目が採用されている。つまり，項目文章の意味内容によって項目を編成しているのではないということである。なお，MMPIの項目からはMASなど多くの追加尺度が作成されている。
対象	15歳以上で小学校卒業程度以上の読解力を有する人である。

1. 実施方法

準備：MMPIの実施方法には，カード式と冊子式がある。カード式では，1項目を1枚のカードに印刷した計550枚のカードが使用される。冊子式では550項目が番号順に印刷された冊子が使用されるが，文末に回答欄を設けているタイプA質問票と，冊子には項目だけが提示されていて回答用紙が別になっているタイプB質問票がある。さらに，タイプB質問票の回答用紙には，Ⅰ型，Ⅱ型，Ⅲ型があり，Ⅰ型は383項目だけを使用する略式手続きをとる際に用いる回答用紙，Ⅱ型は正式手続きをとる際に使用する回答用紙，Ⅲ型は光学的読み取りが可能な回答用紙となっている。そのため準備物はそれぞれの方式によって異なる。例えば，カード式であれば，被検者に提示するカード550枚，回答の整理に使用するⅡ型回答用紙，採点盤，プロフィール用紙が必要となる。なお，近年はコンピュータのディスプレイ上に提示される項目に回答していく方式も利用されている。

実施方法：カード式，冊子式のいずれかの方法によって実施方法が異なるため，共通の教示についてのみ述べると，各文章の内容が自分に「あてはまる」か「あてはまらない」か分類する，あるいは判定するよう求める。その際に，「どちらともいえない」（どちらでもない）という回答は極力避けて，「どちらともいえない」が10個以上にならないようにすることを伝える。また，被検者から質問を受けた場合には，いずれの質問にも被検者が納得するよう答えることが必要である。検査時間に制限はなく，自分のペースで行う検査であることを伝えることも時には必要となる。

所要時間：検査所要時間は普通60-90分程度だが個人差が著しく，あまりに長時間を要する場合は2回に分けて実施するのもよい。

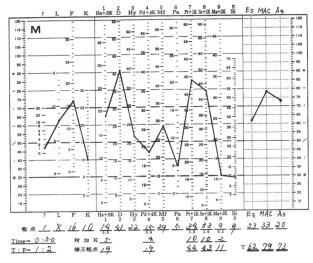

MMPIのプロフィールの例（MMPI新日本版研究会，1993）

2. 分析・解釈の方法

　実施した方式によっては回答の質問票への転記や採点盤での各尺度の粗点の算出を行っておき，粗点をT得点に換算する（一部にはK修正と呼ばれる修正が必要）。T得点は，平均が50，標準偏差が10で［$T=50+10(X_i-\bar{X})/SD$］の式に当てはめることで求められる（?尺度を除く）。X_iはその被検者個人のある尺度の粗点，$\bar{X}$はその尺度の標準化集団の粗点の男女別平均，SDはその尺度の標準化集団の粗点の男女別標準偏差である。各尺度のT得点は上図のようなプロフィールに描かれる。

　さらに，プロフィールの特徴を記号化して表すことができる。記号化の方法にはWelsh CodeとHathaway Codeがある。上図の結果をWelsh Codeで表すと，2*7"8'1－5 3/4：6 9#0　F'L－/? Kとなる。また，プロフィールの中で最も高い2個または3個の臨床尺度の番号を用いて記号化する2数字高点コードまたは3数字高点コードと呼ばれる方法が用いられている。例えば上図を2点コードで表すと27コードとなる。

　解釈の際には，実施時の行動観察所見，基礎尺度の得点と尺度パターンを検討する。手順としては，まず妥当性尺度のパターンから受検態度を調べ，このプロフィールが意味あるパーソナリティ情報を表しているかを吟味する。次に，臨床尺度全般の上昇などから適応水準を検討する。そして，プロフィールパターンから被検者の特徴を理解し，さらに臨床的介入への考察も加えていく。

3. 所見・フィードバック面接

　本検査は，実施そのものは簡単な手続きであるが，臨床尺度に示されるような精神医学的診断分類に関する基礎的な知識をもち，その臨床像を熟知していなければ，結果から被検者の特徴を理解することは難しい。したがって，所見とフィードバックは，高度な心理学的・精神医学的知識と理解に配慮されたものであることが必要である。

引用文献

MMPI新日本版研究会（1993）．新日本版MMPIマニュアル　三京房

Friedman, A. F., Webb, J. T., & Lewak, R. (1989). *Psychological assessment with the MMPI*. Hillsdale, NJ: Lawrence Erlbaum Associates. （MMPI新日本版研究会（訳）（1999）．MMPIによる心理査定　三京房）

人格検査⑤ モーズレイ性格検査

歴史	モーズレイ性格検査（Maudsley Personality Inventory：MPI）はアイゼンク（Eysenck, H. J.）によって1959年に発表された「外向性－内向性」「神経症的傾向」の2つの基本的な性格特性を測定する性格検査である。日本版はMPI研究会により1964年に発行されている。
目的	アイゼンク（Eysenck, H. J.）の性格理論に従って，「外向性－内向性」と「神経症的傾向」の2つの基本的な性格特性を測定することを目的としている。それぞれの尺度得点の組み合わせにより，9つの性格像として判定することができる。
概要	日本版はジェンセン（Jensen, A. R.）が発表した検査（1958）を基にして作成されており，アイゼンクの「外向性－内向性」尺度（E尺度）24項目，「神経症的傾向」尺度（N尺度）24項目に，虚偽発見尺度（Lie Scale：L尺度）20項目を加え，さらにE－N尺度に似た内容の12項目を加えた計80項目からなっている。この12項目は採点されないが，検査目的をあいまいにする意味をもち，また矛盾した回答を検出する役割ももつ。本検査は，2つの性格特性の測定のために十分な項目数で構成され，長すぎることがないことも特徴の1つである。なお，再検査法・折半法により高い信頼性が認められており，各種の被検者群に実施されて経験的妥当性も保証されている。本検査の利用領域は幅広く，基礎研究における個人差の測定の他，精神医学的臨床や心理相談への適用を目的として使用することができる。また，教育，市場調査，人事管理の領域においても使用することができる。
対象	約16歳以上の文字を読めるものであれば誰に対しても実施することができる。また，集団検査であるが個人検査としても実施できる。

1. 実施方法

準備：モーズレイ性格検査用紙，日本版モーズレイ性格検査手引，新・性格検査法―モーズレイ性格検査，採点盤，筆記用具。

実施方法：表紙をおもてにして検査用紙を配り，氏名・生年月日・年齢・学歴・その他必要事項を記入させる。表紙の記入が終わったら，検査のやり方が書かれているページを開かせる。そして，検査者は回答要領の説明文を読み上げるか，被検者に黙読させ，回答要領が十分理解されたことを確かめた上で，練習問題を試みさせる。「答の書き方」に示してあるように，練習問題の各項目に「はい」「？」「いいえ」のどれかを○で囲ませる。練習問題に使用される項目を挙げておく。

イ　たのまれたことは　すぐやるほうですか
　　はい　？　いいえ
ロ　いつも　ほがらかですか
　　はい　？　いいえ
ハ　人の世話が好きですか
　　はい　？　いいえ

回答要領が十分に理解されたことを確かめたのち，ページをめくらせ，練習問題と同じ要領で，質問項目の1番から順番に回答させる。回答の際には，被検者に自分で質問項目を黙読させるか，検査者が読み上げて，該当欄に○を記入させる。検査者は内容についての質問にはいっさい答えてはいけない。すなわち，被検者から質問を受けても，項目中の表現を変えたり，文章の説明をしたりしてはいけない。

検査用紙回収にあたっては，回答もれのないことを必ず確かめる。集団で実施する場合，回答もれには特に注意する必要がある。

所要時間：通常，回答の指示を含めて15-30分程度。

2. 分析・解釈の方法

得点は所定の採点盤を用いることにより，E-N-L尺度別に求めることができる。採点盤の該当する項目の「はい」または「いいえ」に○印をつけた数（2点）と，「？」に○印をつけた数（1点）を数えて，それらの合計点を粗点欄と粗点合計欄に記入する。全体

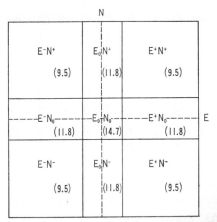
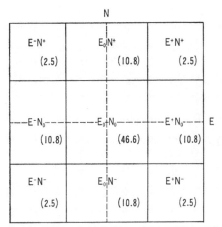

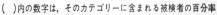

日本版 MPI 判定チャート（左：適性，右：不適正）（MPI 研究会，1969）

で「？」の数が20以上であれば，再検査を行うことが望ましい。

結果の判定では，各尺度の平均得点との比較や，標準偏差を基に考案された判定チャートが用いられる。結果は E-N 得点の高低の組み合わせにより9つの類型に分類された性格像で示される。

これらの分類の性格像には種々の下位型があり得るので判定には十分な配慮が必要になる。また，E-N 得点の偏倚が著しい場合について，①精神障害の頻度が高いのは N 得点が高い場合であること，②E 得点が高く N 得点が比較的低い場合に精神病質や躁状態の可能性があること，③E 得点が低すぎるときには N 得点の高低によらず問題になるケースが多いこと，④極端な NE^- 型，E^+N^- 型には統合失調症や器質的障害の症状を呈しているものもあり，N^+E^- 型においても統合失調症の症状の1つがあらわれていることがあることなどがある。また，留意点として⑤うつ病，アルコール中毒，その他の精神障害において臨床診断と検査結果の予測が一致しないことがあること，⑥E-N 得点に顕著な偏りが認められても直ちに狭義の精神障害と関連させるのではなく現在の状態であることを念頭におくことが挙げられている。また，L 得点，不明（？）回答についてはその意味について検討し解釈を行う。

3. 所見・フィードバック面接

2つの性格特性の高低を基にして性格像が分類されるとはいえ，それぞれの性格像は単純ではなく下位型をもつなどさまざまな要素を含むものである。したがって，このような観点をもってその人のあり方を記述できるよう所見を作成することが大切だと考えられる。

引用文献

MPI 研究会（1964）．モーズレイ性格検査手引　誠信書房
MPI 研究会（1969）．新性格検査法－モーズレイ性格検査　誠信書房

人格検査⑥ 内田クレペリン精神検査

歴史	ドイツの精神医学者クレペリン（Kraepelin, E.）は多くの研究の中のひとつとして「連続加算法」を用いて作業心理の実験的な研究を行い，1902年，人間の精神作業には「意志緊張」「興奮」「慣れ」「疲労」「練習」という5つの因子が働き合っていることを見出した。そして1920年代，日本の臨床心理学者の内田勇三郎が，クレペリンの研究を追試している過程で，「連続加算法」の心理テストへの応用に着想し，実用的な検査として確立させていった。その後も，採用試験，人事配置など産業領域での利用，診断に役立てるなど医療領域での利用，教育指導や進路指導など学校領域での利用というように広く利用されている。
目的	作業の処理能力や，性格，行動ぶり，仕事ぶりの特徴を把握することができる。
概要	一桁の数字が横に幾行にもわたって印刷されている検査用紙を用いて，隣り合う数字を加算していくという検査である。このような作業を検査者の号令に従い1分間ごとに行を変えて15分間行う。そして5分間休憩したのち，さらに15分間行う。各行における加算作業の最終到達点を線で結ぶと曲線が描ける。これを作業曲線と呼び，作業量と曲線（プロフィール）を中心にして検査結果をみていく。この検査の長所としては，検査内容が簡単な足し算であることから被検者に特別な警戒心や不安感をもたせないこと，集団に実施できること，被検者による意図的な操作がしにくいこと，非言語での検査であるから外国人などにも実施できることなどが挙げられる。ただし，検査結果の類型判定や性格特徴の把握は，多くの検査結果を相互比較して行うものであり，訓練や経験を要する。
対象	幼児から成人に実施できる（幼児型，児童型の検査用紙がある）。

1. 実施方法

準備：明るく雑音の少ない部屋を準備する。凹凸がなく，検査用紙をひろげられる机（できれば1人につき横巾70cm以上）を用意する。準備物は，検査用紙，ストップウォッチ（60秒計），筆記用具（HB程度の鉛筆を1人あたり2-3本）である。

実施方法：検査用紙と鉛筆を配る。用紙は裏にして配布し，鉛筆以外のものは片づけるよう指示する。そして，これから行う検査が簡単な一桁の足し算であること，検査の目的，号令にしたがってまじめに取り組むことを教示する（伝達内容や以下の手続きの詳細はマニュアルを参照のこと）。

まず，練習欄の例に従ってやり方と書き間違えたときの訂正について板書し説明する。次に計算の練習を行い，その後，号令に従って進める練習を行う。行をとばしたときの対応と用紙のはしまでやっても号令がかからないときの対応について説明したあと，本検査の準備として，「サキ」と書いてあるところが左上にくるように用紙をおくよう指示する。このとき全員が正しく用紙を置き直したかどうかを確認することも大切である。

本検査では，開始の号令と同時にストップウォッチで計時する。そして，60秒ごとに「はい，次」の号令を14回かける。15回目は，作業をやめて鉛筆をおき，用紙を裏返す指示を出すが，このときストップウォッチはとめずに休憩中もそのまま動かしておく。

休憩では，休憩後1分ほど経過したところで，用紙は裏のままで，中央の仕切線をこえて「アト」の段に入った人がいれば対応をする。休憩後4分ほど経過したところで，次に始めることについて説明を行い，10秒ほど間をおき，用紙を表にする指示を行う。

本検査の「アト」の段の実施では，60秒ごとに「はい，次」を15回，16回目は10秒で「はい，やめて。鉛筆をおいて」と指示する。そのあと，番号，性別，名前等の記入をさせる。回収時には，本検査部分の答を書き加えたりする人がいるので注意して回収する。

所要時間：説明などを含め約60分。

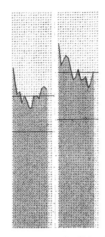
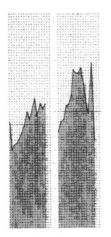

左：定型例，右：非定型例（日本・精神技術研究所，1973）

2. 分析・解釈の方法

　各行の加算作業の最終到達点を赤鉛筆で結び，作業曲線を得る。そして，やや太くなっている目盛り線に従い，青鉛筆で線を引き，量級線を得る。次に，誤答と脱字のチェックを行う。まず前期後期とも11行目の正誤を調べ，誤答を赤鉛筆で丸く囲む。11行目に3個以上の誤答がある場合には10行目，12行目も調べ，誤答がかなり出てくるようなら全行をチェックする。また，脱字がある場合はその箇所に赤鉛筆で△印をつける。

　次に，量級段階を決定し，作業曲線の非定型特徴の有無を調べることにより，曲線類型判定を行う。量級段階と，曲線の型や誤りの状態の面から，24の類型に分類することができる。量級段階は作業量の高低で5段階が設けられており，この5段階の中に曲線の型や誤りの状態の面からそれぞれ2-6つの分類がある。定型の特徴は，①前期がU字型，②後期が右下がり，③前期に対し後期作業量が全体に増加，④曲線に適度な動揺がある，⑤誤答がない，⑥作業量が極端に低くない，ということが挙げられる。一方，非定型の特徴は，①誤答の多発，②大きい落ち込み，③大きい突出，④はげしい動揺，⑤動揺の欠如，⑥後期作業量の下落，⑦後期初頭の著しい出不足，⑧作業量の著しい不足，⑨その他（曲線範囲の過大，文字の判読困難，作業放棄）が挙げられる。定型例と非定型例を上図にそれぞれ示す。これらの観点で分類していくが，具体的な曲線類型判定法の手順の詳細はマニュアルを参照されたい。

3. 所見・フィードバック面接

　1つの例として，企業での採用に使用する場合，この検査の結果からだけでこういう仕事に向くという情報が得られるわけではない。各人の特徴は極めて多種の因子から規定されているものであり，面接などでその人の実際の所見も得ながら理解していくことが大切である。

引用文献

日本・精神技術研究所（編）　外岡豊彦（監修）(1973)．内田クレペリン精神検査・基礎テキスト　日本・精神技術研究所

心の健康に関する検査① KINDL^R

歴史	子どものQOL（Quality of Life）尺度は，疾病特異的QOL尺度と包括的QOL尺度の2方向から開発が進められてきた。ラーフェンス－ジーベラー（Ravens-Sieberer, U.）とブリンガー（Bullinger, M.）が作成したKINDL^R（Ravens-Sieberer & Bullinger, 1998他）は，後者の1つであり，すべての子どもの生活を全体的に捉え，複数の領域での機能を包括的に評価することができる尺度である。さらに，健康な子どもに限らず疾患をもつ子どもにも使用できる。なお，KINDL^{R}は，KINDL（Bullinger, 1994）の改訂版である。
目的	心身両面からの健康度・生活全体の満足度などの主観的な要素を重視し，子どもの生活の質を測定する。
概要	身体的健康，精神的健康，自尊感情，家族，友だち，学校生活の6つの下位領域（図参照），各4項目，合計24項目からなる自己報告式（幼児はインタビュー形式）の尺度である。6つの下位領域得点およびQOL総得点が得られる。尺度は子ども用3種類，親用（親に子どもの様子を問う）2種類がある。尺度の信頼性と妥当性はKINDL^{R}のマニュアル（http://www.kindl.org/）に詳しい。現在，20ヶ国語以上に翻訳され，国際比較も可能である。
対象	日本語版KINDL^{R}は，ドイツの原作者の承諾を得て，全5種類が作成されている（括弧内は原尺度名）。4-7歳用の幼児版（Kiddy-KINDL^R），8-12歳用の小学生版（Kid-KINDL^R），13-16歳用の中学生版（Kiddo-KINDL^R），幼児版（親用）（Kiddy-KINDL^R/Parents），小・中学生版（親用）（Kid-& Kiddo-KINDL^R/Parents）である。

1. 実施方法

日本語版のKINDL^R「小学生版QOL尺度」「中学生版QOL尺度」について説明する。

準備：尺度は，KINDL^{R}のホームページからダウンロードできる。尺度用紙と筆記用具を準備する。必ず事前にホームページで使用上の留意点を確認しておく。

実施方法：個別および集団による実施が可能である。質問文は分かりやすいが，子どもの年齢に応じて，自記式か読み上げ式かを検討する。①表紙に記入日，デモグラフィックデータなどを記入させる。②回答の仕方を読ませ，練習問題を使って，子どもが回答の仕方を理解しているか確認する。③質問文を読ませ，該当の内容について，最近1週間の自分に最もあてはまると思うところに，枠からはみ出ないように○を記入させる。回答は「ぜんぜんない」～「いつも」の5段階から選ばせる。なお，本尺度は，疾患をもった子どもにも適用可能なように「患児用モジュール」6項目が付加されているが，疾患のない子どもの場合，回答は不要である。④回答の漏れがないか確認させる。子どもが答えたくないと思う項目には，番号のところに×をつけさせる。

所要時間：平均的には15分程度。

2. 分析・解釈の方法

結果の整理方法：回答は，「ぜんぜんない」5点，「ほとんどない」4点，「ときどき」3点，「たいてい」2点，「いつも」1点で得点化する。得点が高いほどQOLが高くなるように得点があてはめられている。逆転項目は，「ぜんぜんない」1点～「いつも」5点と得点化する。続いて，下位領域得点およびQOL総得点を算出する。

下位領域得点：①割り当てた得点を下位領域ごとに合計（得点範囲4-20点）して下位領域粗点を算出する。②次式（下位領域粗点－4）÷16×100で100点換算して算出する。

QOL総得点：①割り当てたすべての得点または各下位領域得点を合計してQOL総粗点を算出（得点範囲24-120点）する。②次式（QOL総粗点－24）÷96×100で100点換

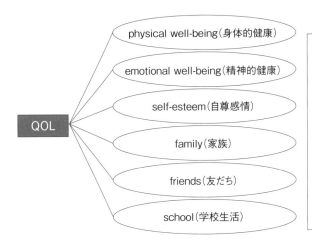

KINDL^{R}の尺度構成（古荘他, 2014）

算して算出する。

3. 所見・フィードバック面接

　日本語版作者らは，①「得点や数値を絶対視しない」「得点が高ければ高いほど良いわけではない」といった点に留意すること，②得られた結果と実際の子どもの様子や子どもを取り巻く環境を照らし合わせ，より良い支援につなげること，③QOL総得点が，QOL総得点の平均値から標準偏差を引いた得点より低い場合や特定の下位領域で0点に近い得点がある場合などには，子どもに対して気にかけてかかわることを推奨している。

引用文献

Bullinger, M. (1994). KINDL: A questionnaire for health-related-quality of life assessment in children. *Zeitschrift für Gesundheits psychologie*, **1**, 64–77.

古荘純一・柴田玲子・根本芳子・松嵜くみ子（編著）(2014). 子どものQOL尺度―その理解と活用 心身の健康を評価する日本語版KINDL^R　診断と治療社

KINDL^{R}ホームページ〈http://www.kindl.org/〉

Ravens-Sieberer, U., & Bullinger, M. (1998). Assessing health-related Quality of Life in chronically ill children with the German KINDL: First psychometric and content analytical results. *Quality Life Research*, **7**, 399–407.

心の健康に関する検査② DSRS-C日本版

歴史	1980年以降，子どものうつ病は従来の認識よりもはるかに多く存在することが明らかになってきた（傳田ら，2004）。DSRS-C（Depression Self-Rating Scale for Children）は，バールソン（Birleson, P.）（1987）により考案された子ども用の自己記入式抑うつ評価尺度である。村田ら（1996）は，簡便で小学校低学年児童にも適用可能な子どもの抑うつに関するスクリーニング尺度として，DSRS-C日本版を作成した。
目的	自己評価により子どもの抑うつ状態を把握する。
概要	本尺度は「楽しみの減退」（6項目），「悲哀感」（6項目），「無気力」（3項目），「活動性減退と身体症状」（3項目）の計18項目で構成されている。各項目に対する評定は，最近1週間の状態について，子ども自身が3段階で行う。尺度の信頼性と妥当性はともに高い。また，治療機関を受診した子どもたちの結果に基づき，カットオフ・スコアが設定されており，臨床的有用性も認められている。
対象	小学生，中学生。

1. 実施方法

準備：検査用紙，検査使用手引き，筆記用具。
実施方法：個別および集団による実施が可能である。検査用紙配布後，記入欄に，名前，学年，組，年齢，性別を記入させる。検査者が，答え方をゆっくりと読み上げる。具体的には，身体の状態や，楽しみや悲しみ，気力などに関する18の質問項目（例えば，「……が痛くなることがある」「……するのが好きだ」「……な気がする」など）について，最近1週間，どんな気持ちであったかを「いつもそうだ」「ときどきそうだ」「そんなことはない」の3段階のうち当てはまるものに○印をつけるよう教示する。1番から18番まで記入させる。
所要時間：10分程度。

2. 分析・解釈の方法

結果の整理方法：「いつもそうだ」は2点，「ときどきそうだ」は1点，「そんなことはない」は0点（逆転項目は0点，1点，2点）と評点される。点数が高ければ，それだけより抑うつ傾向が強いと判断される。最高得点は36点である。

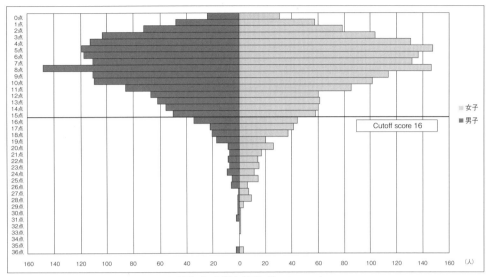

DSRS-Cの得点分布（傳田ら，2004）

3. 所見・フィードバック面接

　日本の子どもの基礎データについては，村田ら（1996）や傳田ら（2004）が詳細に検討している。また，日本の子どものカットオフ・スコアは16点とされており（村田ら，1996），この得点を超える場合には，抑うつのリスクが高いと考えられる。傳田ら（2004）の得点分布（図参照）によると，カットオフ・スコアを超える子どもは，全対象（小1～中3，計3,331名）の13.0％であった。

　子どもが成人のように抑うつ気分や抑制状態を自覚・認識し，言葉で表現することは容易ではない（傳田，2004）。よって，本尺度の活用には優れたスクリーニング効果が期待される。ただし，同じ高得点の子どもであっても，その背景は多様である。また，例えば無自覚の子どもは低得点になってしまう。アセスメントには，他の検査とバッテリーを組むとともに，生活状況との照らし合わせを行うなど，多角的なアプローチが求められる。

引用文献

Birleson, P., Hudson, I., Buchnan, D. G. et al. (1987). Clinical evaluation of a self-rating scale for depressive disorder in childhood (depression self-rating scale). *Journal of Child Psychology and Psychiatry*, **28**, 43-60.

傳田健三（2004）．子どものうつ―心の叫び　講談社

傳田健三・賀古勇輝・佐々木幸哉・伊藤耕一・北川信樹・小山　司（2004）．小・中学生の抑うつ状態に関する調査―Birleson 自己記入式抑うつ評価尺度（DSRS-C）を用いて　児童青年精神医学とその近接領域, **45**, 424-436.

村田豊久・清水亜紀・森陽二郎・大島祥子（1996）．学校における子どものうつ病―Birleson の小児期うつ病スケールからの検討　最新精神医学, **1**(2), 131-138.

心の健康に関する検査③ TK式診断的新親子関係検査

歴史	TK式診断的新親子関係検査（品川不二郎・品川孝子・森上史朗・河井芳文，1973）は，田研式の「親子関係診断検査」（品川不二郎・品川孝子，1958年）を改訂して作成された検査である（TK式は田研式の略称）。
目的	親の子どもに対する態度を5つの態度と10の型から評価し，親子関係の理解や改善に役立てる。
概要	検査は，父親と母親がそれぞれ自身の態度を自己評価する親用と，子どもからみた親の態度を客観的に評価する子ども用があり，これら2つの視点から親の態度を評価する。親用と子ども用は，一部の質問項目を除き，ほぼ同じ意味合いの項目が配列されており，結果を比較しやすい。評価する親の態度は，拒否（①不満，②非難），支配（③厳格，④期待），保護（⑤干渉，⑥心配），服従（⑦溺愛，⑧随順），矛盾・不一致（⑨矛盾，⑩不一致）の5つの態度と10の型である。それぞれ8項目ずつ，計80項目で構成されている。結果は，親用と子ども用の診断グラフ（以下，グラフ）に表される。親用の結果は，父親と母親の結果を別のグラフで表すようになっている（図参照）。このため，両親間の態度のズレや共通性が比較しやすい。子ども用の結果も，子どもからみた父親と母親の結果を別のグラフで表すようになっている。このため，子どもが父親と母親の態度にどのような共通性や違いを感じているかが比較しやすい。親用と子ども用の結果，すなわち，4つのグラフを突き合わせることで，親が親子関係や家庭教育の特徴に気づくことができる。また，子どもにきょうだいがいる場合，親自身が当該の子どもときょうだいで自覚なく態度を変えていることに気づくこともあろう。
対象	親用は幼児から中学生まで。子ども用は小学3年生から中学生まで（幼児用としてTK式幼児用親子関係検査が1992年に発刊されている）。

1. 実施方法

準備：「TK式診断的新親子関係検査」親用と子ども用の検査用紙（小学3年生から中学生まで共通），検査の手引き（小学生用，中学生用），筆記用具。

実施方法：個別および集団による実施が可能である。親用は父親と母親が，子ども用は子どもが記入する。

①親用検査：実施前，親に実施の目的を誤解なく理解してもらう。すなわち，検査は親子関係や家庭教育に対する気づき，気づきに基づく改善を目的としていることから，養育者としての親の問題点を指摘することが目的ではないことを説明する。検査は一人の子どもに対する親の態度を，父親と母親がそれぞれ自己評価する。最初に，用紙の裏にある必要事項（子どもや親の氏名等）を記入する。回答の仕方は検査用紙の表紙の裏に詳しく記載されている。先の計80項目について，日頃の態度と照らし合わせて，「ぴったりあてはまる」～「ぜんぜんあてはまらない」の4段階で回答を求める。子どもの年齢や検査目的に応じて，現在の状態だけでなく過去にさかのぼって，あてはまる状態を記入することもできる。なお，父親と母親が同一の用紙に記入する場合には，先行者の回答に影響されないように注意を促しておく。

②子ども用検査：親と相談しないで，思ったままに回答するよう教示する。子どもから項目について質問があった場合，言葉の意味を説明するだけにとどめ，内容を暗示させるような説明は避ける。回答は現在の状態だけではなく，比較的永続した過去の状態についても答えるよう教示する。なお，回答欄は上段が父親（子どもからみた父親），下段が母親（子どもからみた母親）であるため，記入箇所を間違えないように注意を促す。

所要時間：40分以内。

5　人格・心の健康に関する検査　109

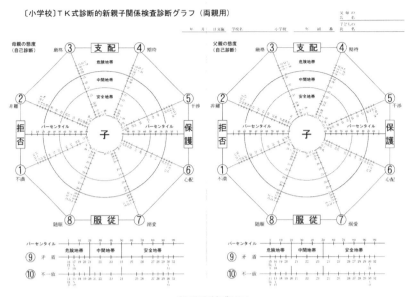

親用診断グラフ

2. 分析・解釈の方法

　検査用紙の点線部分を切り開くと，回答欄の1・2・3・4のいずれかに○印がついている。回答は「ぴったりあてはまる」4点，「だいたいあてはまる」3点，「あまりあてはまらない」2点，「ぜんぜんあてはあまらない」1点に配点されている。○印の点数を横に合計して右端の得点欄に記入する。グラフ上で，これらの得点と同じ数字を見つけ，その数字を○で囲み，隣り合った○印を線でつなぐ。矛盾と不一致の得点は，診断グラフとは別記する。結果の見方は，グラフの裏面に被検者向けに解説されている。すなわち，得点を結んだグラフが全体的にどちらの向きに片寄っているかで，親の5つの態度のうち，どの態度が優勢または劣勢であるかが，また，グラフ全体の広がりから，親の子どもに対する態度やかかわり方が，「安全地帯」(50 パーセンタイル以上)，「中間地帯（要注意地帯）」(20 以上50 以下)，「危険地帯」(20 パーセンタイル以下) のいずれの状態にあるか（地帯に入っているか）が分かるように示される。

3. 所見・フィードバック面接

　発達期の子どもが何らかの心理的な問題を抱えた場合，教育相談などの相談の場において，親子関係のありようが，子どもの行動や性格形成に多かれ少なかれ影響していると考えることは不思議ではない。一方で，教師やカウンセラーなどの第三者からの指摘を受け入れにくいという親の心情も理解できる。そういった際，親の自己評価と子どもによる親の態度の客観的評価の2つの視点から親子関係の特徴を理解しようとする本検査は，親の自己洞察を促し，相談の補助資料となることが期待されよう。ただし，結果はあくまでも回答者が意識している態度であることに留意したい。したがって，子ども本人の様子や実際の親子関係との照らし合わせが必要不可欠となる。

引用文献

一般財団法人 田中教育研究所（編）(1973). TK式診断的新親子関係検査 手引（小学生用，中学生用）

心の健康に関する検査④　CMI

歴史	ニューヨークのコーネル大学のブロードマン（Brodman, K.），アードマン（Erdmann, A. J. Jr.）およびヴォルフ（Wolff, H. G.）らによって作成された（Brodman et al., 1949）。元々は軍隊の検査のために開発された質問紙であったが，その後改良が重ねられて一般臨床にも用いられるようになった。わが国では，金久・深町（1983）が日本版CMIを標準化，出版している。この日本語版は，金久がアメリカ留学中に知ったCMIを日本に持ち帰り，深町とともに作成したものである。
目的	心身両面における自覚症状を短時間のうちに調査することを目的としている。
概要	病院，学校，職場など，広範囲に使用されている質問紙法の心理検査である。各項目は質問形式で記述されており，医師による初診時の問診の内容を，一般の人にも理解しやすい言葉で，広範囲かつ詳細に網羅する内容となっている。項目数は原版では身体的項目（A：目と耳，B：呼吸器系，C：心臓脈管系，D：消化器系，E：筋肉骨格系，F：皮膚，G：神経系，H：泌尿生殖器系，I：疲労感，J：疾病頻度，K：既往歴，L：習慣）の144項目と，精神的項目（M：不適応，N：抑うつ，O：不安，P：過敏，Q：怒り，R：緊張）の51項目を合わせた195項目であるが，日本語版では身体的項目に男子で16項目，女子で18項目が追加されている。なお，性差が考慮されており，一部性別によって項目内容が異なっている。
対象	14歳以上で，質問内容が理解できる程度の知能を有する者であれば，誰にでも施行可能である。

1. 実施方法

準備：検査用紙と鉛筆を準備する。実施に関しては個別と集団のいずれでも施行可能である。病院等の医療機関では初診時の身体的な検査と並行して実施し，学校や職場で実施する場合には，定期健康診断の一環として実施するのが望ましい。なお，CMIの質問項目は最初に身体的項目に回答し，最後に精神的項目に移るという形式のため，一般的な心理テストに生じやすい被検査者の心理的抵抗や，それによって生じる意識的歪曲が比較的生じにくいとされている。とはいえ，被検査者が調査に対して不信感を抱くおそれもあるため，必要に応じて教示を工夫し，被検査者が調査に協力的に臨めるようにするべきである。

実施方法：検査用紙は男性用がブルー，女性用がセピアの色刷りのものを使用する。個別実施では，被検査者自身が「記入の注意」をよく読んでから回答を始めるように教示する。集団実施の場合は，検査者が「記入の注意」を読んで聞かせてから回答を始める。被検査者は，身体的項目と精神的項目の合計195項目について，それぞれ「はい」か「いいえ」で回答を記入する。

所要時間：所要時間に特に制限は設けられていないが，通常は30分前後で記入し終わる。

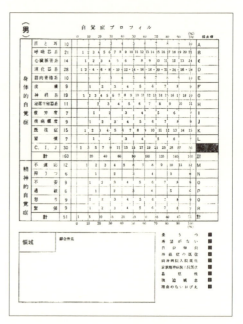

自覚症プロフィール（金久・深町，1983：184）

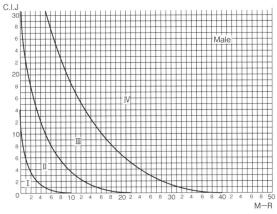

神経症判別図（金久・深町，1983）

2．分析・解釈の方法

自覚症プロフィールによる判定：自覚症プロフィール表に，AからRの各セクションの合計点を記入することで，自覚症の訴え率（％）のプロフィールを作成できる。

神経症判断基準：検査用紙にはC，I，Jの合計点とMからRの合計点をそれぞれ縦軸と横軸にとった神経症判別図が添付されている。図は領域IからⅣの4つの領域に区切られており，領域Ⅳに近づくほど神経症と判定される可能性が高くなる。なお，C，I，Jの合計点とMからRの合計点は神経症者と心理的に正常な者とで得点に顕著な差異が認められた点である（金久・深町，1983）。

特定の精神自覚症による神経症の判定：自覚症プロフィールの下部には特に注意が必要な9つの特定すべき精神的項目が定められている。これらに対応する項目に「はい」と回答しているかどうかは，より適切に被検査者の状態を把握するための情報として用いることができる。

3．所見・フィードバック面接

心理援助の現場では，クライエントの精神的健康についての情報を得ることがしばしば重要となる。医療機関などからのクライエントに関する情報提供には，自殺企図や精神病院への入院歴といった，クライエントにとって重大な情報が含まれている可能性があるため，面接の開始時期にこうした情報を得る必要があるとされている（チャップマン，1979）。CMIは心身の状態についての全般的な情報だけでなく特定の精神自覚症状の有無を把握できるため，例えば医療機関からの情報提供がないクライエントの自殺企図や精神病院への入院歴などの重要な情報を治療者が把握し，スムーズに面接を進めるためのツールとして用いることもできるであろう。

引用文献

金久卓也・深町　建（1983）．コーネル・メディカル・インデックス（改訂版）—その解説と資料：日本版　三京房
Brodman, K., Erdmann, A. J. Jr., & Wolff, H. G. (1949). *Cornell Medical Index: Health Questionnaire Manual*. New York: Cornell University Medical College.
Chapman, A. H. (1978). *The treatment techniques of Harry Stack Sullivan*. New York: Brunner/Mazel.（チャップマン，A. H.／作田　勉（監訳）（1979）．サリヴァン治療技法入門　星和書店）
上地安昭（2001）．コーネル・メディカル・インデックス（CMI）上里一郎（監修）心理アセスメントハンドブック（第2版）　西村書店，pp.273-283.

心の健康に関する検査⑤ POMS 2

歴史	情動を気分や感情といった主観的側面から評価するために，1950年代終わりから1960年代初めにかけて，ワシントンD.C.の復員軍人局心理療法研究所で研究が始められた。その後，改良を重ねて，臨床と研究の多くの場面に使用されるようになった質問紙法のテストである。わが国では1994年に初版が発表された後（横山・荒記，1994），2015年に改訂版となるPOMS 2（Profile of Mood States 2nd Edition）日本語版が刊行された。そのため，本節ではPOMS 2の内容に沿って解説する。
目的	対象者の気分や感情の状態を測定すること。
概要	気分を評価する質問紙の1つとしてマクネアー（McNair, D. M.）らによって開発された（McNair et al., 1971）。「TA：緊張 - 不安」「D：抑うつ - 落ち込み」「AH：怒り - 敵意」「V：活気」「F：疲労」「C：混乱」およびPOMS 2から加わった「F：友好」という7つの気分・感情について，所定の時間枠における状態を測定することができる。利用については，一定の間隔で繰り返し施行し，変化の傾向を捉えるためにも利用することができ，精神科臨床における治療経過の評価，職場でのメンタルヘルス評価，スポーツやリラクセーションの効果測定などに用いることも可能である。
対象	13歳から17歳には青少年用（POMS 2-Y），18歳以上には成人用（POMS 2-A）を使用する。

1. 実施方法

準備：対象者に適した検査用紙，ペンまたは鉛筆を準備する。消しゴムは使用しないこと。なお，記入ミスがあると採点ができないことがあるため，記入漏れや重複回答がないかを確認するべきである。

実施方法：実施は個別でも集団でも適用可能である。なお，対象者の運動能力や読解能力に制限がある場合には，検査者が項目を読み上げる，代筆するなどの代替方法を用いることもある。

検査用紙は，13歳から17歳には青少年用（POMS 2-Y：60項目），18歳以上には成人用（POMS 2-A：65項目）を使用し，それぞれ全項目版と短縮版が用意されている。POMS 2は以下の7つの気分尺度から構成されている。怒りや敵意，不機嫌さの状態を示す「AH：怒り - 敵意」，認知効率の低下や当惑した状態を示す「CB：混乱 - 当惑」，自信の喪失，抑うつ気分を示す「DD：抑うつ - 落ち込み」，活力の低下，疲労感，無気力な状態を示す「FI：疲労 - 無気力」，緊張や不安の状態を反映する「TA：緊張 - 不安」に加えて，元気さ，躍動感などを反映する「VA：活気 - 活力」も含まれており，この尺度は上記の5つの気分に関する下位尺度と負の相関を示す。なお，POMS 2では新たに「F：友好」が加わった。この尺度は他者に対するポジティブな感情，対人関係への志向性の指標であるとされている。

POMS 2では検査者が対象とする時間枠（「今日を含めて過去1週間」「今現在」「その他：任意の期間」のいずれか）を設定することができる。ただし，標準化は「今日を含めて過去1週間」の時間枠を用いて行われている。回答は，それぞれの項目について「全くなかった」（0点）から「非常に多くあった」（4点）の5件法で記入を求める。なお，治療経過の評価など，複数回実施する場合には短縮版を利用することで時間を短縮することが可能である。

所要時間：回答時間は成人用・青年用ともに全項目版で10分，短縮版で5分程度である。また，採点には5分程度を要する。

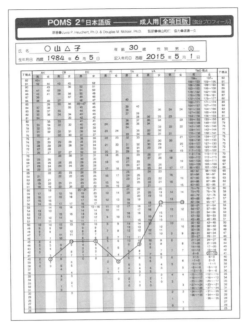

POMS 2の気分プロフィール（ヒューカート＆マクネアー，2015）

2. 分析・解釈の方法

「F：友好」を除く6つの尺度得点の合計点がTMD（総合的気分状態）得点と呼ばれる指標である。これは，気分障害や情動的・心理的苦痛，および主観的幸福感に関する全体的な指標である。

検査用紙には，各気分尺度とTMD得点の素得点と標準化得点（T得点）との関係が視覚的に把握できる気分プロフィールが添付されている。また，成人用については，マニュアルに性別と年齢別の換算表が添付されている。なお，T得点については30未満が「非常に低い」，30-39が「低い」，40-59が「平均的」，60-69が「高い」，70より高いと「非常に高い」と区分される。そのため，TMD，AH，CB，DD，FI，TAではT得点が高いほどネガティブな感情が強いことを意味している。VA，FについてはT得点が低いほどポジティブな感情が少ないことを意味している（ヒューカート＆マクネアー，2015）。

3. 所見・フィードバック面接

POMSはその時々の気分や感情を測定する質問紙であることから，その結果をフィードバックすることは，対象者が自分自身の気分や感情への気づきを深める機会にもなるだろう（横山・荒記，1994）。一方，POMSで測定する気分や感情は，対象者の置かれた状況などに影響を受けるため，結果の解釈は慎重に行う必要があると考えられる。結果を対象者にフィードバックする際に，対象者と結果について話し合う機会を設けるべきであろう。

引用文献

Heuchert, J. P., & McNair, D. M. (2012). *Profile of mood states, POMS-2*. North Tonawanda, NY: Multi-Health Systems. （ヒューカート，J. P.・マクネアー，D. M./横山和仁（監訳）（2015）．POMS 2日本語版マニュアル　金子書房）

McNair, D. M., Lorr, M., & Droppleman, L. F. (1971). *Manual for the profile of mood states*. San Diego, CA: Educational and Industrial Testing Service.

渡辺詩織・吉川栄省（2015）．POMS　山内俊雄・鹿島晴雄（編）精神・心理機能評価ハンドブック　中山書店，pp.325-326

横山和仁・荒記俊一（1994）．日本版POMS手引　金子書房

心の健康に関する検査⑥ GHQ 精神健康調査票

歴史	GHQ（The General Health Questionnarie）精神健康調査票はゴールドバーグ（Goldberg, 1978）によって，主として神経症者の症状を評価，把握し，診断を行うために開発された質問紙であり，数多くの研究を通して妥当性，信頼性が確認されている。なお，日本語版は中川と大坊（1985）によって作成されている。
目的	被検査者の精神的健康度，および症状の評価を行うことが目的である。
概要	主に神経症症状の評価，および把握を目的としたスクリーニング・テストであり，実施も容易であるほか，質問内容が文化，言語，宗教，社会などに依存しないため，さまざまな国や地域で研究，臨床に利用することができるという利点がある。また，原版の60項目の質問紙の他に，原版尺度で因子性が明確であった，一般的疾患性，身体的症状，睡眠障害，社会的活動障害，不安と気分変調，重篤なうつ傾向の6因子からなる30項目版（GHQ30）と，身体的症状，不安と不眠，社会的活動障害，重篤なうつ傾向の4因子からなる28項目版（GHQ28）という2つの短縮版が提出されている（大坊, 2003）。現在では，最も簡便な12項目版GHQ12が開発されており，信頼性が高いだけでなく，精神医学的症状をスクリーニングする際にも有効であることが示されている（本田ら, 2001）。なお，いずれも得点が高いほど精神的健康度が低いことを示している。
対象	12歳以上で，質問項目の文章を理解できる者であれば実施可能である。

1. 実施方法

準備：実施は個別でも集団でも可能である。準備するものは鉛筆と検査用紙のみで，記入の間違いに気づいた場合は，○印に斜線を引いて訂正するように指示するため，消しゴムは必要ない。なお，被検査者からの質問に関しては，言葉の意味に関するものならば答えてもよいが，原則として質問項目の内容についての説明はせず，被検査者の判断に任せることとなっている。

実施方法：検査者は被検査者に，表紙裏面に記載されている回答上の注意書きを読んでから，思ったままに回答するように求める。回答方法は，それぞれの質問項目について，4つの選択肢の中から自分の現在の状態にあてはまる箇所に○を記入する形式のものである。なお，原版，短縮版ともに複数の下位尺度から構成されているため，GHQ合計得点の他にも，下位尺度の得点についての特徴を把握することも可能である。GHQ30で採用されている6因子のうち，「一般的疾患性」は全般的な精神的不健康の程度を反映する下位尺度である。領域別の下位尺度には，身体的な健康状態への不安および睡眠の問題といった身体面の不調を測定する「身体的症状」および「睡眠障害」という二つの下位尺度が含まれている。また，「不安と気分変調」と「重篤なうつ傾向」の二つの下位尺度は，それぞれ気分の落ち込みや緊張，より重度の抑うつ症状といった精神的不調を測定している。これらの身体的・精神的な領域の障害を捉える下位尺度のほか，仕事や日常生活に関する障害といった社会生活の障害を捉える下位尺度として，「社会的活動障害」が含まれている。

所要時間：時間の制限は特に設けられてはいないが，GHQ60では通常10分から15分程度，短縮版では5分から7分程度を要するとされている（大坊, 2001）。

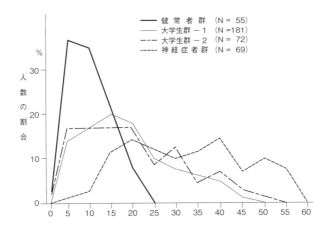

GHQ60 の得点分布 (0-0-1-1 採点方による採点) (中川・大坊, 1985)

2. 分析・解釈の方法

採点：中川と大坊による手引き（1985）に記載されている採点方法を以下に示す。まず，それぞれの選択肢について，○印がつけられた個数を縦に数えて，検査用紙の下に設けられた空欄に記入する。そして，右2つの選択肢の合計数，つまり，精神的健康度の低い傾向のある回答の合計数がGHQ合計得点となる。なお，Likert法を用いる場合は，いずれの質問項目も，左から順に0, 1, 2, 3の重みづけをし，その合計点を算出する。

判定方法：大坊（2001）は，各版におけるGHQ合計得点の区分点（臨界点）について，GHQ60では16/17点，GHQ30では6/7点，GHQ28では5/6点であるとしており，これらの基準をスクリーニング的な意味での弁別点であるとしている。なお，GHQ12の有効性について検討した本田ら（2001）は，GHQ12を精神医学的障害に用いた場合のカットオフ・ポイントを4点とするのが最適であると結論づけている。なお，中川と大坊（1985）によれば，GHQ60では健常者のGHQ合計得点の得点分布は，いずれも25点以下となるが，神経症者では16-20点，36-40点の2点にピークが出現するとされている（上図）。

3. 所見・フィードバック面接

　GHQは上述のように，数々の研究によって，スクリーニング・テストとしての有効性が示されており，一般臨床においては臨床診断に用いることが適切かつ有効であるとされているが，中川と大坊（1985）はGHQの区分点を超える者の中には健常者もわずかながら含まれているという点に留意すべきであるとしている。GHQの得点のみを用いて臨床的診断を下すのではなく，結果のフィードバックにあたっては，治療者は被検査者と結果について確認する機会を設けるべきであろう。

引用文献

中川泰彬・大坊郁夫（1985）．日本版GHQ 精神健康調査票手引　日本文化科学社
中川泰彬・大坊郁夫（1996）．日本版GHQ 精神健康調査票手引（改訂版）　日本文化科学社
大坊郁夫（2001）．日本版GHQ　上里一郎（監修）心理アセスメントハンドブック 第2版　西村書店，pp.319-327．
Goldberg, D.（1978）．*Manual of the general health questionnaire.* London: NFER-Nelson.
本田純久・柴田義貞・中根允文（2001）．GHQ-12項目質問紙を用いた精神医学的障害のスクリーニング．厚生の指標，**48**(10)，5-10．

心の健康に関する検査⑦ STAI

歴史	STAI（State-Trait Anxiety Inventory）はスピルバーガー（Spielberger, C. D.）らによって開発された質問紙法による不安測定検査である。従来の不安測定検査にはテイラー（Taylor, J. A.）のManifest Anxiety Scale（MAS）やアイゼンク（Eysenck, H. J.）のモーズレイ性格検査（MPI）など，人格の特性面を示す検査が多く使われていたが，スピルバーガーは不安を今この瞬間に感じている「状態不安」と，普段常に感じている「特性不安」とに分けて尺度を作成し，STAI-Form X（STAI-X）を完成させた。その後，計量心理学的属性が改良されるなどその30％を置き換えた改訂版がSTAI-Form Y（STAI-Y）として完成された。このSTAI-Yは高い内的整合性と妥当性を備え，国際的に広く使用された。STAI-Yは高校生，大学生，成人を対象としたが，その後学童用の状態−特性不安検査（STAI for Children：STAIC）も作成された。一方，日本語版STAIの標準化には遠山ら（1976）による「日本語版STAI」，清水・今栄（1981）による「大学生用日本語版STAI」などがある。市販には「日本版STAI」（水口ら，1991）があるが，現在はSTAI-JYZ（肥田野ら，2000）が「新版STAI」として出版され利用されている。「新版STAI」では日本人特有な習慣的思考や行動を文化差も考慮しつつ高い妥当性を保つために，特性不安項目における3項目の変更がなされている。状態不安尺度における状況の変動による概念的妥当性の検討では高い内的整合性が認められ，特性不安尺度においてもYG性格検査や不安診断検査（CAS）との併存的妥当性が認められている。
目的	不安の状態像を捉え，その程度の測定を目的とする。
概要	状態不安尺度，特性不安尺度ともに20項目ずつの計40項目でできた質問紙である。不安を「状態不安」と「特性不安」という2つの概念に分け両面から測定する「不安の状態−特性理論」を背景にもつ。
対象	中学生以上の年齢であれば神経症や心身症など多くの対象に使用できる。臨床場面では状態不安尺度の測定から自律訓練法をはじめとするリラクセーション法の実施前後，および薬剤（抗不安薬，鎮静剤）の服用前後の得点比較から治療の効果を測定することができる。また，特性不安尺度の測定からは精神療法や薬物療法など長期間を要する治療法が人格特性に及ぼした効果を評価することができる。

1. 実施方法

準備：質問紙法による回答態度の歪曲を避けるため，まず検査者が被検者との間にラポールを築く必要がある。教示をする際には，状態不安尺度項目に関しては「今この瞬間に」どう感じているかについて答えること，特性不安尺度項目に関しては「平素」どう感じているかについて答えるのだという違いを検査者が強調する必要がある。また，状態不安項目の回答は環境の影響を受けやすく，したがって特性不安項目に答えた後では雰囲気に影響されることが懸念されるため，先に実施することに注意する。

実施方法：個人検査，集団検査のいずれの形でも実施できるが，集団で実施する場合は検査者が教示を朗読するのにあわせて被検者に教示を黙読させ，質問する機会を与えるのが有効である。ただし詳しい説明は不要であり，あまり考え込まずにすべての質問に回答するよう促す。市販の回答用紙は回答を記入すると内側の記録用紙に得点が転記されるのでボールペンまたは硬い鉛筆を使い回答する。

所要時間：時間制限はないが，両尺度を連続して実施する場合，大学生なら約10分，その他の年齢であっても約20分程度で回答できる。状態不安尺度のみであれば実施に5分と要しない簡便な実施が可能である。新版STAIでは結果がプロフィールとして評価できる。

2. 分析・解釈の方法

状態不安尺度，特性不安尺度ともに20項目ずつで構成され，評定は4件法である。状態不安の不安存在尺度（P尺度）と不安不在尺度（A尺度），特性不安のP尺度とA尺度の得点を求めるには，各尺度を構成する10項目の重みづけられた得点を合計すればよい。得点が高いほど不安の程度が高いことになる。「新版STAI」では自己採点ができるよう各回答に対する重みがあらかじめ印刷されている。また，標準得点に基づいて算出した不安得点を5段階に分けて評価でき，段階4，5が臨床的に高不安，段階1，2は低不安と考えることができる。段階は標準得点に基づいて以下のように定められている。

段階5　標準得点65以上
段階4　標準得点55以上，65未満
段階3　標準得点45以上，55未満
段階2　標準得点35以上，45未満
段階1　標準得点35未満

3. 所見・フィードバック面接

状態不安尺度で評価される特質は，懸念，緊張，神経質，悩みなどである。ごく最近のある時にどのように感じたかを査定するのに使用してもよいし，将来直面するかもしれない特定の場面で感じることをどのように予期するかを評価するのに使用してもよい。状態不安得点は身体的危険や心理的ストレスに応じて上昇し，自律訓練法やリラクセーションの結果下降するので，カウンセリング，心理療法，行動変容プログラムの前後におけるクライエントの一時的不安の変化を示す指標となる。また，ストレスに満ちた実験手続きや，緊張を伴う歯科治療，就職面接，入学試験のような実社会における体験に対する状態不安を査定することができる。「新版STAI」を用いた研究として，看護学生の実習不安に関する調査研究（加藤ら，1998）では，看護実習のオリエンテーション前を平常事態，実習直前をストレス事態，全過程終了時をリラックス事態と想定して状態不安尺度のみを繰り返し実施したところ，実習の不安や緊張と終了時のリラックス感を明白に示すことができたとされる。

特性不安尺度は，精神神経症患者やうつ病患者は一般に特性不安尺度で高い得点を示す傾向があるので，患者の臨床的不安を査定するのに使用できる。また，心理療法，行動変容，薬物治療の長期結果を評価したり，心理学実験のために水準の異なる被検者を選んだりする場合にも役立つであろう。このように実験的研究における評価尺度として，または結果の素点から個別な臨床的研究にも適したSTAIは優れた検査道具といえる。

引用文献

肥田野直・福原眞知子・岩脇三良・曽我祥子・Charles D. Spielberger（2000）．新版STAIマニュアル　実務教育出版
加藤　瞳・平原美代子・花田妙子（1998）．STAIによる学生の臨床実習における不安の変化に対する考察　日本看護研究学会雑誌，**21**(3)，316.
水口公信・下仲順子・中里克治（1991）．日本版STAI　三京房
清水秀美・今栄国晴（1981）．STATE-TRAIT ANXIETY INVENTORYの日本語版（大学生用）の作成　教育心理学研究，**29**(4)，348-353．
遠山尚孝・千葉良雄・末広晃二（1976）．不安感情─特性尺度（STAI）に関する研究　日本心理学会第40回大会発表論文集，891-892．
氏原　寛・亀口憲治・成田善弘・東山紘久・山中康裕（編）（2004）．心理臨床大事典［改訂版］　培風館

心の健康に関する検査⑧ MAS

歴史	MAS（Manifest Anxiety Scale）はテイラー（Taylor, J. A.）によって開発された質問紙法による不安測定検査で、テイラー不安検査ともよばれる。テイラーは個人の動因は不安という情動性に関係があるとして、単純な条件づけや学習行動は個人がもつ不安の影響を受けると考えた。その研究を行う上で不安の性質から程度を客観的に測定することが必要となり、不安から生じる顕在的な諸徴候を記述した質問紙を作成することにした。そこでキャメロン（Cameron, 1947）の慢性不安反応の記述に従い、5人の臨床家によってミネソタ多面的人格目録（Minnesota Multiphasic Personality Inventory、以下MMPI）から顕在不安を示すとされた65項目を選び、そこに135項目のバッファー項目として内容とは無関係で顕在不安を示さない項目を入れ、計200項目の質問紙が作られた。その後いくつかの修正を経て、原版と高い不安得点の相関をもつ不安尺度50項目と、改められたバッファー項目を含め最終的には275項目の質問紙となった。 一方、日本版MASは阿部・高石（1985）によって作成された。不安尺度50項目に妥当性尺度15項目を加えた合計65項目となり、テイラーのものに比べて項目数が少なく、より実施しやすくなった。
目的	顕在性不安の客観的測定と量的判断を目的とする。
概要	身体的不安・精神的不安を含めた各種の不安の程度を総合的に、かつ客観的に測定できる。妥当性尺度があることで結果の信頼性を検討することができる。陽性項目、陰性項目（逆転項目）、妥当性項目がランダムに配列されており、結果を予測して回答を操作することは困難である。日本版は日本における標準化がなされており、大学生と成人の基準値が参考になる。日本では診療報酬点数が算定可能である。
対象	16歳以上であれば適用できる。全般的な不安の程度を調べるスクリーニングとしても使用できる。呼吸器疾患・糖尿病・心臓リハビリテーション・神経疾患・慢性疼痛・耳鳴・めまいなどの臨床場面で利用した例がある。

1. 実施方法

準備：実施の前に緊張感をもたれないような雰囲気作りを心がける。特に不安傾向の強い人を対象とすることが多い臨床場面では導入の仕方などに気をつけなくてはならない。

実施方法：65項目の質問に対して「そう」「ちがう」のどちらかに○をつける2件法である。どちらかに決定ができない項目については「どちらでもない」を選択することが許されるが、その場合は「そう」と「ちがう」の両方の欄に×をつけることになる。ただし検査の精度が下がるので、できるだけどちらかに○をつけることが勧められる。

所要時間：10-15分程度で回答できる。整理時間も2-5分程度である。

2. 分析・解釈の方法

無回答や「どちらでもない」には点数を与えることができない。市販のものは回答用紙に記入した回答が自動的に記録用紙に転記され、実施後は回答用紙と記録用紙の接着をはがして簡単に採点ができる。記録用紙は赤色と青色の○と×印で表されているので、まずそれぞれの色の×印と○印の数を解答欄に記入する。次に赤色の○印数は虚構点を表しているので、11点以上であれば回答の妥当性に疑いがあるとして扱う。また、赤色と青色の×印の合計は無回答数を表しているので、10点以上であれば回答の信頼性に問題があるとして扱う。不安得点が高得点の場合は身体的訴えや落ち着かなさ、集中力のなさ、自信のなさ、対人過敏性などを吟味し、低得点の場合は平静で落ち着いていると考えることができる。記録用紙の重症度評価段階基準に基づいて重症度が判断できる。

MAS 顕在性不安尺度
(三京房「MAS 顕在性不安尺度」〈http://www.sankyobo.co.jp/introMAS.png〉(最終確認日：2017 年 8 月 4 日))

3. 所見・フィードバック面接

　日本版の使用手引きには判定資料として大学生男・女と一般男・女の 4 グループそれぞれについて得点段階基準表が載せられている。高得点から順にⅠ，Ⅱ，Ⅲ，Ⅳ，Ⅴの 5 段階に分かれており，目安としてⅢ-Ⅴ段階は通常域，Ⅱ段階はかなり不安が高い域，Ⅰ段階は高度の不安がある域と考えてよいが，段階の結果のみから断定せず，臨床像を踏まえて判断すべきである。判定の際は，この得点段階基準表を用いて不安得点が 5 段階のうちのどの段階に入るかをみて不安の程度を客観的に判定したのちに，「そう」と回答された項目を一つひとつ吟味していくことが役に立つといえる。

引用文献

阿部満州・高石　昇（1985）．日本版MMPI 顕在性不安検査使用手引　三京房
Cameron, N. A. (1947). *The psychology of behavior disorders: A bio-social interpretation*. Boston, MA: Houghton Mifflin.
Taylor, J. A. (1953). A personality scale of manifest anxiety. *The Journal of Abnormal and Social Psychology*, **48**(2), 285–290.
氏原　寛・亀口憲治・成田善弘・東山紘久・山中康裕（編）（2004）．心理臨床大事典［改訂版］　培風館

心の健康に関する検査⑨ SDS

歴史	SDS（Self-Rating Depression Scale）はツァン（Zung, W. W. K.）によって開発された自己評価による抑うつ性尺度である。うつ病に関する状態像はクレペリン（Kreapelin, E.）の記述と本質的に差異はないものの、うつ病の定義、診断基準を満たす心理測定には限界があった。伝統的には投影法や質問紙法などで検査してきたが、状態像を客観的に把握し、治療効果の判定や診断、研究につなげる目的で、量的に評価するうつ病の評価尺度が必要となった。そこでベック（Beck, A. T.）やハミルトン（Hamilton, M. A.）、ウェクスラー（Wechsler, H.）などの検査法が登場したが、これらを詳細に検討すると、検査項目の素材に統一性や客観性がなく検査項目数や評価者の職種などに異なりがあった。うつ病をまず状態像として把握しようとする態度はツァンにも共通していたが、SDSは抑うつ状態像の強さを持続時間の比較で表現しており算術的操作を可能とした点で症状の強さや治療効果の判定に役立つものとなった。一方、日本版 SDS は福田がツァンから了承を得て小林と共に日本版の標準化を試み作成したものであり、日本版 SDS の信頼性・妥当性の研究は福田・小林（1973）によって検証されている。
目的	うつ病あるいは抑うつ状態像の把握を目的とする。
概要	抑うつ状態像の因子として、憂うつ抑うつ、日内変動、啼泣、睡眠、食欲など 20 項目の因子に対応する質問 20 項目で構成されている。これらの項目はツァンによればグリンカー（Grinker, R. R.）やオーバーオール（Overall, J. E.）、フリードマン（Friedman, A. S.）らにより報告された抑うつ状態像ないしうつ病の因子分析的研究に基づいて抽出されたものである。質問項目はその内容から抑うつ主感情（2 項目）、身体的症状（8 項目）、精神的症状（10 項目）に分類できる。質問紙の表現形式は半分が逆転項目であり、ランダムに配置されることで回答者には分からないよう工夫されている。日本では診療報酬点数が算定可能である。
対象	もともとは成人男女を対象としているが、青年期の者も検査できる。性格テストではないので、本来健常者を対象にしてはいないが、精神衛生のために情意状態を知るスクリーニングテストとして用いてもよい。一般にはうつ病、仮面うつ病、神経症、心身症などの患者に用いる。昏迷状態、強い抑止もしくは重態状態を除けば、自己評価の可能な者に実施できる。

1. 実施方法

準備：検査用紙を渡す前に検査者が面接時の印象をテスト用紙上段にある Global Rating 欄の 1（軽度）〜5（重度）の 5 段階に、○で囲んで全体評価をする。

実施方法：「現在のあなたの状態に最もよくあてはまる欄の 1 か所に○印をつけてください」と指示する。被検者は 20 項目のすべてについて検査時の状態に最もよくあてはまると考えられるものを 4 段階に分けられた応答欄から選択して印をつける。第 6 項目の性欲に関する質問では、独身者には異性に対する関心の程度を答えてもらう。各項目について段階に応じて 1-4 点が割り当てられている。10 項目ずつの陽性・陰性の表現が入り混じっているので被検者には答案のパターンが読み取りづらくなっている。さらに、応答欄を 4 個の偶数にして中間の欄がないことで、被検者が当たり障りのない平均的な応答ができないよう工夫されている。得点は症状がなくても 0 点ではなく 1 点が与えられるが、これは症状がなかったことと、質問がなかったこととを区別するためである。日本版の検査用紙は回答用紙と記録用紙が密着しており、透かし防止の工夫がしてあるため、被検者が得点や結果を予知することはできない。

所要時間：時間制限はなく通常 10-15 分程度で記入できる。

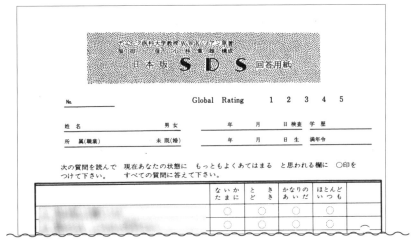

日本版SDS回答用紙の一部（ツァン（1983）を一部加工）

2. 分析・解釈の方法

市販の検査用紙ではすべての項目にもれなく○印がついていることを点検して回収し，採点の際に検査用紙右下の＊印のところにある糊付けのない隙間から重なる用紙をはがして，回答用紙と記録用紙とに分ける。記録用紙の各欄の○で囲まれた得点を右側の評価点欄に転記してゆき，合計した点数がSDS粗点となる。集計が終われば回答用紙を破棄し，記録用紙のみ保存してもよい。総合得点（SDS粗点）は理論上，最低20点，最高80点となり，点数が高いほど抑うつ性が強いことを示す。この総合得点を百分率に換算したものを指数と呼ぶ。粗点を用いるか指数を用いるかについて原作者はどちらでもよいと述べているが日本版では整理上の利便性から粗点を用いている。

3. 所見・フィードバック面接

SDSの得点は治療過程で，病状の寛解，軽快に伴って得点が減少する。抑うつ性を量的に判定することは難しいがこのように点数化することで心理状態のある段階におけるうつ状態像を把握する基準とすることができる。なお，Global Rating欄に書いた検査者による被検者の抑うつ状態の印象とSDS得点は比較することを勧める。なぜならGlobal Ratingは見かけ上低いのに自己評価点（SDS粗点）が高く，重い抑うつ状態にあるかのような傾向を示す場合は検査結果を信頼できないといえるからである。逆に見かけ上は強い抑うつ状態が疑われるのに自己評価点は低い場合は被検者の病識が乏しいと考えられる。

引用文献

Zung, W. W. K. (1965). A self-rating depression scale. *Archives of General Psychiatry*, **12**, 63–70.
ツァン，W. W. K.／福田一彦・小林重雄（日本版作成）(1983). SDS自己評価式抑うつ性尺度使用手引　三京房
福田一彦・小林重雄（1973）．自己評価式抑うつ性尺度の研究　精神神経学雑誌, **75**(10), 673–679.

心の健康に関する検査⑩ IES-R改訂出来事インパクト尺度日本語版

歴史	IES-R（Impact of Event Scale-Revised）は旧 IES（Horowitz et al., 1979）の改訂版として，ウェイス（Weiss, D. S.）らによって開発された心的外傷性ストレス症状を測定するための質問紙である。ホロウィッツはストレスフルな出来事を体験した人の反応には共通して侵入思考と回避の傾向があることを発見し，その出来事と主観的な衝撃の強さを評価する必要があると考えて質問紙を作成した。日本語版は飛鳥井らによって作成され，PTSD関連症状のスクリーニング尺度として優れた信頼性と妥当性があると検証されている（Asukai et al., 2002）。
目的	心的外傷性ストレス症状の程度の測定と評価を目的とする。
概要	旧 IES は侵入症状7項目，回避症状8項目の計15項目で構成されていたが，改訂版 IES-R は過覚醒症状6項目を追加し，さらに旧版における睡眠障害とされた項目を入眠困難と中途覚醒の2項目に分け，計22項目で構成されている。改訂版により DSM-Ⅳの PTSD 基準に沿っている点が強みである。日本では診療報酬点数が算定可能である。
対象	災害から個別被害まで，幅広い種類の心的外傷体験者の PTSD 関連症状把握が簡便にできる。横断調査，症状経過観察，スクリーニング目的など広く活用されている。

1. 実施方法

準備：質問紙を配る前に被検者が外傷性の記憶を思い出すことで不安定になりすぎないように配慮しなくてはならない。個別の被害者に面接内で実施する場合は事前の面接で被検者の現実生活上の安定度を確認しておくことや，不安定になった場合の対処法，強いストレスを伴う出来事に巻き込まれた人には誰にでも生じる症状であることなどの心理教育をした上で実施することが望ましい。

実施方法：個人検査，集団検査のいずれとしても実施できる。教示では回答する日を含め最近の1週間の状態を振り返り，それぞれの項目の内容についてどの程度強く悩まされたか，あてはまる程度に○をつけるよう促す。答えに迷う場合でも最も近いと思われるものを選ぶ。

所要時間：制限時間などは特に決められていないが筆者の実施した印象では5-10分程度あれば回答できる。

2. 分析・解釈の方法

IES-R の採点や実施について特別なトレーニングは必要とされていない。各項目得点は「まったくなし」0点から「少し」1点，「中くらい」2点，「かなり」3点，「非常に」4点，の5件法である。全体ないし下位尺度ごとの得点（または平均得点）を合計するが，下位尺度ごとの合計が症状の評価に参考になる（Weiss & Marmar, 1997）。下位尺度ごとの合計または平均点により，主要な三症状のうちどの症状が最も強いか評価できる。下位尺度についてはウェイス（Weiss, 2004）による下位尺度の構成が以下の通りである。

　侵入症状（8項目）：1, 2, 3, 6, 9, 14, 16, 20
　回避症状（8項目）：5, 7, 8, 11, 12, 13, 17, 22
　過覚醒症状（6項目）：4, 10, 15, 18, 19, 21

項目2の「中途覚醒」は侵入症状との相関が高かったために，侵入症状に分類されている。また項目19の「想起による身体反応」は過覚醒症状の追加6項目に加えられている。

全体でのカットオフ値は特に決められていないが，高得点であればあるほど苦痛の程度が大きいと考えられる。ラッシュら（Rash et al., 2008）は，被検者特性にもよるが，基準として22から24程度以上であれば PTSD の可能性が示唆できるとする。ちなみに日本版では合計値の24/25をカットオフ値としているが，あくまでスクリーニングないしは診断補助のための基準であり，臨床面接による

IES-R

お名前＿＿＿＿＿＿＿＿＿（男・女 ＿＿歳） 記入日 H.＿＿年＿＿月＿＿日

下記の項目はいずれも，強いストレスを伴うような出来事にまきこまれた方々に，後になって生じることのあるものです。＿＿＿＿＿＿＿＿＿＿に関して，**本日を含む最近の1週間**では，それぞれの項目の内容について，どの程度強く悩まされましたか。あてはまる欄に○をつけてください。
（なお答に迷われた場合は，不明とせず，もっとも近いと思うものを選んでください。）

	（最近の1週間の状態についてお答えください。）	0.全くなし	1.少し	2.中くらい	3.かなり	4.非常に
1	どんなきっかけでも，そのことを思い出すと，そのときの気もちがぶりかえしてくる。					
2	睡眠の途中で目がさめてしまう。					
3	別のことをしていても，そのことが頭から離れない。					
4	イライラして，怒りっぽくなっている。					
5	そのことについて考えたり思い出すときは，なんとか気を落ちつかせるようにしている。					
6	考えるつもりはないのに，そのことを考えてしまうことがある。					
7	そのことは，実際には起きなかったとか，現実のことではなかったような気がする。					
8	そのことを思い出させるものには近よらない。					
9	そのときの場面が，いきなり頭にうかんでくる。					
10	神経が敏感になっていて，ちょっとしたことでどきっとしてしまう。					

IES-R 検査用紙の一部（公益財団法人東京都医学総合研究所ウェブサイト〈http://www.igakuken.or.jp/mental-health/IES-R2014.pdf〉（最終確認日：2017年10月20日））

診断に代わるものではないとされる。

3. 所見・フィードバック面接

PTSDの診断はIES-Rからのみなされるものではなく，PTSDが疑われる場合は代わりとなる尺度も考慮されるべきだ（Weiss & Marmar, 1997）といわれる。下位尺度ごとの症状の強さが評価されたとしても面接における治療のスタートラインとして一つひとつの症状を丁寧にケアされることが望まれる。

日本語版質問紙は公益財団法人東京都医学総合研究所のウェブサイトから自由にダウンロードし，使うことができる。

引用文献

Asukai, N., Kato, H., Kawamura, N., Kim, Y., Yamamoto, K., Kishimoto, J., Miyake, Y., & Nishizono-Maher, A. (2002). Reliability and validity of the Japanese-language version of the Impact of Event Scale-Revised (IES-R-J): Four studies on different traumatic events. *The Journal of Nervous and Mental Disease*, **190**(3), 175–182.

公益財団法人東京都医学総合研究所ウェブサイト〈http://www.igakuken.or.jp/mental-health/IES-R2014.pdf〉（最終確認日：2017年8月31日）

Horowitz, M., Wilner, N., & Alvarez, W. (1979). Impact of Event Scale: A measure of subjective stress. *Psychosomatic Medicine*, **41**(3), 209–218.

Rash, C. J., Coffey, S. F., Baschnagel, J. S., Drobes, D. J., & Saladin, M. E. (2008). Psychometric properties of the IES-R in traumatized substance dependent individuals with and without PTSD. *Addictive Behaviors*, **33**(8), 1039–1047.

Weiss, D. S., & Marmar, C. (1997). The impact of Event Scale-Revised. In J. P. Wilson, & T. M. Keane (eds.), *Assessing psychological trauma and post traumatic stress disorder: A handbook for practitioners*. New York: The Guilford Press, pp.399–411.

Weiss, D. S. (2004). The impact of Event Scale-Revised. In J. P. Wilson, & T. M. Keane (eds.), *Assessing psychological trauma and PTSD : A handbook for practitioners* (2nd ed.). New York: The Guilford Press, pp.168–189.

6 投影法

●概論

(1) 投影法とは

投影法心理検査では，見る人によってさまざまなイメージや連想，解釈が成り立ち得るような刺激が提示され，それに対して自由に反応することが求められる。代表的な投影法であるロールシャッハ法ではインクのしみでできた図柄が示され，何に見えるかを問われる。TATでは人物などが描かれた場面の絵が示され，物語を作る。SCTでは短い言葉が示され，その続きの文章を書く。また，描画法では白紙が渡され，バウムテストであれば木を，DAMであれば人を描くよう教示される。このように，「非構造的な刺激状況を被検査者がどのように解釈し，意味を与え，体制づけていくかを知ることによって，その人固有の体験のあり方について洞察を得る方法」を，フランク（Frank, 1939）は投影法とよび，その人自身には語り得ない，あるいは語ろうとしない，被検査者の私的世界（private world）をあらわにすることができると述べた。また，イングリッシュとイングリッシュ（English & English, 1958）は「ある特定の反応を引き出したり強いることのないような状況下，つまり比較的構造をもたない曖昧な，あるいは漠然とした状況のもとで反応する際の行動を観察して，その人に特徴的な行動様相（態度，モチベーション，力動的特性）をみつける手続き」と定義している。

(2) 投影（投映）という概念

フロイト（Freud, S.）の防衛機制における投影（projection）は，自分の心の中にある感情や思考，資質や欲求を，他者がもっているものとして外在化する現象のことである。特に，自分にとって好ましいものでない感情や欲求について，それを意識化することによって引き起こされる心的苦痛や不安を避けて無意識に追いやり，心の安定を保とうとする自我の働きだとされる。

投影法検査の反応に被検査者の内的世界が反映されるのも同様のメカニズムが想定されている。ただし，投影法の場合には，無意識の欲求や受け入れがたい感情だけが現れるわけではない。そこで防衛機制の投影と区別するために，「投映法」と表記することもある。また，検査の反応には無意識の心の奥底にあるものだけでなく，前意識レベルの心情や外界（他者や出来事）に対する態度などが表現されてくる。普段明確には意識していないけれども自分自身でそれとなく気づいている特徴が明らかになることで，検査結果のフィードバックを通して自己理解が深まり，適応支援につながることは，むしろ有意義だといえよう。

類似の概念として，ベラック（Bellak, L.）の統覚（apperception）がある。人は日常のさまざまな出来事を体験するとき，過去の経験などに基づいて主観的な意味づけを加えて受け止め

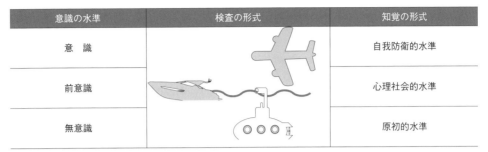

図Ⅱ-6-1　Schneidman（1949）の図を改変

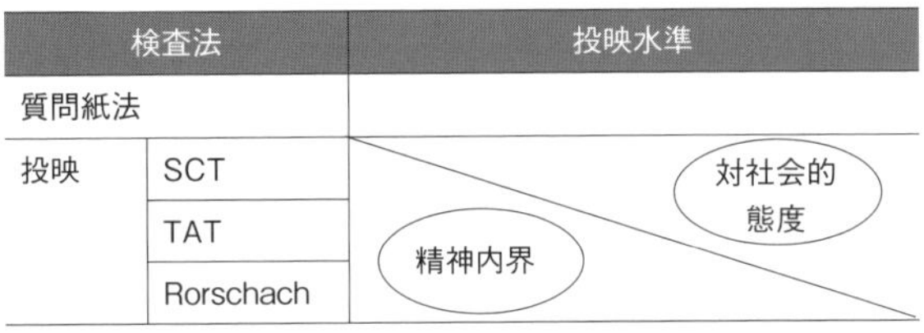

図Ⅱ-6-2　馬場（1997）の図に一部加筆

る。この「意味づけをした知覚」を統覚とよぶ。

(3) 投影（映）法の活用

　多義的で曖昧と感じられる刺激状況が与えられ，自由な反応を求められるという特徴から，投影法は質問紙法検査と対比的に位置づけられることが多い。質問紙法ではパーソナリティや行動特徴を記述した項目が提示され，自分に当てはまるかどうか回答する形であり，結果は数量化して示されることなどから，実施や分析の方法が明確で分かりやすい。ただし，被検査者が意図的・無意図的に歪曲した回答をする場合があるため，結果の判断には注意を要する。

　他方，投影法は被検査者の特徴を幅広くかつ奥深く把握することが可能である。投影法における反応や検査態度は，その人本来のあり方や行動の縮図とも言える。それらを適切に把握するには量的と質的の両側面から検討することとなり，そこが投影法の利点であり魅力であるが，実施や分析方法の習得には経験が必要である。

　シュナイドマン（Schneidman, 1949）は，意識から前意識，無意識という水準の深さを軸として心理検査によってどの範囲にアプローチするのかが異なることを図Ⅱ-6-1のように示した。海底にいるが水面にも少し覗いている潜水艦はロールシャッハ法，水面に浮かぶが船体の一部は水面下にある船はTAT，上空の飛行機は質問紙法に相当する。また，馬場（1997）は，主として意識水準を捉える質問紙法では被検査者の対社会的態度をより多く反映し，前意識や無意識までアプローチし得る投影法では精神内界をより多く反映すると述べている（図Ⅱ-6-2）。そこで，これらをテスト・バッテリーとして併用することで，多層的な人物像理解ができると考えられる。

引用文献

馬場禮子（1997）．投映法における投映水準と現実行動との対応　心理療法と心理検査　日本評論社，pp.132-140.
English, H. B., & English, A. C.（1958）. *A comprehensive dictionary of psychological and psychoanalytic terms: A guide to usage*. New York: Longmans, Green.
Frank, L. K.（1939）. Projective methods for the study of personality. *The Journal of Psychology*, **8**(2), 389-412.
Schneidman, E. S.（1949）. Some comparisons among the four picture test, Thematic Apperception Test, and make a Picture Story Test. *Rorschach research exchange and Journal of Projective Techniques*, **13**(2), 150-154.

投影法検査① ロールシャッハ法

歴史	ヘルマン・ロールシャッハ（Rorschach, H.：1984-1922）というスイスの精神医学者が，1921年に秀逸な発想でインクのしみの実験を打ち立てた（ロールシャッハ，1998）。後進は彼の業績に敬意を表し，これをロールシャッハ法（Rorschach's Inkblot Method：RIM）とよぶ。日本は1930年頃にRIMを輸入した後，本技法の盛んな国の1つとなった。心理臨床の代表的アセスメント技法で，技法の中ではおそらく最多の研究論文がある。今日では以前ほどの勢いは失せたと「衰退説」も囁かれるが，本技法の実用性は今なお色褪せてはいない。
目的	対象者の自我機能の働き具合，世界の体験の仕方，コミュニケーションの特徴を知るためにRIMは導入される。鑑別的アプローチや病理の把握などは，これを基盤とした営みである。病院臨床では病態把握のためによく使われ，心理療法の見立ての補助手段としても使用される。
概要	対象者と臨床家の間に共有可能な図版という「現実」がある。対象者がその「現実」をどう体験し（取り入れ，脚色し，意味づけたか），その体験をどう臨床家に伝えたか，を理解していく参与観察的手法である。ロールシャッハの卓見は，反応の形式面に着目した点にある。
対象	3歳頃の子どもから実施可能。実施後の病態悪化（シューブ）のリスクは考慮せねばならない。

1. 実施方法

立場：日本には，いわゆる阪大法や名大法や慶大法など，さまざまな立場がある。ここではアメリカのクロッパー法の流れを汲む片口法（片口，1987）で記す。ただし，包括システムが世界のスタンダードという評を冠しており，最近の選択肢にはR-PASがあることも留意されたい。立場の選択は究極的には臨床家の「好み」と言うしかない。

準備：スイスのHans Huber社から刊行されている10枚図版，記録用紙，ストップウォッチ（筆者は卓上デジタル時計を使用）。

施行手順：施行は自由反応段階と質問段階に分かれる。自由反応段階では図版を1枚ずつ手渡し，「そこに何が見えるか」を教えてもらう。その時の言語反応から仕草まで，時間を測りつつ記録する。その過程を10図版繰り返したら質問段階となり，これまでの全反応に対して「見えたものが，図版のどこに見えたのか，どうしてそう見えたのか」を教えてもらうことで，対象者の体験様式を臨床家が了解していく。最後は，好きな図版や嫌いな図版などを対象者に確かめる。

2. 分析・解釈の方法

上で得た反応をスコア化する作業は，施行に含まれるものであり，それ自体が分析・解釈の作業でもある。ミンコフスカ（Minkowska, F.）のようにスコアに拘泥しない姿勢も重要だが，スコアリング体系は貴重な理解の枠組みで，軽視すべきではない。

スコアには主に反応領域（どこに見たのか），決定因（何を手がかりに見たのか），反応内容（何を見たのか），形態水準（見たものの形態質）がある。各々を詳細に論じることはできないため，ロールシャッハ自身が重視した体験型と把握型のみを紹介する。体験型とは決定因の中の運動反応と色彩反応とのバランスから理解する方法論で，「何を体験するかではなく，如何に体験するか」に焦点を当てている。また，人が内的なモノサシと外的なモノサシのいずれに基づいて「世界」を体験するかも推し量ることができ，それはユング（Jung, C. G.）のタイプ論と重なる思想である。把握型は反応領域の中の全体反応と部分反応と特殊部分反応の比率，そして図版内でのそれらの継起から理解する方法論である。日本には世界に誇る知見「初期集約的把握型」（辻，1997）があるため，習得時には是非参考にしてもらいたい。

解釈は一般に，形式分析と継列分析から

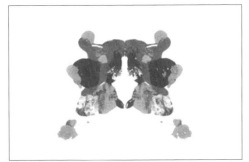

図版の例（模造）

	I カード		
Time	Performance Proper	Inquiry	Scoring
7″ 17″ ∧ 36″ ∧	〈両手で受け取る〉 うーん〈顎に手〉 ①翼、左右対称に翼 が、コウモリですね。 ②…両生類みたいな。 黒いのが。	①＜翼、左右対称に翼が、コウモリです、とおっしゃいましたけど、教えてください＞ 翼はこれなんですけど。こう胴体で。何か付いてるかもしれませんけど。＜他に？＞ それぐらい。ちょっと羽が割かれてますけど、ここが。コウモリも生き残るのが大変なんですね。 ②Rep. これです、ここ。カエルですね。＜どうなってます？＞ 手で、目？頭？、で。よく分からないですけど。＜はい。＞ 黒いので、毒を持ってるかもしれないですね。色的に。	① W, F∓, A, P ② dr, FC′ ±, Ad

記録用紙の例

行う。形式分析とは，スコアリング結果を集計・計算し，統計的な一般的基準を参照しつつ，当の事例の数値を解釈する位相である（上の体験型も把握型もおおむねここに含まれる）。形式分析が読めないと RIM 解釈は始まらない。継列分析とは，図版内での反応の動き，そして全図版を通した反応の動きを，各図版の特性を加味しつつ読み解く位相である。それは各反応をプロットとし，全体をストーリーとして見たて，ストーリーの様式とその背後にあるものを捉える作業といえる。継列分析は一種のアートのようなものであるが，慎重さを欠いてはならない。形式と継列の両分析が相補的に働き，現実に足を置きつつ，臨床家のイマジネーションと合わさって全体的解釈がまとめられる。

優れた解釈は優れた施行を要し，RIM の素養は訓練で培われる。筆者が信用する RIM ユーザーはいずれも，RIM のスーパーヴィジョンを受けるか，事例研究会などに継続的に参加するなどした，熱心な方々である。描画法と同じく，地道な訓練が必要である。

3. 所見・フィードバック面接

所見は，実施場面の雰囲気を記してから，知的側面，認知的側面，情動的側面からまとめて記すことが一般的だろうか。同僚が心理力動的な見方を好むなら，所見は敢えて認知面・知覚面に焦点を当てるなどの工夫をしてもよい。

RIM では言葉が強く関わるため，描画法とは違った心の窓口が実施後に開かれやすい。フィードバックではこの点に注意しつつ，伝える内容が「拘束」とならないように配慮する。職場との函数で，自らのフィードバック法を模索していくほかない。

引用文献

片口安史 (1987). 新・心理診断法─ロールシャッハ・テストの解説研究（改訂版） 金子書房
Rorschach, H. (1972). *Psychodiagnosis: A diagnostic test based on perception* (9th ed.). Bern, Switzerland: Huber. (ロールシャッハ, H. ／鈴木睦夫（訳）(1998). 新・完訳 精神診断学─付 形態解釈実験の活用 金子書房)
辻 悟 (1997). ロールシャッハ検査法─形式・構造解析に基づく解釈の理論と実際 金子書房

投影法検査 ② TAT/CAT

歴史	TAT は Thematic Apperception Test の略称であり，主題統覚検査，絵画統覚検査などと訳されている。この検査は，モルガンとマレー（Morgan, C. D. & Murray, H. A.）が 1935 年に「空想研究の方法」という表題で発表した論文に始まる。絵を見せ，空想を行わせることにより，隠されたコンプレックスや感情，葛藤が露呈すると考えられた。その後，1943 年にマレーを中心とするハーバード大学の臨床心理学グループによって現在の TAT 図版が考案された。
目的	絵に対して作られた物語から被検者のパーソナリティの特徴を明らかにしようとするものである。
概要	白紙図版 1 枚を含む 31 枚の図版からなっている。被検者は提示される 1 枚ずつの図版に対して現在，過去，未来にわたる物語を作ることが求められる。日本においてもマレーが作成した図版を参考にして，名古屋大学版，早稲田大学版，精研式など，日本版 TAT が作られたが，使用頻度は決して高くはなく，現在では基本的にマレー版の図版が使用されている。TAT の幼児・児童版は，1948 年にベラック（Bellak, L.）らにより CAT（Children's Apperception Test）として発表された。子どもは人物よりも動物に同一化しやすいため，図版刺激として動物が使用されており，10 枚の図版からなっている。日本では，1956 年に戸川行男らによりリスの「チロ」を主人公にして物語を作らせる CAT 日本版が考案されている。
対象	TAT は児童から成人向けである。CAT の施行適応年齢は 5 歳児以上から 10 歳程度とされている。

1. 実施方法

準備：TAT 図版（裏向きにして提示順に重ねておく），記録用紙，筆記具，ストップウォッチ，録音機器を用意する。録音は被検者から同意が得られた場合に限る。

使用図版：マレー版の図版は，どの対象者にも用いる男女共通の図版（番号のみの表記）と男性用（少年：B，成人男子：M と表記），女性用（少女：G，成人女子：F と表記）の図版からなり，年齢や性別によって使用する図版が区別されている。しかし，それにこだわる必要はなく，例えば女性の被検者に男性用の図版を使用することもある。一般的には 20 枚の図版を実施するが，実際の臨床場面では，被検者であるクライエントの主訴，年齢などを考慮し 10 枚前後の図版を選択して用いることもある。その場合には，ベラック（Bellak, 1971）が男性用として 1, 2, 3BM, 4, 6BM, 7BM, 11, 12M, 13MF を，女性用として 1, 2, 3BM, 4, 6GF, 7GF, 9GF, 11, 13MF を提案していることが参考になる。しかしながら，赤塚（2008），鈴木（1997），山本（1992）が，最大限の情報を得るために 20 枚すべての図版を使用する意義を認めているように，時間と労力が許す限りは 20 枚の施行が望ましい。

教示方法：TAT の教示は研究者ごとに微妙に異なっており，統一的な教示はないが，多くの教示に共通するのは「絵を見てお話を作る（話す）」「現在・過去・未来」などのキーワードである。実際の検査場面ではそれらの言葉を盛り込みながら，目の前の被検者の状態や個性に合わせて教示を工夫していくことになる。

記録：被検者の言葉は省略せずそのまま筆記し，検査中の態度や表情，沈黙についても可能な限り記録する。また，初発反応時間や反応終了時間についても測定する。

質疑：TAT にはロールシャッハ法のように標準的な質疑の基準はないが，ラパポートら（Rapaport et al., 1968）は，知覚レベル，言語レベル，物語の意味の不明確さがみられる場合には質疑を行うべきであると述べ，そのタイミングは，1 つの図版についての物語を語り終え，図版を返した後が望ましいとしている。

所要時間：90 分程度をみておくとよい。

TAT 図版1の模式図

2. 分析・解釈の方法

　TATというとマレーの欲求‐圧力分析（私たちの内部にある欲求と欲求を妨げる外部環境から作用してくる圧力を分析する方法）があるが，この分析法を厳密に取り入れている人は少ない。TAT研究者たちが多様な分析・解釈の方法について言及しているなかで，赤塚（2008）は12の分析と8つの解釈の視点を具体的に提示している。①反応時間（初発反応時間，反応終了時間，沈黙時間），②現在，過去，未来に関する叙述の有無と叙述量，③未来への時間的展望の中での課題解決の様相，④主人公の考え方，生き方のパターン，⑤主人公がもつ欲求と圧力，⑥画面外の登場人物と画面内人物の省略，⑦言葉の形式的特徴，⑧ストーリーの内容の特徴，⑨図版の絵柄が示しているテーマから母子関係，父子関係などを捉える，⑩図版特性から得られる臨床情報，⑪精神分析的枠組み，⑫実施図版における反応（感情の流れ）。これらの分析視点で拾い上げた各図版情報を，ⓐ家族関係（親子関係，家族内力動など），ⓑ異性，恋愛，夫婦関係，ⓒ性的な成熟性，ⓓその他の対人関係，ⓔ仕事，職業，ⓕパーソナリティ特性や行動特性，ⓖ病理性や病態水準，ⓗ心理療法の適応性，などの視点から統合することが解釈であるとしている。

3. 所見・フィードバック面接

　所見やフィードバック面接では，TATを実施した目的を踏まえながらTAT解釈の中からどの部分を取り上げるかについて考えることになる。TATは絵を媒介として物語を作るため，検査本来の目的が被検者に気づかれにくく，本人にとっても意識化されにくい対人関係のパターンや欲求，悩みなどが投影されると考えられている。山本（1992）は「TATで感じたことを治療者がクライエントにフィードバックすることで，それをきっかけに心理療法での心の点検が広がり，また深まるという利点がある」と述べ，TATフィードバックが治療的な意味合いをもつことを強調している。

引用文献

赤塚大樹（2008）．TAT解釈論 入門講義　培風館
Bellak, L. (1971). *The T.A.T. & C.A.T. in clinical use.* (2nd ed.) New York：Grune & Stratton.
Rapaport, D., Gill, M. M., & Schafer, R. (1968). The Thematic Apperception Test. In R. Holt (ed.), *Diagnostic psychological testing.* New York：International Universities Press. pp.472–486.
鈴木睦夫（1997）．TATの世界―物語分析の実際　誠信書房
山本和郎（1992）．心理検査TAT かかわり分析―ゆたかな人間理解の方法　東京大学出版会, p.122, and p.135.

投影法検査③ SCT

歴史	もともとは言語連想検査から派生してきたものと考えられている。19世紀末頃,子どもの知的統合能力を測定する道具としてエビングハウス(Ebbinghaus, H.)により開発された。その後,1920年代後半のアメリカにてペイン(Payne, A. F.)やテンドラー(Tendler, A. D.)によりパーソナリティを把握するためのSCT(Sentence Completion Test:文章完成法テスト)の開発が進められた。第二次世界大戦中は軍人動員のためのスクリーニング検査として使用され,戦後にその結果が民間に公開されたことから,サックス(Sacks, J. M.)やフォーラー(Forer, B. R.)らによる研究が発展した。わが国にSCTが紹介されたのは1950年頃である。現在までに,精研式文章完成法(精研式SCT)(佐野・槙田,1961,1972)や,詳細な記号化により客観的な解釈を可能とした構成的文章完成法(K-SCT)(片口・早川,1989)など,いくつかのSCTが開発され,産業・医療・教育をはじめとしたさまざまな現場や研究にて幅広く用いられている。
目的	対象者のパーソナリティの全体像および諸側面の特徴を具体的に把握することを目的としている。
概要	最初の刺激文を与え,そこから連想することを自由に書くように求める投影法の一検査である(図参照)。対象者に合わせて刺激文を自由に作成することもできる。分析・解釈の基本は反応文そのものを重層的・共感的に読み解くことであるが,客観的指標を用いることもできる。
対象	一般的には,教示を理解し文章で回答する能力のある小学生から成人までが対象である。

わが国ではいくつかのSCTが使用されているが,以下では,市販されていることから入手しやすく,さまざまな領域で広く用いられている精研式SCTについて解説する。

1. 実施方法

準備:精研式SCTには,小学生用と中学生用(Part1とPart2で各25項目,計50項目),および成人用(Part1とPart2で各30項目,計60項目)の3種類があるため,対象者の年齢に応じた質問紙を用意する。筆記具は,筆跡を詳しくみられるため鉛筆を使用することが望ましい。どのような濃さの鉛筆を好むかにも対象者の個性が表れる。

実施方法:個人実施でも集団実施でも可能であり,宿題として持ち帰りで実施してもらうこともできる。また,対象者に合わせて刺激文を自由に作成し,口頭で実施することもできる。

精研式SCTの成人用の質問紙には,「この表紙をめくると,いろいろ書きかけの文章が並んでいます。それをみて,あなたの頭に浮かんできたことを,それにつづけて書き,その文章を完成して下さい」という教示とともに,反応文の記入例が記載されている。また,留意点として,できるだけ早く1から順に実施すること,すぐに反応が浮かばない場合にはその番号に○をつけて先に進むこと,すべての刺激文への回答が終了したら実施者の指示に従い裏面の備考欄(身長,体重,健康状態,体格に関する個人資料)に記入することが挙げられている。

障害のあるクライエントや子どもに実施する際には,言語能力を考慮した上で,SCTの記入時における行動観察を特に重視する。そして,記入後に「これはどういう意味ですか?」「どうしてこう書いたの?」などといったSCTの内容に関する質問を行い,パーソナリティの理解を深めていく。

所要時間:文章での記述となるため個人差が大きくなるが,早くて30分,遅くて90分を目安とする。

```
1  わたしの友だちは        _____
2  わたしは友だちと        _____
3  わたしは友だちから      _____
4  もしも友だちが          _____
5  友だちがもっとわたしに  _____
6  わたしの先生は          _____
7  わたしは先生と          _____
8  わたしは先生から        _____
9  もしも先生が            _____
10 先生がもっとわたしに    _____
11 わたしの家族は          _____
12 わたしは家族と          _____
13 家族がもっとわたしに    _____
14 わたしは学校で          _____
15 学校でのわたしはいつも  _____
```

SCT の例 (松本・永田, 2014)

2. 分析・解釈の方法

精研式 SCT ではスコアリングや数量的分析を重視せず、反応文としてあらわれた対象者の言葉そのものを重視する。さらに、一つひとつの反応文を個々に解釈するのではなく、反応文を重層的かつ共感的に理解することによりパーソナリティの全体像を記述する「内容分析・現象学的把握」という方法により解釈を行う。

対象者のパーソナリティは、「環境」「身体」「能力」「性格」「指向」の各側面に着目して記述していくことになるが、実質的な利便性やある程度の客観性を担保するために、指標に基づく解釈（符号評価）を行うことも可能である。用いられる指標は「ener.（エネルギー）」「diff.（mental differentiation：精神的分化度，実際的な頭のよさ）」「type（精神医学的性格類型）」「G（顕耀性）」「H（ヒステリー）」「N（神経質）」「secu.（security：心の安定性）」「意欲」の 8 つである（伊藤, 2012）。

3. 所見・フィードバック面接

上述した各側面における自由記述と符号評価に基づき所見書を作成する。なお、対象者に知的・精神的障害が疑われる際には、各側面に分けた記述が難しい場合や、症状や病態の記述が別に必要となる場合がある。そのため、生育歴・現病歴とともに、SCT から把握された「過去の状態，現在の状態，将来の予測」をまとめて記述する。また、パーソナリティ形成が不十分であるといわれる中学生以下の子どもについては、符号評価にとらわれず反応文そのものと行動観察の結果を中心にまとめることが望ましい。

フィードバック面接では、SCT からみえてきた対象者の特徴を伝えていく。SCT に書かれた内容について質問すると、対象者は容易に答えてくれることが多いとも言われているため、SCT をきっかけとして対象者の世界をより深く理解しようとする姿勢が大切になる。

引用文献

佐野勝男・槇田　仁　精研式文章完成法テスト SCT®　金子書房
生熊譲二・稲松信雄 (2001). 第 21 章 文章完成法 (Sentence Completion Test: SCT)　上里一郎 (監修) 心理アセスメントハンドブック（第 2 版）　西村書店, pp.232-246.
伊藤隆一 (2012). SCT (精研式文章完成法テスト) 活用ガイド：産業・心理臨床・福祉・教育の包括的手引　金子書房
片口安史・早川幸夫 (1989). 構成的文章完成法 (K-SCT) 解説　千葉テストセンター
松本真理子・永田雅子 (2014). 第 5 章 心理検査によるアセスメント　森田美弥子・金子一史 (編) 臨床心理学実践の基礎 その 1—基本的姿勢からインテーク面接まで　ナカニシヤ出版, pp.109-126.
佐野勝男・槇田　仁 (1972). 精研式文章完成法テスト解説—成人用 (改訂版)　金子書房
佐野勝男・槇田　仁 (1961). 精研式文章完成法テスト解説—小・中学生用　金子書房

描画法① バウムテスト

歴史	バウムテストは，筆跡学と職業相談と応用心理学の訓練を積んだスイス人心理学者コッホ（Koch, K.：1906-1958）が体系化した描画法である（コッホ，2010）。本技法は世界で活用されており，とりわけ日本では1960年頃の導入以後，大いに普及した。2010年までに800編程度の邦論文が存在し，今日の臨床場面で最も活用頻度の高い技法との報告もある。
目的	バウム（描かれた木）は描き手の自己イメージを表すという（岸本（2015）は「自己 - 状態」として理解している）。故に，本技法では描き手の病理や認知や発達特徴をも推察可能と考えられている。ただし導入は，「このクライエントを理解したい」という専門的観点からなされるべきである。技法がもつ侵襲性の低さと参考資料の多さ，バウムがもたらす同僚間での議論可能性とを評価し，非言語的な窓口を尊重する時，本技法は採用されやすい。
概要	バウムという主題をかけた描き手の自己表現であり，その描画課題を中心に描き手と臨床家とのコミュニケーションを構造化する媒介物が本技法である。この技法に，統一の解釈法や「正しい」理解はない。それが本技法の強みである。
対象	幼児から高齢者まで適応範囲は広いが，筆者は高齢者への導入には躊躇を覚える。病理が深い方や状態像が不安定な方にも，注意を要するけれど有用である。

1. 実施方法

準備：A4判の白紙画用紙と4B鉛筆。

実施方法：描き手の前に画用紙をおおむね縦長方向で差し出し，その上に鉛筆を置きつつ，「実のなる木を1本描いてください」と教示する（近似技法の樹木画テストは「1本の木をできるだけ丁寧に描いてください」の教示）。相手の表現を受け取ることを何より大切にするが，導入時のやりとりから描画プロセス，その後のコミュニケーションまで丁寧に記録することも推奨される。描画後にいくつか質問をすることは多い。通例，「樹種」と「木の高さ」と「樹齢」ぐらいだろうか。ただし，バウムで気になった部分を臨床家が訊ねることは自然で，独自の質問を使う者もいる。

所要時間：通常は5-15分程度で描き終わる。中には50分の面接時間の大半を使う方もいて，それ自体に意味がある。

補足：上記は標準の実施手順である。教示を変える方法，連続して複数回（2-4枚）実施する方法，枠づけ画用紙で行う方法，彩色を導入する方法もあるが，習得時にはまず標準を押さえておく。実施において臨床家には幾らか自由が許されており（描き手次第で，仕事の特徴次第で，臨床家のその自由さは発揮されるべきであろう），研究でも統一されているわけではない。

2. 分析・解釈の方法

コッホはバウム理解の姿勢を重視した。それが表れた部分を引用し，この姿勢を銘記しておきたい（コッホ，2010：20）。

　　［バウム理解の］方法論の最初には，「それは何を意味するのか」という問いがくる。今一度言えば，その外観は何を意味し，次いで，あれこれの指標は何を意味するのか。現象学的に言えば，その答えは，バウムの絵それ自身の本性から生じるものでなければならない。（中略）絵を静かに眺めていると，バウムとの〔心的な〕距離が近くなる。次第に，その本質が見えるようになるが，それは依然として直観のようなものである。構造が明確に見えるようになり，識別が可能となり，指標を弁別できるようになる。（中略）当初はわからない部分をそのままもちつづけ，どう理解したらいいかという問いを，何日も，何週間も，何ヶ月も，何年も，見え方の成熟過程がある地点に達するまで，問い続けていると，秘密に関わる何かが自然と姿をあらわしてくる。

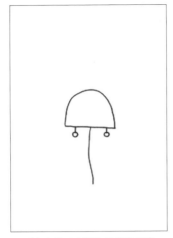

バウムテスト導入の自験例①

30代後半の男性（模写）。インテーク面接の最後に実施。このバウムを見て，筆者は自分の見たてが「甘い」ことを知る。後にその感覚は，彼が統合失調症圏に生きる方なのだ，と変わっていった。

バウムテスト導入の自験例②

女子大学生（模写）。#8の面接で実施。右端の枝1本のみ先端が閉じられたことに筆者は注目していた。#9の面接で，バイトを始めたと語る。#13で「もう，自分でやれるかな」と終結。

これに，どういった描き手のバウムかという個別的歴史性，「いまここで」の表現という一回性，臨床家〈あなた〉の前で描かれたという関係性・メッセージ性，描画の前後を含む一連の流れの意味での物語性，バウムは同時に複数の意味をもちうるという多義性などの水準が加わって理解は進んでいく。そして，印象と情熱と冷めた目を通じて，臨床家〈わたし〉という責任の下で解釈はなされる。

この次の段階が指標・類型による理解である。知能の程度や各種心理特性などと関連する指標は，諸研究で特定されつつある。知見を積極的に活用・参照し，同時にそれらに捕らわれないようにする。「指標ありき」の態度はあまり好ましくない。とはいえ，幹先端処理（藤岡・吉川，1971）だけは言及しておきたい。幹上端をどう表現し，バウム描画課題にどう折り合いを付けたかをみるこの視点は，病理の見たて，描き手の環界との関わり，主体の動き，守り／守られ方などへ想いを馳せる上で重要なものである。

3. 所見・フィードバック面接

本技法は，こころの特定の部分の把握を狙ってはいない。つまり，焦点づけられた技法でないために，所見は書きやすくも書きにくくもある。所見には実際の形態特徴を記述しつつ，そこからイメージを重ねていく方法がよいだろう（岸本，2015）。筆者は継続面接での実施経験が多く，いわゆるフィードバックの一般的指針を書くことが難しい。経験的に，描画後はわれわれの前にバウムがあるので，それをどこかで意識しつつ，対話を続けることに本技法の魅力を感じることが多かった。

引用文献

藤岡喜愛・吉川公雄（1971）．人類学的に見た，バウムによるイメージの表現　季刊人類学，**2**(3), 3-28．
岸本寛史（2015）．バウムテスト入門―臨床に活かす「木の絵」の読み方　誠信書房
Koch, K. (1957). Der Baumtest: Der Baumzeichenversuch als psychodiagnostisches Hilfsmittel (3. Auflaze). Bern, Switzerland: Hans Huber.（コッホ，K.／岸本寛史・中島ナオミ・宮崎忠男（訳）（2010）．バウムテスト［第3版］―心理的見立ての補助手段としてのバウム画研究　誠信書房）
髙橋雅春・髙橋依子（2010）．樹木画テスト　北大路書房
山中康裕・皆藤　章・角野善宏（編）（2005）．バウムの心理臨床 京大心理臨床シリーズ1　創元社

描画法② DAM

歴史	人物画は，臨床心理学における投影描画アセスメントの手法として広く活用されているものである。具体的な技法としては，グッドイナフ（Goodenough, 1926）の Draw a Man（DAM）や，マコーヴァー（Machover, 1949）の Draw a Person（DAP）などが古くから知られている。本稿では，DAM を中心に，アセスメントとしての人物画の概要を紹介する。動的家族画（KFD）や HTP 法など，描画対象の中に人物が含まれる技法は多く存在するため，人物画の解釈について学ぶことは，他のさまざまな描画法と向き合う際にもたいへん有用である。
目的	人物画には，大きく分けて2つの解釈アプローチがある。1つは，本稿の主題である DAM に代表される知的発達のアセスメントである。描画の形式的・内容的特徴から，項目に応じて知的発達水準に応じた得点化を行っていく。もう1つは，DAP で採用されているパーソナリティのアセスメントである。
概要	日本においては，DAM の原法を基に桐原（1944）による標準化が行われている。小林・小野（1976）は，時代背景などを考慮し施行法の改訂を行っている。本稿では，DAM に関しては基本的に小林・小野による改訂版に基づいた解説を行う。また，性格検査としての DAP に関しては，Machover が提唱した方法に沿った活用がされている。本稿では，これを基にした高橋・高橋（1991）の方法に準じて解説する。DAM が評定項目に従って得点化を行うのに対し，DAP では解釈の自由度が高いことが特徴である。そのため，解釈にあたっては検査者の熟練が求められる。
対象	DAM の場合，人物の絵を描けることが条件となるため，一般的には3歳以上の幼児・児童が対象となる。人物画の発達は9歳ごろには上限に達し，その後はあまり得点の変化が見られないため，主に9歳までを対象としている。ただし，知的能力障害などが認められる場合は，その水準をアセスメントする目的でこの年齢以上のクライエントに対して実施することもある。DAP のように，投影法としてパーソナリティのアセスメントのために使用する場合には適用範囲は広く，幼児から成人まで活用が可能である。

1. 実施方法

準備：DAM（小林らの方法）では，描画用紙を2つ折りにして用意する。また，HB またはBの鉛筆を用意する。DAP（高橋らの方法）では，A4判の画用紙と鉛筆2, 3本，消しゴムを用意するとされている。

消しゴムの使用に関して，小林らは末端に消しゴムのついた鉛筆の使用を推奨している。これは，消しゴムの提示によって，クライエントがその使用にこだわってしまう場合があるためである。実際の臨床的活用においては，これらを基本として状況に応じた準備が求められる。

実施方法：DAM においては，「人を1人描いてください。頭から足の先まですべてですよ」という教示を与える。描画が終了したら，描かれた人物像の性別を被検者に尋ねる。男性が描かれた場合は検査はそこで終了する。もし女性が描かれた場合には，2つ折りにした用紙の他方に男性の絵を描いてもらう。DAP においても，教示は DAM とほぼ共通するもので，一人の人間の全身像を描くことを求めるが，人物像の性別が男性であっても女性であっても，その後に別の用紙に反対の性の人物を描くことを求める。

DAM が男性像の描画特性に基づき知的発達をアセスメントすることを目的としているのに対し，DAP では現実自己，理想自己，性役割感などを幅広くアセスメントすることを目指している。このようなアセスメントしようとする側面の違いが，両者の実施方法の違いに現れている。

2. 分析・解釈の方法

図は，CA（生活年齢）3歳11ヶ月男児による人物画である。この描画を例に，小林・小野改訂グッドイナフ人物画知能検査記録用紙の評定に基づいて評定を行う。DAM では，

3歳11ヶ月男児による人物画

描画の部位に応じて，詳細なチェック項目が設けられており，その条件を満たす場合は「＋」を与え，「＋」の数の合計が得点となる。この描画の頭部を，項目と照らし合わせると，「頭が描いてあれば，どんな形でもよい」「まゆかまつ毛，またはその両方が描いてあること」など7つの項目について得点が与えられる。胴体や手足に関しては，「胴の長さが幅より大きいこと」「腕と脚のつけ方がほぼ正しいこと」など5項目において条件を満たす。以上より，この描画の得点は12点となる。次に，得点をMA（精神年齢）に換算する。12点の場合のMAは5歳1ヶ月である。最後に，MAとCAを基にIQ（知能指数）の計算を行う。IQ＝［MA/CA］×100の公式で算出される。この際にはMA，CAともに月齢に換算すると便利である。この例の場合のIQは，［61/47］×100＝130となり，実際の年齢に比して知的発達が優れていることが認められる。しかし，DAMはあくまで大まかな知的水準の目安を把握するためのものであり，細かな知能のアセスメントをするためには本格的な知能検査を実施することが必要であろう。被検者が低年齢の場合に，負担をかけることなく，知的発達の大まかな指標を得たい場合にはたいへん有効な検査であるといえよう。

3. 人物画の応用

筆者らは，投影描画法における人物表現に関する基礎研究を行っているが，例えば，中学生の描画においては，男子よりも女子の方が人物間のかかわり（一緒に遊ぶ・手をつなぐなど）が表現されやすいこと（Kato & Suzuki, 2015）や，描かれた人物の大きさとパーソナリティの間に関連があること（Kato & Suzuki, 2016）などが示されている。このように，知的側面のみでなく，対人関係やパーソナリティのアセスメントにおいても人物画は有用であるため，基礎研究などの知見を参考に臨床場面で有効な視点を身につけていくことが重要であると考えられる。

引用文献

Goodenough, F. (1926). *Measurement of intelligence by drawings*. New York: World Book.

Kato, D., & Suzuki, M. (2015). Relationships between human figures drawn by Japanese early adolescents: Applying the Synthetic House-Tree-Person Test. *Social Behavior and Personality*, **43**(1), 175-176.

Kato, D., & Suzuki, M. (2016). Personality traits and the expression area of Synthetic House-Tree-Person drawings in early adolescent Japanese. *Psychological Thought*, **9**(1), 67-74.

桐原葆見（1944）．精神測定―その方法と基準　三省堂

小林重雄・小野敬仁（1976）．グッドイナフ人物画知能検査　三京房

Machover, K. (1949). *Personality projection in the drawing of the human figure: A method of personality investigation*. Springfield, IL: Charles C. Thomas.

高橋雅春・高橋依子（1991）．人物画テスト　文教書院

描画法③ S-HTP

歴史	本邦では1970-1980年代の精神医療現場において，精神障害者の人格構造や病理水準の把握を目的としてHTP，バウムテスト，HTPPなどの描画テストが幅広く使用され，その変法も多く発案された。細木ら（1971）は家・木・人を1枚の紙に描く「多面的HTP法」を開発し，これがS-HTP（Synthetic House-Tree-Person technique）の基礎となっている。多面的HTP法は，不登校の患者や入退院を繰り返す患者などの適応病理を把握し，入退院の時期，予後の判定の指標として有効であった。その後も実践的に広く使用されていたS-HTPを心理学研究の対象として体系的にまとめたのは三上（1995）である。現在では，S-HTPの実践と研究は身体医療・教育・福祉・司法などの各臨床領域に広がりを見せている。
目的	対象者の自己イメージ，心的エネルギー，発達レベルを把握し，他者や環境へのかかわり方・適応能力などの社会性，および不安・抑うつなどの精神病理傾向を捉える目的で施行される。
概要	1枚の紙に「家」と「木」と「人」を課題として，他をどのように描くかは対象者の自由に任せる描画テストであり，自由画と課題画の中間に位置する。施行が簡便で対象者の負担は少ないが，意識レベルから無意識レベルまで対象者について得られる情報量が多い利点をもつ。専門の検査用具は必要なく，集団施行も可能なので，どのような臨床現場でも実践することができる。特に学校臨床（スクールカウンセリング）での有用性が高い。
対象	性別，年齢を問わず誰にでも施行できる。三上（1995）は，幼児へのS-HTP施行について，3つの課題をすべて描ける対象者が90%を超える幼稚園年長児から可能としている。

1. 実施方法

準備：用具はA4判画用紙1枚，HBの鉛筆2-3本，消しゴムである。画用紙は必ず横向きで使用する。

実施方法（教示）：筆者は「家と木と人を入れて，他は自由に自分の思うように1枚の絵を描いてください。絵の上手い・下手は全く気にしないでください。でも，できるだけ丁寧に描いてください」としている。課題を羅列する可能性が高くなるので「家と木と人を描いてください」とは決して言わないように留意する。また，子どもでは課題を忘れてしまうこともあるので，「家・木・人」と書いたメモを机上に置く場合もある。

所要時間：個別施行では時間制限は行わない。通常は15-30分程度で完成することが多い。対象者によって5分以下や40分以上の場合もある。時間を長く要する場合も，どうしても時間がない場合を除いて制限は行わず，対象者が自分のペースで十分に描けることが望ましい。集団施行の場合には30-40分程度の時間枠を設けることが多い。

描画後質問（Post Drawing Interrogation：PDI）：基本的な質問内容は「絵全体はどんな場面か」「どんな家で，中に人はいるのか」「どんな木で，大きさはどのくらいか」「人は何歳くらいで，どのような人か」などである。対象者によって自主的に説明を続けたり，わずかな説明に必死などさまざまなので，検査者は決して誘導的や追求的にならず，対象者がイメージを広げやすく，語りやすい姿勢で関わることが肝要である。

筆者は，集団施行では「絵全体」「人」「家」「木」それぞれについての説明と，「他に説明として加えたいこと」を対象者に記述してもらう『描画後質問用紙』を配布・回収している。

母親からのネグレクト傾向があり自傷行為がみられた
小学6年生女子AのS-HTP

家族・友人との関係が非常に希薄だったうつ病の
大学院生（25歳・男性）BのS-HTP

2. 分析・解釈の方法

全体的評価：まず絵全体の第一印象を大切にする。「寂しい」「楽しい」「怖い」など，1枚の絵から受ける印象は検査の専門家でも，それ以外の人でもおおむね共通し，これが対象者を共通して理解する上で重要となる。S-HTPの基本的な解釈では，主として家は家庭との関係を，木は無意識的な自己像を，人は意識的な自己像を表すものと考えていくことが多い。しかし，これは1つの指針であり，絶対的なものではない。PDIも参考に，描かれたもの一つひとつの意味や関係性を考えながら，ある程度自由な想像力をもちつつ客観的に，対象者の世界を読み解いていくことが大切である。

課題の関連性：対象者が3つの課題をどのように関連づけているかを検討する。各要素を結びつけて1つの世界を構成しようとする試みは，対象者の外界や他者への関心を示すものであり，課題を関連づけられることは社会性の表れであるといえる。反対に，課題を関連づけることができない対象者はエネルギーや社会性が低く，不適応な状態にあると考えられる。

異質表現カテゴリー：纐纈（2014）が「1枚の絵としての調和を欠き，違和感を感じる描画特徴」を12下位項目にまとめた描画指標である。5つの下位項目（空間の偏り，全体の簡略化，強迫的，過剰な陰影，夜・雨の風景）は抑うつ傾向との関連性が認められており，抑うつ指標として使用できる。

3. 所見・フィードバック面接

所見：対象者の描画特徴や絵の説明から捉えた心理を，専門用語を多発せず，対象者の実際の状態・行動に即した内容で表現すること，具体的な援助の方向性を示すことを心がける。

フィードバック面接：必ず絵を見ながら行う。検査者が一方的に分析・解釈を述べるのでなく，対象者と対話しながら「小さく描かれた人からはXさんが自分に自信がもてないように思えるのですが，いかがでしょうか？」など，対象者の内省を促せるように進める。

引用文献

細木照敬・中井久夫・大森淑子・高橋尚美（1971）．多面的HTP法の試み　芸術療法, **3**, 61-67.

纐纈千晶（2014）．S-HTPにおける現代青年の描画特徴 ―新たな描画指標の構築に向けて　名古屋大学大学院教育発達科学研究科博士論文

三上直子（1995）．S-HTP法 ―統合型HTP法の臨床的・発達的アプローチ　誠信書房

描画法④ KFD / KSD

歴史	人物画や家族描画法では，力動的な相互作用のない記念写真的な描画になりやすいという問題があった。そこでバーンズとカウフマン（Burns & Kaufman, 1970, 1972）は動的家族描画法（Kinetic Family Drawing：KFD）を開発した。何かを「している」ところを描くという動的な要素が加わることで，質・量ともに得られる情報が増加し，より豊かな臨床的知見が得られるとされている。これに対して，プロウトとフィリップス（Prout & Phillips, 1974）はKFDを発展させ，学校状況に焦点を当てた動的学校画（Kinetic School Drawing：KSD）を開発した。その後，KFDとKSDを相互補完的に実施する，動的描画システム（Kinetic Drawing System for Family and School）が考案されている（Knoff & Prout, 1985）。また家族療法の隆盛とともに，家族全員で各自が好きなクレヨン1色をもって，合同で家族が何かしているところを描くという，合同動的家族画（Conjoint Kinetic Family Drawing：CKFD, 石川, 1982）も盛んに用いられるようになった。本方法では描画内容のみでなく，描画過程において家族関係を観察できるという利点がある。
目的	描画者の家庭や学校生活に関する自己概念および対人関係などに対する見方・態度を多面的に捉える。
概要	KFDの場合は自分の家族が，KSDの場合は自分・教師・友だちが，何かをしているところを描くようにという教示に基づく描画法である。
対象	特定の年齢集団に限定されてはいないが，バーンズとカウフマン（Burns & Kaufman, 1972）におけるKFDの臨床的解釈は，5歳から20歳までの対象者についてのものであり，その他の研究は中学校段階までが基本となっている（Knoff & Prout, 1985）。KSDの対象は，学齢期の子どもが中心となっている。

1. 実施方法

準備：HB以上の濃さの鉛筆，消しゴム，A4判程度の白紙を用意する。

実施方法：KFD・KSDのどちらも，教示を受けて絵を描く描画段階と描画の意味を明確にしていく質問段階がある。両方を実施する場合は，KFDを最初に実施し，質問段階を行い，その後KSDを実施する。

①描画段階

KFDの教示　「あなたを含めて，あなたの家族の人たちが何かしているところを絵に描いてください。漫画や棒のような人ではなく，人物全体を描くようにしてください」。

KSDの教示　「あなたが学校で何かしているところを描いてください。その絵に，自分，自分の先生，友だちを一人か二人，入れてください」。

なお，上記の教示内容は，必要に応じて多少修正してもよい（「友だちを一人か二人」という教示を「二人以上」とするなど）。

描画段階において，検査者は描画者を静かに見守る。質問には，「思ったように，自由に描いてもらえばよいのです」と非指示的に答える。

②質問段階

KFDまたはKSDが完成したあと，検査者は子どもから鉛筆を受け取ってから質問段階を始める。まずそれぞれの人物像の名前や年齢を確認する。次に絵の中では何が起きていて，それぞれが何をしているのか述べてもらう。これ以外は特に決められた質問項目はない。

所要時間：時間制限はないが，20-40分程度で描き終える子が多い。

2. 分析・解釈の方法

他の描画法と同じく，まず描画全体が与える印象を大きく捉え，徐々に細部を見ていき，最後に再び総合的な視点に立ち返ることが必要である。

KFDの解釈：ノフとプロウト（Knoff & Prout, 1985）と日比（1986）を参考にKFD

小6男児のKSD事例

小4女児のKFD事例

の解釈の視点をまとめると，以下の5領域に分かれる。

①人物像および人物像間のアクション：誰が何をしているのか，人物像間のアクションなのか，特定の他者に向けられたアクションなのか，など。

②人物の特徴：個々の表情はどうか，陰影や身体部分の省略，透視画などがあるか。また，人物像の数や相対的な大きさ，人物像の省略，人物像による描き方の違いがあるかなど。

③描画の力動性（位置・距離・バリア）：主に人物像の描写順位，人物像の位置，人物像の大きさ，人物像の省略・抹消，他人の描写，人物像の向き，人物像間の距離に力動性がみられるとされている。

④スタイル：一般的様式，区分，折り紙区分，包囲，辺縁位，人物下線，上部の線，下部の線が見られるかなど。

⑤シンボル：KFDに含まれる代表的なシンボルには風船，ベッド，自転車，ボタン，猫，花，ゴミ，電気，雨，太陽，星，掃除機，水などがあるが，シンボルの過剰解釈には注意する必要がある。

KSDの解釈：一般的にはKFDと同じ視点から解釈を進める。ただし，学校という状況から，心理学的・教育学的発達と現実の教室の環境特性の2つを考慮する必要がある。KSD特有のシンボルとしては，黒板や掲示板，時計などがある。

3. 所見・フィードバック面接

解釈に基づき所見書を作成するが，その際描画作品のみからでなく，描かれたプロセスや質問への応答を考慮することも大切である。また，描画者の背景，観察，他のテスト結果などさまざまな情報を集めて検討を行う。

描画作品から視覚的に捉えられた，描画者の家庭や学校，自己，他者イメージなどについて面接にて話題にすることも可能である。

引用文献

Burns, R. C., & Kaufman, S. F. (1970). *Kinetic Family Drawings (K-F-D): An introduction to understanding children through kinetic drawings*. New York: Brunner/Mazel.

Burns, R. C., & Kaufman, S. F. (1972). *Actions, styles, and symbols in Kinetic Family Drawings (K-F-D): An interpretive manual*. New York: Brunner/Mazel. (バアンズ, R. C.・カウフマン, S. F.／加藤孝正・伊倉日出一・久保義和（訳）(1998). 子どもの家族画診断　黎明書房)

日比裕泰 (1986). 動的家族描画法 (K-F-D) ——家族画による人格理解　ナカニシヤ出版

石川　元 (1982). 家族描画の治療的効果——思春期症例を中心に　精神神経学雑誌, **84**(9), 680–705.

Knoff, H. M., & Prout, H. T. (1985). *Kinetic drawing system for family and school: A handbook*. Los Angeles, CA: Western Psychological Services. (ノフ, H. M.・プロウト, H. T.／加藤孝正・神戸　誠（訳）(2000). 学校画・家族画ハンドブック　金剛出版)

Prout, H. T., & Phillips, P. D. (1974). A Clinical note: The Kinetic School Drawing. *Psychology in the Schools*, **11**, 303–306.

空井健三（編）(2002). 家族描画法ハンドブック　財団法人矯正協会

描画法⑤ スクィグル法

歴史	スクィグル法は，イギリスの小児科医，ウィニコット（Winnicott, D. W）が子どもの精神療法の一技法として1971年に発表したことに始まる。厳密に言えば，精神療法の一技法といえるが，なぐり描きの描線と描画からはアセスメント上多くの有益な情報を得られるものである。 1977年に日本にスクィグル法を紹介した中井（1985a）によるとスクィグルは昔からイギリスの子どもにとって日常的な遊びであったという。ウィニコットはこの遊びを子どもに対する精神療法に取り入れ，見事なスクィグル面接の症例を数多く発表している（Winnicott, 1971）。
目的	ウィニコット自身は，「この技法は大変柔軟性をもっています。スクィグル・ゲームは子どもとのコンタクトをつけるための単なる一つの手段にすぎません……目的の一つは子どもをくつろげるようにすることであり，子どもの空想や夢に到達することです」と述べると同時に，スクィグルの描画は親に子どもがどんな様子だったか知らせることが治療上役に立つ場面で重要な意味合いをもつ，と述べている。他にも，治療関係の深化，心理療法に必要な情緒的交流が視覚的交流（visual conversation）によって促進される，などの有効性が報告されている。なおよく似た方法にナウムブルグ（Naumburg, M.）のスクリブル（1966年）という方法があるが，これはクライエントが「自由になぐり描き」し，それに対して自分で「見えたもの」を描画する方法である。
概要	治療者とクライエントがお互いに描線をなぐり描きし，描線を交換して「見えたもの」を絵にするという方法が一般的である。
対象	日本に紹介した中井（1985a）は，神経症水準，精神病水準や境界例水準に適用して有効であったことや思春期に広く適用可能であることを報告している。他にも，うつ病，人格障害，不登校，情緒障害などさまざまな年齢や疾患に対する適用が報告され，幅広い適用が可能である。

1. 実施方法

準備：白紙（往復する回数分×2），鉛筆またはサインペンなどなぐり描きする筆記具，クレヨンなど彩色する筆記具。

方法：ウィニコットの原法は，患者か治療者のどちらか一方が，鉛筆でなぐり描きをする，次に，他方がそのなぐりがきから見えるものを絵画にする，ということを順に繰り返す方法であり，1回の面接で計15枚以上，多いときには30枚近くのやりとりを行っている。

一方，日本に紹介した中井（1985a）はたかだか4往復か2往復であると述べ，クレヨンなどを用いた彩色を行っている。原法との大きな相違点として，日本では，彩色することと2から4往復のやりとりであることがあげられる。また中井（1985b）は相互限界吟味法という方法を考案している。すなわち，画用紙に枠どりしてテニスコートのように見立て，患者がサーブ（なぐり描き），レシーヴァーの治療者は投影の名称を口にし（〜に見えるんだけどどう？），いくつか見えるものを枠外に記載。その中からサーバーに1つ選んでもらい，レシーヴァーが彩色して完成する，ことを役割交代して繰り返す方法である。

この他にも山中（1990）はMSSM法（Mutual Scribble Story Making：交互なぐりがき物語統合法）や松本（1992）はスクィグル紙芝居法を考案するなど治療者によってそれぞれアレンジしながら臨床で用いられている。

2. 分析・解釈の方法

スクィグルにおけるアセスメントの要素として，描線，色彩と描画内容が挙げられる。解釈について中井は基本的にロールシャッハ法の解釈が援用できると述べている。また描線を含め描画には，患者と治療者の転移がまぎれようもなく表れて，例えば描線において，治療者の陰性転移は，イジワルな線，挑戦的な線ができてしまうものだ，と述べ，スクィグル法は治療関係をあぶりだすリトマス試験紙であり，治療者にとっては，自己モニターの役割を果たすとも述べている。

面接の一技法として用いた場合には，例え

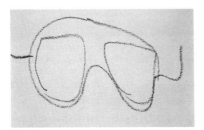
スクィグル面接の事例A（初期）
（松本，1997）

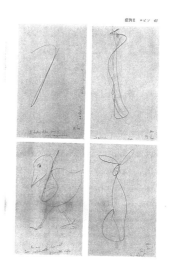
ウィニコットのスクィグル・ゲームの症例
（ウィニコット，1971）

スクィグル面接の事例A（後期）
（松本，1997）

ば以下のような過程を経て最終的には日常的で一般的な描画になる（松本，1997）など，面接の進展とともに描線や描画内容に変化が認められる。

スクィグル法の見方：
①模倣の段階：模倣とは他者の存在を認め，ある対象を他者と共有することであり，スクィグル法による面接初期には，治療者の描画を模倣することがしばしば認められる。
②描線の段階：描線はいわば相手への問いかけであったり，あるいは自動運動（なぐり描く）という原初的運動感覚をカタルシスとして楽しむ段階とも考えられる。
③色彩の段階：ロールシャッハ法の色彩反応と同様に何らかの情動的体験としての描画段階であることが考えられる。
④想像性の段階：描画内容を楽しんだり，描画には運動反応が表出されることもあり，エネルギーの動きが感じられる段階である。
⑤描き合いの段階：最終的な段階では，言語的交流も増え，日常的な描画や一般的な描画も増えるなど，描画という媒介を必要としなくなってくる段階と考えられる。

　中井（1985c）が「芸術療法は語るのではなく，示すものである」と述べているように，スクィグル法は，言語では語り得ない多くの情報を伝え，かつ関係性を深化させることのできる優れた方法であるといえよう。

引用文献

Winnicott, D. W. (1971). *Therapeutic consultations in child psychiatry.* London: The Hogarth Press（ウィニコット，D. W.／橋本雅雄（監訳）(1987). 子どもの治療相談1―適応障害・学業不振・神経症　岩崎学術出版社）
松本真理子（1992）．Squiggleを通してみた描画と言語に関する一考察　心理臨床学研究，**10**(1), 53-66.
松本真理子（1997）．スクィグルの治療的意義に関する1考察―言語発達の視点を中心に　心理臨床学研究，**15**(5), 501-512.
中井久夫（1985a）．ウィニコットのスクィグル　中井久夫著作集2巻 精神医学の経験―治療　岩崎学術出版社，pp.232-235.
中井久夫（1985b）．相互限界吟味法を加味したスクィグル　中井久夫著作集2巻 精神医学の経験―治療）岩崎学術出版社，pp.236-245.
中井久夫（1985c）．芸術療法ノートより　中井久夫著作集2巻 精神医学の経験―治療　岩崎学術出版社，pp.246-256.
山中康裕（1990）．絵画療法とイメージ―MSSM「交互なぐりがき物語統合法」の紹介をかねて　現代のエスプリ，**275**, 93-103.

描画法⑥ 風景構成法

歴史	精神科医の中井久夫（1934–）が，主に統合失調症者との臨床経験から編み出した独創的描画法が風景構成法（Landscape Montage Technique：LMT）である（中井，1970，1971）。創案当初の主眼は箱庭療法の導入適否の把握にあったが，その後の実践で，LMT がそもそも有していたアセスメントと療法の両価値が広く認識されるに至った。臨床場面での利用頻度は比較的高く，2012 年までに約 460 編の邦論文がある。
目的	LMT が具体的な「何を」捉えているかは明確化できないし，されてもいない。中井（1992）は「風景構成法は患者をおとしめ，減点するためにあるのではない。しばしば意外な可能性を見出し，また慎重さを治療者が自戒するためにあるといってよいであろう」と述べる。本技法の目的として，この言を心に留めておきたい。
概要	あの 10 個のアイテムを絶妙な順序で描くなか，描き手の「世界」は徐々に臨床家を織り込みつつ形をなす。そこに色が加わることで「世界」はまた違った様相を見せる。非言語的な技法であると同時に，言語的なやりとりも実施には含まれている。また，当の風景は過去と未来，心像風景と外的事物などをも含む。LMT は多様なものを集約する目的志向型の「世界創造」技法なのである。
対象	3，4 歳以上で実施可能。この描画がどれ程のエネルギーを要するのかを臨床家は留意しておく。導入時期としては面接初期，面接で「ひと山越えた」あたり，終結前が目安とされる。

1. 実施方法

準備：白紙 A4 版画用紙，黒のサインペン，24 色程度のクレパスセット。

実施方法：中井（1992）の論考を基礎に記す。「今から私の言うものを 1 つずつ描き込んで，全体を 1 つの風景にしてください」と要請し，必ず描き手の前で臨床家自身がサインペンで画用紙に枠づけをする。そしてサインペンとその画用紙を渡し，「最初に，川ですね……」のような，描き手が構えすぎず，こちらも馴染む言い方で伝える。後は描き手の様子を見ながら，山・田・道・家・木・人・花・動物・石の順でアイテムを唱えていく（構成段階）。さらに，「何か足りないと思うもの，追加したいと思うものを描き加えて風景を仕上げてください」と求め（付加），できたらクレパスで色を塗ってもらう（彩色段階）。描画後に，描かれた風景の全体・部分について訊ねるが，そこに定型はない。季節や時刻や川の特徴など，臨床家が風景と描き手により同調するために，質問をする。

所要時間：早い人は 10 分程度で終わる。長い人になるとセッションをまたぐ時もある。

補足：創案者の志向（思惑）もあってか，LMT の用具や教示はそれほど規格化されてはいない。変法には，要素に「穴」を加えるものや，LMT 後に「空」と「星」の描画を，一部分の拡大（拡充）を，見切れた部分の描画を，さらに求めるものなどがある。

2. 分析・解釈の方法

LMT は決まった分析法をもたないので，ここでは「絵を味わう」視点のみを記そう。

アイテムは各々独自の意味をもつが，一応，大景群（川・山・田・道），中景群（家・木・人），近景群（花・動物・石）に大別される。大景群は空間構造を，「世界」の骨格を決定し，中景群はそこに人間中心的な風情を加え，近景群はその自然性が「世界」に落ち着きを与える。彩色は，「「風景」を修正し，情動づけ，混沌を最終的に追放する機会」である（中井，1992）。絵は眺める対象・作品でもあるが，アイテムを順に配して風景を作り上げる LMT のプロセスにも配慮する必要がある。

今日まで，特定の表現に対して意味づけの試みがなされ，指標も開発されている。個別のアイテムにも着目するが，まずは空間のあり様をしっかりと受け取りたい。空間に関する 2 つの先達の知を挙げておく。1 つ目は，

筆者の心理面接から

女子大学生との面接 #2 で LMT（模写）。上下に描かれた「道」以降，筆者は描画記録も面接記録も想起できなくなった。#4 で苦手な友達と母親の嫌なところ，#5 で経験したトラウマ的出来事，#6 で生きることの意味を語り，#9 で「エネルギーが前に向かった」と，卒業と合わせて終結。

P型とH型である（中井，1971）。前者は妄想型統合失調症と対応するもので，風景はダイナミックな描線で描かれ，多空間的（キメラ的）で細部にこだわり，色は濃く（ベタ塗り）て種類も多い傾向がある。後者は破瓜型統合失調症に対応するもので，比較的単調な線で描かれた整合的な遠景で，色は冬枯れや薄さをしばしば特徴とする。この知見はLMTの独自性と絵の見方の指針とをよく表している。2つ目は「川が立つ」現象である（山中，1984）。本現象は学年ごとに見ると，小3と中1とで，川が用紙の上端と下端を結ぶ形で描かれやすいことを意味する。この表現は一般に描き手の転換期と同期するとされ，空間分割と主体成立過程との繋がりを示唆するものである。

絵の読みを鍛えるには，先達から学びつつも，自らの事例にコミットし続けるしかない。

3. 所見・フィードバック面接

絵は実に多くのことを臨床家に伝え，何より多様な心の動きをクライエントにもたらす。特にLMTは描くことそれ自体の作用が大きい。この臨床的事実を忘れないでおこう。

所見は職場からのオーダーを念頭に書かれるだろうが，「AだからB」という記述は控えたい。生を感じさせない記述はLMTで生まれた人々の中のムーヴを押し殺しかねない。フィードバックでも同様である。筆者の能力も関係しているだろうが，経験を振り返ると，心理面接でよい感触を得たフィードバックとは，LMT場面へのストレートな言動・感情の表意であったように思う。

引用文献

中井久夫（1970）．精神分裂病者の精神療法における描画の使用―とくに技法の開発によって作られた知見について．芸術療法，**2**, 77-90.（中井久夫著作集第1巻所収）

中井久夫（1971）．描画をとおしてみた精神障害者―とくに精神分裂病者における心理的空間の構造　芸術療法，**3**, 37-51.（中井久夫著作集第1巻所収）

中井久夫（1992）．風景構成法　精神科治療学，**7**(3), 237-248.（山中康裕（編著）（1996）．風景構成法その後の発展　岩崎学術出版社所収）

山中康裕（1984）．「風景構成法」事始め　山中康裕（編）H・NAKAI 風景構成法―シンポジウム　中井久夫著作集，別巻1　岩崎学術出版社

7 神経心理学的検査

●概　論

　神経心理学的アセスメント概論として，以前，述べたことを再構成し（小海，2019），(1)神経心理学的アセスメントの目的，(2)神経心理学的アセスメントの方法，(3)神経心理学的検査を実施する上での一般的留意点，として以下に述べる。

(1) 神経心理学的アセスメントの目的

　神経心理学的アセスメントの目的としては，①高次脳機能障害のスクリーニング，②障害プロフィールの把握，③法的手続きにおける能力判定の補助的資料，④より適切なケアを行うための一助がある。特に，障害されている認知機能と保持されている認知機能を正確に把握することと，それらの特徴から考えられる具体的なケア・アドバイスを行うことが重要であろう。さらに，定期的もしくは適宜，再検査を行うことによりケアの効果を判定したり，場合によってはケア計画を変更するフィードバックを行うために心理アセスメントを行うことが大切となろう。

(2) 神経心理学的アセスメントの方法

　神経心理学的アセスメントの方法は，臨床心理学的アセスメントの方法と同様に，①生活史および病歴，②行動観察，③面接，④神経心理・臨床心理テスト，⑤医学的テストなどの情報により総合的に判断することが大切である。

　生活史や病歴に関しては，例えば，神経発達症の場合は周産期の経過，出生時状況，身体発達状況，予防接種の受診状況など母子手帳の記録が重要な情報になる場合もあるし，知覚過敏，こだわり行動などのエピソード，家族関係や友人関係における社会性やコミュニケーションの発達状況などの情報の聴取も重要となる。精神疾患などでは，生活史や病歴の聴取とともに，家族のサポート状況の聴取が再発予防の点からも重要となる。高齢者の場合，認知症をきたす疾患によって経過や周辺症状が異なるので，それらの特徴を捉えるために，生活史や病歴を聴取しておくことが大切となろう。

　行動観察に関しては，例えば，神経発達症の場合はアイコンタクト，座位姿勢保持，持続性注意力や注意の転導性などの観察が重要となる。精神疾患などでは，アイコンタクト，プレコックス感（Praecox-Gefühl），抑うつ感，不安感，焦燥感，持続性注意力や注意の転導性などの観察が重要となる。高齢者の場合，アルツハイマー病による認知症（Diagnostic and Statistical Manual of Mental Disorders, Fifth Edition：DSM-5）では取り繕い反応がみられたり，レビー

小体型認知症（DSM-5）では運動障害がみられたり，血管性認知症（DSM-5）では心理検査場面で破局反応を示したり，前頭側頭型認知症（DSM-5）ではふざけ症や考え無精がみられたりすることが多いのが特徴である。そこで，このような非言語的な行動の特徴をよく観察しておくことが大切となろう。

　面接に関しては，例えば，神経発達症の場合は言語的なコミュニケーションの発達状況，情動表現の自由さなどの情報が重要となる。精神疾患などでは，病識，言語的なコミュニケーションにおける特徴，情動表現の特徴などの情報が重要となる。高齢者の場合は，特に言語的なコミュニケーションにより，認知症症状に対する理解の程度や，生活上の問題点を把握することが大切となる。また，特に軽度認知障害（DSM-5）の状態ではうつ病の合併もよくみられるので，不安感や抑うつ感の把握も大切となろう。

　神経心理・臨床心理テストに関しては，まず全般的な認知機能や中核になると考えられる高次脳機能障害の把握が大切となる。また，その他の認知機能や人格面の評価が大切となる場合もあり，被検者の負担をできるだけ少なくするとともに，より有用なデータを聴取するための適切なテスト・バッテリーを組むことが大切となる。

　医学的テストに関しては，神経発達症の場合は脳画像診断的には問題がないことが多いが，例えば，小児期に療育手帳の発行および療育を受けてきた者が，壮年期になり身体疾患などで初めて入院した病院で，偶然，脳梁の部分欠損が見つかり，脳の低形成による影響を考える必要性が示唆された臨床経験もあるので，知的発達症の判断においても留意を要する場合があろう（小海ら，2004）。また，精神疾患などの場合は，例えばてんかんでは脳波所見が重要となるし，統合失調症では抗精神病薬の副作用として口渇感を生じやすく過剰の水分摂取による水中毒としての低ナトリウム血症を起こすこともあり，血液検査が重要となる。高齢者の場合は，甲状腺機能低下やビタミン欠乏症などは血液検査により判断ができ，脳腫瘍や硬膜下血腫は脳画像により判断ができるので重要な情報源となる。

(3) 神経心理学的検査を実施する上での一般的留意点

　神経心理学的アセスメントを行う上での一般的留意点としては，①事前にカルテ，脳画像や医師から必要な情報を得ておく，②ラポールを形成する（同時に意識状態や意欲の程度，記憶障害，失語，失読，失書，失行などの有無や重症度について打診する），③適切なテスト・バッテリーを構成する，④検査目的や，検査の構成・特性について説明する，⑤感覚機能の低下に対して配慮する（高齢者の場合は，あらかじめいくつかの度数の老眼鏡を検査室に準備しておく），⑥無理のない励ましをする，⑦注意の払われ方に留意する，⑧個人にあった教示方法で実施することが大切となる。特に，各種の神経心理学的検査を実施する際には，各下位検査が何を測定するのかをよく理解した上で，検査を受ける各個人にあった教示方法で実施することが最も大切であろう。

引用文献
小海宏之（2019）．神経心理学的アセスメント・ハンドブック（第2版）　金剛出版　pp.11-14.
小海宏之・清水隆雄・石井　博・近藤元治・亀山正邦（2004）．脳梁欠損症の欠損程度とWAIS-Rとの関連　第28回日本神経心理学会総会予稿集，73.

全般的認知機能に関連する検査① MMSE-J

歴史	MMSE（Mini Mental State Examination）は1975年にフォルスタイン（Folstein, M. F.）らにより，せん妄と認知症を機能性精神疾患から鑑別する目的で，ベッドサイド検査として考案された認知機能検査である。1985年の森らによる訳出後，複数の日本語版が存在した。杉下により原版に忠実な翻訳・翻案がなされ，2012年に原版出版社 Psychological Assessment Resources, Inc. との契約に基づいて正規の日本版 MMSE-J として出版された。その後，標準化データの質的チェックに疑義が生じたため一時販売停止となったが，尺度の再検証等を経て2016年に販売再開となった。WAIS との相関および信頼性や妥当性が高く，アルツハイマー病の操作的診断基準におけるスクリーニング検査として推奨され，世界的に使用頻度が高く，国際比較も可能である。わが国では，長谷川式認知症スケール（HDS-R）と並び使用頻度が高い。
目的	認知機能障害および認知症の鑑別スクリーニング。
概要	MMSE は，見当識，記憶，注意と計算，言語，視覚構成という5つの認知領域が11の設問で構成されている。言語性検査課題に加え動作性検査課題が設定されている点が，HDS-R との相違点である。得点は 0-30 点であり，カットオフ・ポイントは 24／23 で，23点以下は認知症の疑いと評価される。結果には年齢や職業，教育水準が影響するため，被検者の属性や生活歴との照合が必要である。また，意識障害や巣症状など認知機能全般のスクリーニングも可能であり，検査者は臨床面接と行動測定に関する訓練および高次脳機能障害などの医学的知識が必要である。有用性が高い反面，認知症の前段階と位置づけられる軽度認知障害（Mild Cognitive Impairment：MCI）では，健常者からの鑑別が困難とされ，他の検査や観察評価スケールとテスト・バッテリーを組むことが必要である。
対象	認知症が疑われる高齢者および高次脳機能障害者など。

1. 実施方法

準備：MMSE-J 記録用紙（日本文化科学社）。動作課題では記録用紙を切り離し使用。筆記用具。

実施方法：認知機能検査は不安や抵抗を惹起しやすいため，被検者と十分にラポールを形成し，検査目的を丁寧に説明し同意を得る。被検者の多くは，せん妄や不眠などの意識状態，抑うつ気分などの感情状態，発動性の低下，失語・失認・失行などの高次脳機能障害，麻痺などの身体的制限を伴いがちであり，事前にこれらの情報や，視力や聴力，画像所見等を把握する。検査時は意識状態の評価を行い，次いで，手引きで示されている記憶に関する話題を投げかけ，設問に入る。設問は「時の見当識」「場所の見当識」「記銘」「注意と計算【シリアル7】（逆唱）」「再生」「呼称」「復唱」「理解」「読字」「書字」「描画（図の模写）」からなり，順番に実施する。施行上，「記銘」と「再生」の間に必ず別の課題が入ることがポイントである。「注意と計算」は，定められた減算を教示する。注意や答えの保持と暗算などの同時処理をみるため，被検者の回答を繰り返すような教示は行わない。教育水準等で計算が困難な場合，言葉の逆唱を行う。「理解」は，三段階命令の注意と理解，実行をみるため，課題ごとに休止を入れながらも一度に読み上げる。「描画」は，課題の図形について辺の数など定められた基準にしたがって正誤の判定を行う。身体的制約を鑑み，線の歪みや角の開閉は問わない。各検査項目で評価する観点を十分理解し，被検者の状態を観察しながら，聴き取りやすいトーンで滑舌よく実施する。

所要時間：10-15 分程度。被検者によってはかなりの時間を要することもあり，無理をしない・させないことが肝要である。

2. 分析・解釈の方法

得点や5つの認知領域バランス，下位項目の正誤の質的検討や行動観察，被検者の生活

MMSE-J の配点と実施・採点のポイント（MMSE-J 記録用紙および使用者の手引き（日本文化科学社）より）

	配点	実施・採点のポイント
時の見当識	5	正答ごとに1点。
場所の見当識	5	環境により「場所の代わりの単語」で代用してもよい。
記　銘	3	最初の試行のみ採点する。5回まで復唱してもよい。
注意と計算	5	正答に1点だが，前の正誤に関係なく，正確に減算されていれば正答と見なす。
再　生	3	回答の順番は違ってもよい。ヒントは与えない。
呼　称	1	ありふれた物品を使用し「これは何ですか」と教示する。
復　唱	1	最初の試行のみ採点する。
理　解	3	身体的制約がある場合は，教示を換える。
読　字	1	読字からの動作にて採点する。
書　字	1	筋の通った文であれば，文法や漢字，送り仮名の失敗は問わない。
描　画	1	文中参照。

歴，画像所見などを総合的に検討し，精緻な検査導入を検討する。

30点満点のうちカットオフ・ポイントは24／23で，23点以下は認知症の疑い，10点未満は重度認知障害と評価される。フォルスタインらによる米国での基準は，正常な認知機能27-30，軽度認知障害21-26，中程度認知障害11-20，重度認知障害0-10とされる。認知症の鑑別上，「再生」および「描画」は重要と位置づけられ，失敗した場合は24点以上であっても慎重な検討を要する。5つの認知領域は，見当識（時の見当識，場所の見当識），記銘（記銘，再生），注意と計算（減算），言語（呼称，復唱，理解，読字，書字），視覚構成（描画）からなる。5領域のバランスや低下した領域を分析し，下位項目を検討する。「見当識」は周囲の状況を把握し，自分が置かれた文脈を把握する能力だが，言語障害の影響を受けやすい。また，「呼称」は失語，動作性課題の「理解」は失行，「読字」は失読，「書字」は失書，「描画」は失認なども推測可能である。

3. 所見・フィードバック面接

HDS-R 同様，得点および行動観察に基づく結果と生活史や現病歴と照合し，被検者には，まず受検を労い感想を尋ね，本人が気になる点やできたところを中心にフィードバックを行う。次いで結果から懸念される問題行動と日常生活での困り感を照合し，具体的な工夫を提案する。家族等へは，状態像の理解や関わる意欲が維持できるよう具体的な説明や助言を行う。検査依頼者や看護スタッフへは，①結果と行動観察からの状態像，②予測される問題行動，③必要な精査の提案，④被検者の残存能力および関わり方についての具体的方法の助言や提案などを簡潔に所見にまとめる。何より，被検者にとって益となる検査導入が望まれる。

引用文献

Folstein, M. F., Folstein, S. E., & McHugh, P. R.（1975）."Mini-mental state" A practical method for grading the cognitive state of patients for the clinician. *Journal of Psychiatric Research,* **12**(3), 189-198.

橋本竜作，森　悦朗（2011）．Mini-Mental State Examination（MMSE）　認知症学（上）その解明と治療の最新知見―認知症診療に用いられる評価法と認知機能検査各論　日本臨床増刊号，398-402.

杉下守弘（2012）．精神状態短時間検査―日本版（MMSE-J）　日本文化科学社

杉下守弘・逸見　功・竹内具子（2016）．精神状態短時間検査―日本版（MMSE-J）の妥当性と信頼性に関する再検討　認知神経科学，**18**(3-4), 168-183.

全般的認知機能に関連する検査② 長谷川式認知症スケール（HDS-R）

歴史	改訂長谷川式簡易知能評価スケール（Hasegawa's Dementia Scale-Revised：HDS-R）は，1974年に長谷川が認知症高齢者をスクリーニングする目的で開発した長谷川式簡易的知的機能診査スケール（HDS）を，1991年に加藤らが改訂したものである。2005年以降，「長谷川式認知症スケール」と呼ばれることもある。国際的な認知機能検査の1つであるMMSE（MMSE-J）との相関が高く，わが国の臨床現場では併用されることが多い。
目的	認知症のスクリーニング。
概要	HDSおよびHDS-Rは，認知症鑑別に特化された検査である。WAISなどの知能検査は，課題の多さや難易度の高さ，特に動作性検査の高齢者への負担の大きさなどで，認知症評価にとって実用的ではないという長谷川の考えに基づき，言語性検査課題で構成されている。改訂前のHDSは，記憶・記銘，見当識，計算，一般的常識など11項目で32.5点満点のスケールであった。約20年後に改訂されたHDS-Rでは，社会状況の変化に鑑み，エピソード記憶や一般常識問題など5項目が削除され，新たに記銘や記憶再生，語想起などの課題が3項目加わり全9項目となった。その結果，HDSよりも知的機能低下についての感度が上がり，認知症鑑別の精度が向上した。得点も正答がそのまま得点となる30点満点と改訂された。得点範囲は0-30点であり，20点以下を認知症の疑い，21点以上を非認知症と評価する。認知症高齢者は覚醒水準に日内変動がみられるため，実施時間帯や状態像を記録する。必要に応じて動作性検査や観察評価スケールで補完する。
対象	認知症が疑われる高齢者。

1. 実施方法

準備：検査記録用紙，記銘検査用の物品（例：時計，はさみ，ペン，硬貨，タオルなど相互に関係のない物品5つ）。

実施方法：個別実施（ベッドサイド実施可）。高齢者では，認知機能検査への抵抗が強いがインフォームド・コンセントは心理検査実施の前提である。〈年を重ねると物忘れしやすくありませんか？〉など，日常的な会話を通して被検者とのラポール形成を行う。HDS-Rは，「1 年齢」「2 時間の見当識」「3 場所の見当識」「4 単語の記銘」「5 計算」「6 数字の逆唱」「7 記憶の再生」「8 物品呼称」「9 単語想起」からなる。日常会話に織り交ぜながらの実施が推奨される。順不同でも構わないが，問4-7は順番通りに実施する。問1の年齢は，2年の誤差は正答とみなす。問2の時間の見当識は順不同に尋ねてよく，問3の場所の見当識は本質的に理解されていればよく，ヒントを与えた正答は1点となる。問4の記銘では，3回以上教示を繰り返しても被検者が覚えられない場合はそこで打ち切り，次の設問に進む。問5の計算は暗算を求め〈100から7を引くといくつですか？〉と教示し，次いで〈そこからまた7を引くといくつですか？〉と教示する。答えの保持と減算という2つの課題であるため，〈93からまた7を引くといくつ？〉のように被検者の回答を用いて問わない。問6の数字の逆唱は，3桁失敗の時点で打ち切って次の設問に進む。問7の記憶再生は，自発回答に2点，失敗の場合は1つずつヒントを与え回答できたら1点となる。問8の物品の呼称は〈今から5つの品をお見せします。一旦隠しますので，後で何があったか答えて下さい。順番通りでなくても構いません〉と教示し，検査者が1つずつ呼称しながらゆっくり並べる。正答ごとに1点となる。問9は野菜の名前を回答してもらい，重複分は得点換算しない。回答が出なくなり10秒以上経過した場合はそこで打ち切る。

所要時間：5-10分程度。

2. 分析・解釈の方法

分析や解釈では，得点，行動観察や身体状況，属性，教育水準など総合的に判断する。

改訂長谷川式簡易知能評価スケール（HDS-R）(加藤ら，1991)

1	お歳はおいくつですか？（2年までの誤差は正解）		0 1
2	今日は何年の何月何日ですか？　何曜日ですか？ （年月日，曜日が正解でそれぞれ1点ずつ）	年 月 日 曜日	0 1 0 1 0 1 0 1
3	私たちがいまいるところはどこですか？ （自発的にでれば2点，5秒おいて家ですか？ 病院ですか？ 施設ですか？ のなかから正しい選択をすれば1点）		0 1 2
4	これから言う3つの言葉を言ってみてください。あとでまた聞きますのでよく覚えておいてください。 （以下の系列のいずれか1つで，採用した系列に○印をつけておく） 1：a) 桜　b) 猫　c) 電車　2：a) 梅　b) 犬　c) 自動車		0 1 0 1 0 1
5	100から7を順番に引いてください。（100－7は？，それからまた7を引くと？　と質問する。最初の答が不正解の場合，打ち切る）	(93) (86)	0 1 0 1
6	私がこれからいう数字を逆から言ってください。（6-8-2, 3-5-2-9を逆に言ってもらう，3桁逆唱に失敗したら，打ち切る）	2-8-6 9-2-5-3	0 1 0 1
7	先ほど覚えてもらった言葉をもう一度言ってみてください。 （自発的に回答があれば各2点，もし回答がない場合以下のヒントを与え正解であれば1点）　a) 植物　b) 動物　c) 乗り物		a:0 1 2 b:0 1 2 c:0 1 2
8	これから5つの品物を見せます。それを隠しますのでなにがあったか言ってください。 （時計，鍵，タバコ，ペン，硬貨など必ず相互に無関係なもの）		0 1 2 3 4 5
9	知っている野菜の名前をできるだけ多く言ってください。 （答えた野菜の名前を右欄に記入する。途中で詰まり，約10秒間待っても出ない場合にはそこで打ち切る）0～5＝0点，6＝1点，7＝2点，8＝3点，9＝4点，10＝5点		0 1 2 3 4 5
		合計得点	

20点以下を認知症と評価する。認知症の重症度とその平均は，非認知症（24.27 ± 3.91），軽度認知症（19.10 ± 5.04），中等度認知症（15.43 ± 3.68），高度認知症（10.73 ± 5.40），非常に高度の認知症（4.04 ± 2.62）であるが，判定でなくあくまで目安とされる（下仲，1997）。次いで下位項目を分析する。逆唱は注意力と作業記憶課題であり，問9「単語想起」は，言葉の流暢性課題であるなど，各設問の観点を基に解釈する。また，超高齢者で保護的環境にある場合，計算力などに廃用性の精神機能低下が生じることや，認知症では計算などが保たれる一方で自分に関する記憶記銘が低下しやすく，回答をとり繕う言動が生じることも押さえておく。他にも高齢者では，視力や聴覚などの知覚機能の低下や身体機能の低下，身体疾患等で見せかけの知能低下，防衛的で知能検査への動機づけが困難，疲労しやすい，長時間の注意集中が困難，失語症者には不利，などの特徴も踏まえて分析する。

3. 所見・フィードバック面接

被検者本人には，まず受検を労い，感想を尋ね，本人が気になる点やできたところを中心にフィードバックを行う。次いで結果から推察される認知上の問題と日常生活での問題を照合し，生活上の工夫を提案する。

家族などにはかかわる際のヒントやかかわり意欲が維持されるようなフィードバックが望まれる。検査依頼者や看護スタッフへは，①結果から推測される認知症の状態像，②予測される問題行動，③必要な精査の提案，④被検者の残存能力およびかかわり方の助言や提案などを所見にまとめる。被検者にとって益となるHDS-Rの導入が求められる。

引用文献

長谷川和夫（1989）．長谷川式簡易的知的機能診査スケール　特集 老年期痴呆の診断基準と知的機能検査　老年期痴呆，**3**(3), 1-54.

加藤伸司・下垣　光・小野寺敦志・植田宏樹・老川賢三・池田一彦・小坂敦二・今井幸充・長谷川和夫（1991）．改訂長谷川式簡易知能評価スケール（HDS-R）の作成　老年精神医学雑誌，**2**(11), 1339-1347.

下仲順子（1997）．高齢者を対象とした知能・記憶機能の評価　下仲順子（編）老年心理学　培風館，pp.113-125.

篠田美紀（2006）．長谷川式認知症スケール（HDS-R）　氏原　寛・岡堂哲雄・亀口憲治・西村洲衞男・馬場禮子・松島恭子（編）心理査定実践ハンドブック　創元社，pp.713-717.

全般的認知機能に関連する検査③ COGNISTAT

歴史	Neurobehavioral Cognitive Status Examination（COGNISTAT）は，アメリカにおいてキールナンら（Kiernan et al., 1987）によって開発され，オリジナルの英語版以外に，中国語版，フランス語版，スペイン語版などが作成され，日本語版は松田と中谷（2004）によって標準化がなされ，信頼性と妥当性が確認されている。
目的	全般的認知機能を評価するための検査である。
概要	3領域の一般因子（覚醒水準，見当識，注意）と5領域の認知機能（言語，構成能力，記憶，計算，推理）が評価できるようになっており，言語は語り（ただし，評価点は算出せず，失語，作話などを内容分析する），理解，復唱，呼称の下位検査，構成，記憶，計算はそれぞれ単一の下位検査，推理は類似，判断の下位検査で構成されている。スクリーン-メトリック方式が用意されているのが特徴であり，スクリーン検査に失敗した場合のみ，メトリック検査が実施される。また，検査結果をプロフィールとして図示できることが特徴であり，さらに，下位検査が標準化されているので，維持されている認知機能と障害されている認知機能を把握しやすく，障害の程度を障害なし（評価点9点以上）と，軽度（評価点8点：平均−2標準偏差），中等度（評価点7点：平均−3標準偏差），重度（評価点6点以下：平均−4標準偏差）の3段階で重症度を評価できるのも特徴である。
対象	成人を主な対象としており，日本語版COGNISTATは，20-87歳の男女207名から得られたデータを基に標準化されているので，この年齢範囲外に適用する場合には注意が必要である。

1. 実施方法

準備：用具一式には，①検査マニュアル，②検査用紙，③図版カード，④構成用プレート8枚，⑤検査用下敷き，⑥厚紙，⑦ボールペン，⑧鍵，⑨硬貨，⑩鉛筆，⑪はさみ，⑫のりが含まれている。それ以外に，①ストップウォッチ，②消しゴム，③鉛筆（数本）が必要となるので，あらかじめ準備しておく。

実施方法：まず，覚醒水準は，検査者の臨床判断に基づいて評価することになっており，被検者の覚醒水準が正常レベルにあることが検査実施の最低条件である。そして，「これからいくつか質問しますので，お答えください」と指示する。その後，検査マニュアルの各下位検査に提示されている各検査項目を正確に音読する。もし，被検者の反応が不明瞭なときは，明確にするために確認の質問をしてもよいが，誘導的にならないように注意する。被検者の反応は，検査用紙に言葉どおりに記録する。その他，検査実施の全般的注意事項として，①基本情報の収集（検査実施前に被検者の基本情報を記載しておく），②感覚・知覚・運動機能への配慮（被検者に視力や聴力の障害や手指の麻痺などがないか事前に確認し，普段使用している眼鏡や補聴器など必要に応じて持参してもらう），③検査環境（静かで，明るく，清潔な検査室での実施が望ましい），④下位検査の順序（下位検査は，途中の検査をスキップすることなくすべての検査を行うことが望ましく，特に単語の遅延想起課題に関係する下位検査項目の順序を変えてはならない），⑤被検者の反応を記録すること（検査課題に対する被検者の反応は，重要な質的情報を含むことがあるので，可能な限り検査用紙に記録しておくことが望ましい）などがマニュアルに明記されているので，これらをあらかじめ理解しておくことが大切となる。

所要時間：健常者であれば5分程度，軽度の認知機能障害者でも15-20分程度である。

COGNISTAT 検査用具一式

2. 分析・解釈の方法

　分析方法は，各下位検査の素点および標準得点を記載し，さらに各標準得点を折れ線グラフのプロフィール結果としてあらわす。

　解釈方法は，プロフィール結果から，①認知機能障害があるのか否かについて，②把持されている認知機能と障害されている認知機能について，③障害されている認知機能に関しては，さらに重症度について，④それぞれが生活障害にどのような影響を及ぼすかについて，⑤認知機能障害に対するケア・アドバイスについてなどを解釈する。また，松田（2005）によると，COGNISTATを認知症のスクリーニングテストとして使用する場合は，①障害域の成績を示した下位検査の数は，2/3がカットオフ・ポイントで（感度0.89，特異度0.74），3つ以上の下位検査で障害域の成績を示したら認知症と判定する，②標準得点の合計点は，89/90がカットオフ・ポイントで（感度0.88，特異度0.85），89点以下を認知症と判定すると述べられている。

3. 所見・フィードバック面接

事例：45歳，男性，右手利き，正常圧水頭症。脳外科で脳室-腹腔シャント（ventriculoperitoneal shunt：V-P shunt）術を受ける前後にCOGNISTATを実施した。V-Pシャント術前後の下位検査の評価点は，注意3点（重度障害域）→6点（重度障害域）に改善し，その他，復唱8点（軽度障害域）→11点（正常域），構成4点（重度障害域）→7点（中等度障害域），記憶6点（重度障害域）→9点（正常域），計算4点（重度障害域）→8点（軽度障害域），類似6点（重度障害域）→9点（正常域）と顕著に高次脳機能が改善した。なお，日本語版COGNISTAT検査用紙のプロフィールは，評価点6点以下はすべて重度障害域で括られてしまう。そこで，Microsoft Excelで6点以下の細かな評価点とプロフィールを折れ線グラフで作成し明示すると，詳細な障害の程度や改善の程度が把握しやすくなる場合もあろう（小海，2019）。

引用文献

Kiernan, R. J., Mueller, J., Langston, J. W., & Van Dyke, C.(1987). The neurobehavioral cognitive status examination: A brief but differentiated approach to cognitive assessment. *Annals of Internal Medicine*, **107**(4), 481-485.

小海宏之（2019）．神経心理学的アセスメント・ハンドブック（第2版）　金剛出版, pp.67-69.

松田　修（2005）．高齢者の心理アセスメント　黒川由紀子・斎藤正彦・松田　修（編著）　老年臨床心理学―老いの心に寄りそう技術　有斐閣, pp.13-97.

松田　修・中谷三保子（2004）．日本語版COGNISTAT（コグニスタット）検査マニュアル　ワールドプランニング

全般的認知機能に関連する検査④ ADAS

歴史	モースら（Mohs et al., 1983）によって作成された記憶を中心とする認知機能と，情動を中心とする非認知機能を調べるための検査である。日本語版は，本間（1991）により作成され，信頼性と妥当性が検証されている。日本語版のマニュアルとしては，同著書，本間ら（1992）や加藤ら（1996）の論文に実施方法や記録用紙が掲載されているので，いずれかを利用すればよいであろう。
目的	アルツハイマー病による認知症（DSM-5）に対する塩酸ドネペジル（コリン作動性薬物）の薬理効果を評価するのが主な目的とされ，その際には認知機能下位尺度（Alzheimer's Disease Assessment Scale cognitive subscale：ADAS-cog.）のみが用いられることが多い。認知症の重症度を判定するためのものではなく，継時的に実施し得点変化によって認知機能の変化を評価するためのものである。
概要	ADAS-Jcog.（ADAS-Japanese cognitive subscale）の下位尺度には，①単語再生，②口頭言語能力，③言語の聴覚的理解，④自発話における喚語困難，⑤口頭命令に従う，⑥手指および物品呼称，⑦構成行為，⑧観念運動，⑨見当識，⑩単語再認，⑪テスト教示の再生能力の11課題で構成されており，最高点は70点となる。非認知機能下位尺度（ADAS-noncognitive subscale：ADAS-noncog.）は，①涙もろさ，②抑うつ気分，③集中力の欠如，④検査に対する協力度，⑤妄想，⑥幻覚，⑦徘徊，⑧多動，⑨振戦，⑩食欲の亢進／減少の10項目で構成されており，最高点は50点となる。いずれの得点も失点方式であるため，高得点になるに従って障害の程度も高度となる。
対象	アルツハイマー病による認知症（DSM-5）者，およびその疑いのある成人が主な対象である。

1. 実施方法

準備：用具一式には，①単語再生カード，②鉛筆・時計・白い紙，③物品12個，④図形模写用紙，⑤便箋・封筒・のり・宛名用紙・切手，⑥単語再認カードが含まれている。それ以外に，前述した，①検査マニュアル，②記録用紙，および，③鉛筆（数本）と消しゴム1個が必要となるので，あらかじめ準備しておく。

実施方法：実施に関する一般的注意事項として，①被検者とのラポールを形成する，②被検者の認知能力をできるだけ引き出すように検査を進める，③課題への注意が散漫になったら，一旦検査を中断して様子をみる，④実施にあたっては，個々の被検者の反応を見ながらその被検者に適した教示を行い課題内容についての理解を促す，⑤課題の実施は項目順に行う，⑥実施前に被検者の視力や聴力の程度を確認し，低下している場合には，検査者は被検者の近くに座る配慮をするなどが大切となる。これらを踏まえて，①単語再生はカードに記載されている10単語を呼称させた後，即時再生を3試行する。②口頭言語能力，③言語の聴覚的理解，④自発話における喚語困難は，約5-10分間の自由形式の会話で評価を行う。⑤口頭命令に従うは，5課題を口頭で指示し遂行できるか評価する。⑥手指および物品呼称は，手指名および12物品の呼称をさせ評価する。⑦構成行為は，4課題の図形模写で評価する。⑧観念運動は，手紙をポストに投函するまでの一連の遂行機能を評価する。⑨見当識は，時間・場所・人に関する見当識を評価する。⑩単語再認は，カードに記載された12単語を呼称させた後，ダミーを含んだ24単語を提示し，最初見た単語であるか否かを再認させ，同課題を3試行し評価する。⑪テスト教示の再生能力は，単語再認課題において被検者が教示内容を覚えているかどうかを評価する。

所要時間：認知症（DSM-5）の重症度に関係なく平均約40分程度である。

ADAS-Jcog. 検査用具一式

2. 分析・解釈の方法

分析方法は，マニュアルに従い，計算誤りのないように各下位検査の失点を算出する。

解釈方法は，①評価得点は機能障害の重症度を示し，②0点は障害がないか，あるいはある特定の行動がまったく認められないことを示す，③5点は最も高度な障害があるか，またはある特定の行動の発現頻度が極めて高いことを示す，④1点はある行動がごく軽度に認められるか，またはある課題における特定の成績に対応することを示す，⑤2点，3点，4点はそれぞれ，「軽度」「中等度」「やや高度」の障害を示す，⑥多くの認知行動の評価は課題達成の程度に対応していることを示す，などについて解釈する。また，本来ADAS-cog.は重症度を判定するためのものではないが，本間ら（1992）によると，総失点が健常群5.5±2.6点，軽度認知症群15.5±5.7点，中等度認知症群26.7±9.0点，高度認知症群40.6±13.4点と認知症が高度になるに従って得点も増加することが示されており，参考となろう。

3. 所見・フィードバック面接

事例：73歳，男性，右手利き。ADAS-Jcog.の結果は，単語再生4.3/10点（正解数①5，②6，③6：言語記憶容量の低下を認めるが，学習効果を認めず），口頭言語能力0/5点，言語の聴覚的理解0/5点，自発話における喚語困難0/5点，口頭命令に従う0/5点，手指および物品呼称0/5点，構成行為0/5点，観念運動0/5点，見当識2/8点（日付，曜日の誤り：時間的見当識障害を認める），単語再認2.3/12点（正解数①11，②8，③10，虚再認数①3，②0，③1：記憶の再崩壊や干渉の抑制障害を認める），テスト教示の再生能力0/5点で，総失点8.6/70点であり，特に失点の認められた下位検査について所見で言及することが大切である。本事例は，他のテスト・バッテリー結果を踏まえると，アルツハイマー病による軽度認知障害（DSM-5）が示唆され，積極的な抗認知症薬の導入が必要であろうし，うつの合併にも留意しながら定期的に短期間でフォローすることが大切であろうと考えられた（小海，2019）。

引用文献

本間 昭（1991）. Alzheimer's Disease Assessment Scale（ADAS） 大塚俊男・本間 昭（監修） 高齢者のための知的機能検査の手引き ワールドプランニング, pp.43-52.

本間 昭・福沢一吉・塚田良雄・石井徹郎・長谷川和夫・Mohs, R. C.（1992）. Alzheimer's Disease Assessment Scale（ADAS）日本版の作成 老年精神医学雑誌, **3**(6), 647-655.

加藤伸司・本間 昭・橋木てる子（1996）. 老年精神医学関連領域で用いられる測度—質問式による認知機能障害の評価測度（4）—Alzheimer's Disease Assessment Scale（ADAS） 老年精神医学雑誌, **7**(12), 1355-1367.

小海宏之（2019）. 神経心理学的アセスメント・ハンドブック（第2版） 金剛出版, pp.77-86.

Mohs, R. C., Rosen, W. G., & Davis, K. L.（1983）. The Alzheimer's Disease Assessment Scale: An instrument for assessing treatment efficacy. *Psychopharmacology Bulletin*, **19**(3), 448-450.

視空間認知機能に関連する検査① ベンダー・ゲシュタルト・テスト

歴史	ベンダー・ゲシュタルト・テスト（Bender Gestalt Test：BGT）は，ベンダー（Bender, 1938）によって開発された検査であり，正しく言えばベンダー・視覚・運動ゲシュタルト・テスト（Bender Visual Motor Gestalt Test）と呼ぶのがよいとされている。ゲシュタルト心理学の創始者であるヴェルトハイマー（Wertheimer, M.）が視知覚の研究に用いた幾つかのデザインから適宜選んだ図形と，ベンダー自身が考案した計9枚の幾何図形を被検者に模写させる課題で構成されている。
目的	視覚・運動ゲシュタルト機能の成熟度および障害の様相，知能，心理的な障害，器質的な脳機能障害の検索，パーソナリティの偏りの把握，治療効果などを測定することを目的とする検査である。なお，器質的な脳機能障害の検索に関しては，現在，脳画像診断技術がめざましく進歩をとげたので，その目的は少なくなってきたであろう。
概要	ベンダーは，BGTにおいて，「図形を模写することは，単に刺激となるデザインを正確に知覚し，再生することではなく，刺激と有機体との関連において，過去の経験を統合することになる。図形の模写がこの統合の所産である以上，模写する人の人格要因が反映される」と述べており（高橋，2011），本検査は，短時間に施行できるため被検者への心理的負荷が少ない検査であり，児童から高齢者まで検査対象が広いのが特徴である。また，投影法の1つとして分類されたり，神経心理学的検査として神経発達症や認知症（DSM-5）など高次脳機能の評価に用いられることもある。
対象	5歳から成人である。

1. 実施方法

準備：①図版カード，計9枚（図は，それらを模写したもの）。ただし，佐藤（1975）が指摘しているように図版Ⅵの図形については，各研究者の解説書，市販図版に一部相違があるので注意が必要である。②模写用紙215.9mm×279.4mm（アメリカのレターサイズ）の白紙1枚が標準であるが，規格の都合上，210mm×297mm（A4サイズ）の用紙を使用する場合もある。また，数枚必要とする場合もあるため準備しておく。③鉛筆（2B）数本と消しゴム1個。④ストップウォッチ（反応時間測定用）1個。

実施方法：検査者と被検者の着席位置は，一般的に指摘されているように，被検者への心理的負荷を軽減し，被検者の行動観察がしやすくなるように，対面ではなく，左右いずれか90度の位置が望ましい。模写用紙は，被検者の前に縦長に置き，図版カードは横長位置で，模写用紙の上の位置に提示する。一般的には，「ここに，このような図形の描いてあるカードが9枚あります。私が順々にお見せしますから，この鉛筆と消しゴムを使って用紙に描き写してください。時間は制限しませんが，スケッチ風に描かないでください」と教示する。1枚描き終わるごとに，次の図版カードを提示するが，他のカードは伏せておく。図版カードを図形A，図形Ⅰ～図形Ⅷまで順に提示し，1枚の模写用紙に9個すべての図形を模写させる。また，提示図版の方向を変えようとしたり，鉛筆などを定規代わりに使用したりする場合は注意し制止する。それでもその動作を行う際は，そのままにしておくが，その内容を記録しておく。さらに，検査者は被検者の模写の仕方だけでなく，全体の動作，質問内容や独り言，表情や態度なども観察し記録する。

所要時間：通常，5-10分程度であるが，被検者によっては10分以上を要する場合もある。また，所要時間は図版ごとに記録する。

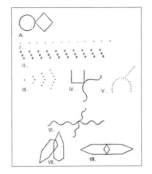

ベンダー・ゲシュタルト・テストの図形（ベンダー，1969：2）の一部を抽出して改変）

2. 分析・解釈の方法

　分析方法は，わが国では11歳から成人の場合は，パスカル・サッテル（Pascal-Suttel）法，5-10歳の児童の場合は，コピッツ（Koppitz）法による評価法が多く用いられている。パスカル・サッテル法では，図版Aを除く図版Ⅰから図版Ⅷまでの図形について採点する。また，採点項目は図形ごとに10-13項目と，図形全体の構成に関する7項目があり，重みづけられた得点の合計得点を用いる方法である。コピッツ法は，図版Aから図版Ⅷまですべての図形について採点する。また，計30項目について，その誤りの有無を採点し，それらの合計得点を用いる方法である。

　さらに，高橋（2011）によるハンドブックでも紹介されているハット（Hutt, M. L.）の解釈仮説では，①組織に関する因子（自己中心性，抑圧された敵意などとの関連），②寸法に関する因子（不安，葛藤などとの関連），③ゲシュタルトの形の変化に関する因子（感情の抑圧，情緒的な不安定などとの関連），④ゲシュタルトの歪みに関する因子（抑圧傾向，敵対傾向などとの関連），⑤運動に関する因子（葛藤，自己中心性などとの関連），⑥雑多な因子（不安，自己統制力の弱さなどとの関連），⑦被検者の作業方法に関する因子（葛藤，不十全感などとの関連）の7因子に該当するものがあるか否かという視点から質的に解釈する方法もある。

3. 所見・フィードバック面接

事例：37歳，男性，ある強盗未遂等事件の被告人。精神鑑定の際，脳画像診断検査などが実施されなかったため，器質的な脳機能障害の検索目的でテスト・バッテリーにBGTを組んだ。パスカル・サッテル法による得点は，34点であり，ゲシュタルトの歪みも見られないことから，器質的な脳機能障害を疑わしめるものは，認められないと考えられた。また，正常者，神経症者，精神病者における標準得点分布によると，正常者分布の範疇に入る可能性が大きいと思われた。なお，顕著なものではないが，「ふるえ」が目立ち，「耐え忍んでいる攻撃性」の存在が考えられた（小海，1991）。

引用文献

Bender, L. (1938). *A visual motor gestalt test and its clinical use*. New York: The American Orthopsychiatric Association.（ベンダー，L./高橋省己（訳）(1969). 視覚・運動ゲシュタルト・テストとその臨床的使用　三京房）
小海宏之（1991）．ある強盗未遂等事件の被告人の心理検査　臨床精神医学，**20**(5), 629-640.
佐藤忠司（1975）．ベンダー・ゲシュタルト検査　岡堂哲雄（編）心理検査学―心理アセスメントの基本　垣内出版，pp.344-369.
高橋省己（2011）．ベンダー・ゲシュタルト・テスト―ハンドブック（改訂増補版）　三京房

視空間認知機能に関連する検査② フロスティッグ視知覚発達検査

歴史	フロスティッグ視知覚発達検査（Frostig Developmental Test of Visual Perception：DTVP）は，フロスティッグ（Frostig, M.）が視知覚障害と学習障害の間における関連性を明らかにすることを目的に作成し，本検査が構成され 1963 年に標準化された。日本版訳は，1977 年に初版が発行され，1966 年の改訂版の日本版訳が，1979 年に尺度修正版として発行されている。
目的	視知覚能力に障害のある子どもたちを就学前の時期あるいは就学時に発見するスクリーニング目的と，視知覚障害の困難性のあり方を具体的に評価し，その困難性に対して訓練することにより，視知覚困難によって起こる学業不振と不適応の予防に役立つため，その障害把握が主な目的である。
概要	下位検査として機能上定義づけられた 5 つの知覚技能である，Ⅰ視覚と運動の協応（Eye-Motor Coordination），Ⅱ図形と素地（Figure-Ground），Ⅲ形の恒常性（Constancy of Shape），Ⅳ空間における位置（Position in Space），Ⅴ空間関係（Spacial Relationships）を測定することができ，さらに，各下位検査の評価点合計から算出された偏差得点である知覚指数（perceptual quotient：PQ）を算出することもできる。なお，遅れの領域について視知覚の訓練をするための『フロスティッグ視知覚学習ブック』（初・中・上級用）および『フロスティッグ視知覚能力促進法』（初・中・上級用）が出版されていたが，現在，絶版となっているため，再版が待たれよう。
対象	集団検査によって得られた標準データは，4 歳から 7 歳 11 ヶ月までであるので，原則，それらの年齢が適応となる。

1. 実施方法

準備：用具一式には，①実施要領と採点法手引，②検査用紙，③絵カード 11 枚（三角形，長方形，十字形，月，凧，星形，卵形，円形，正方形，略画 2 枚），④採点盤 3 枚（下位検査 Ⅰc，Ⅰd，Ⅰe で使用）が含まれており，④採点盤は検査後の採点時に使用する。それ以外に，①よく削った 4 色の先のとがった色鉛筆各 1 本（赤，青，茶，緑），②3，4，5 歳（年少組）の子どもには，鉛筆ではなく異なる色のクレヨンで先のとがったもの 4 本，③5，6 歳（年長組）の子どもおよび小学校 1 年以上の子どもには，色鉛筆の他によく削った書き方鉛筆（消しゴムのないもの）1 本が必要となる。さらに，集団で検査を行う際は黒板が必要となる。個別に検査を行うときには，検査者は説明に携帯用石板か白い紙を使用してよい。また検査者は手元に余分の，未使用の検査用紙 1 冊と，予備としてよく削った鉛筆とクレヨンを何本かずつ持っていなければならない。なお，本検査では，子どもの引く線に切れ目や角ができて減点されることもあり得るので，ちょうどよい高さで十分な広さのある，表面の平らな机で実施することが大切である。

実施方法：集団で実施する場合の最適人数は，3-4 歳は 1-2 名，4-5 歳は 2-4 名，5-6 歳は 8-10 名，小学校 1 年は 12-16 名，小学校 2 年は 10-20 名，小学校 3 年は 20-40 名が推奨され，小学校 2，3 年に集団実施する場合は，このテストに馴れた，子どもたちの中を見てまわる助手が 1 名以上必要となる。検査の説明は手引きに示してある通りに行わなければならない。また，言葉づかいを変えてよいものはマニュアルに示してあり，追加してよい説明については「自由選択」と印されており検査者が随時につけ加えてよい。説明は繰り返してもかまわないとされている。

所要時間：集団で実施する場合は 1 時間以内程度であり，一般に個別検査の場合は 30-40 分程度である。

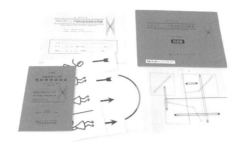

DTVP 検査器具一式

2. 分析・解釈の方法

分析方法は，得られた各下位検査の粗点から，各基準年齢における全体の子どもの成績の平均によって定められた知覚年齢（perceptual age：PA）を算出し，各下位検査の評価点（scale scores：SS）は，［PA／生活年齢（chronological age：CA）］× 10 で算出する。さらに，下位検査ごとに各年齢における粗点の平均の変化（発達曲線のデータ）に修正を加えた後に得られた5つの評価点を合計した結果から算出された偏差得点として，PQを算出する。

解釈方法は，PQによる視知覚機能の全体的評価と，SSによるⅠ視覚と運動の協応，Ⅱ図形と素地，Ⅲ形の恒常性，Ⅳ空間における位置，Ⅴ空間関係の5つの視知覚機能の領域における困難性を解釈する。

3. 所見・フィードバック面接

事例：5歳8ヶ月（出典：マニュアルより）。DTVPの結果は，Ⅰ視覚と運動の協応は粗点13，PA5-6，SS10，Ⅱ図形と素地は粗点6，PA4-1，SS7，Ⅲ形の恒常性は粗点12，PA6-7，SS12，Ⅳ空間における位置は粗点3，PA4-0，SS7，Ⅴ空間関係は粗点2，PA4-5，SS8で，評価点合計44，PQ84である。事例の生活年齢は5歳8ヶ月であるから，Ⅰ視覚と運動の協応では2月の遅れ，Ⅱ図形と素地では1年7月の遅れ，Ⅳ空間における位置では1年の遅れを示す。一方，Ⅲ形の恒常性では11月上まわった成績を示す。したがって，Ⅱ図形と素地およびⅣ空間における位置の評価点が7点，Ⅴ空間関係の評価点が8点であり，それらの能力が普通よりも低いことを示し，これら3領域での知覚訓練に重点を置くことが大切となろう。また，PQ84は下位25％内にあることを示し，この範囲に入る子どもは，就学した当初の頃に，学習不適応を招きやすいため，事例に対する計画された知覚訓練プログラムを適用することが大切ともなろう。

引用文献

Frostig, M. (1966). *Administration and scoring manual for the Marianne Frostig Developmental Test of Visual Perception* (Revised ed.). Palo Alto, CA: Consulting Psychologists Press.（フロスティッグ，M.／飯鉢和子・鈴木陽子・茂木茂八（日本版著）（1979）．日本版フロスティッグ視知覚発達検査—実施要領と採点法手引 尺度修正版 日本文化科学社）

Frostig, M., Horne, D. (, & Miller, A. M. ※初級用)（1972）. *Developmental program in Visual Perception: Revised to include basic readiness concepts: Pictures and patterns* (Revised ed.). Chicago, IL: Follett Publishing.（フロスティッグ，M.／日本心理適性研究所（訳）（1977：初級用，1978：中・上級用）．子ども用フロスティッグ視知覚学習ブック—初・中・上級用 日本文化科学社）

Frostig, M., Horne, D., & Miller, A. M. (1972). *Developmental program in Visual Perception: Teacher's guide: Pictures and patterns* (Revised ed.). Chicago, IL: Follett Publishing.（フロスティッグ，M.／日本心理適性研究所（訳）（1977：初級用，1978：中・上級用）．教師用フロスティッグ視知覚能力促進法—視知覚学習ブック使用法付 初・中・上級用 日本文化科学社）

視空間認知機能に関連する検査③ 時計描画検査

歴史	時計描画検査（Clock Drawing Test：CDT）は，シュルマンとファインスタイン（Shulman & Feinstein, 2003）によると，「時計描画は長年にわたり認知評価の一構成要素と考えられていた。その源流は頭頂葉，すなわち視空間機能の評価法としてこのテストを用いたことを報告した神経学の雑誌に遡ることができる（Critchley,1966）。しかしながら過去20年以上にわたり，このテストは次第に認知症や幅広い神経精神疾患のスクリーニング法として用いられるようになった。Goodglass & Kaplan（1983）に始まり，時計描画はボストン失語バッテリーに組み込まれた」とされている。現在，CDTにはさまざまなスコアリング法が開発されているが，わが国の臨床現場では，ルーローら（Rouleau et al.,1992）によるルーロー（Rouleau）法の使用頻度が高い。
目的	視空間認知，言語理解，注意力，実行機能，干渉刺激に対する抑制など多様な認知機能を測定することが目的である。
概要	Command CDTとCopy CDTで構成され，簡易な時計描画の方法でありながら，視空間認知，言語理解，注意力，実行機能，干渉刺激に対する抑制など多様な認知機能を量的（①盤面の構成，②数字の存在と連続性，③針の存在と配置）および質的（前頭葉性牽引，数字の定位順など）に解釈することができる神経心理学的検査である。
対象	一般に成人が対象である。

1. 実施方法

準備：①Command CDT用の白紙215.9mm×279.4mm（アメリカのレターサイズ）1枚が標準であるが，規格の都合上，210mm×297mm（A4サイズ）の白紙を使用する場合もある。②Copy CDT用のあらかじめ11時10分を指す時計の絵が描画された用紙1枚，③HBの鉛筆数本と消しゴム，④ストップウォッチ（描画時間測定用）をあらかじめ準備しておく。また，数字を描く順序などを記録するための記録用紙をあらかじめ作成しておくと便利である。

実施方法：施行方法は，Command CDTでは，A4サイズの白紙に，「今から時計の絵を描いてもらいます。時計の数字をすべて描き，11時10分を指す時計の絵を描いてください」といった教示による描画課題を行い，その後，Copy CDTでは，A4サイズの白紙にあらかじめ11時10分を指す時計の絵が描画されたものを提示して，「これと同じ時計の絵を描いてください」といった教示により模写させる。また，各描画にかかった時間を測定し，数字や針の描画順序を記録用紙に記録する。

所要時間：5分程度である。

2. 分析・解釈の方法

分析方法は，Command CDTおよびCopy CDTのそれぞれについて，①盤面の構成（0–2点），②数字の存在と連続性（0–4点），③針の存在と配置（0–4点）に関する採点基準に従って，計10点満点で評価する。

解釈方法は，Command CDTでは，視空間認知や構成に関わる後頭葉や頭頂葉における機能のみならず，時計の概念把握としての側頭葉機能や，描画方略としての前頭葉機能も含めたより広範囲な高次脳機能が関与し，Copy CDTでは，視空間認知や構成に関わる後頭葉や頭頂葉における機能のみならず，模写にエラーが生じた際，そのエラーに気づき修正できるかといったモニタリングとしての島皮質周辺領域における機能が関与していると考えられ，それらを踏まえた解釈が重要となる（小海，2019）。

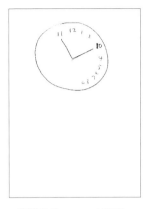

CDT 記録用紙　　　事例の Command CDT　　　事例の Copy CDT

3. 所見・フィードバック面接

事例：65歳，男性，右手利き，前頭側頭型認知症（DSM-5）。Command CDT の結果は，図に示す通りであり，描画順序は，盤面-12-11-1-2-3-4-5-6-7-8-9-3 を 10 に描き換え，時針 - 分針 -4-9 を抹消し，0'41" で描き上げた。スコアは，盤面 2/2 点，数字 1/4 点，針 2/4 点，計 5/10 点である。Copy CDT の結果は，図に示す通りであり，描画順序は，盤面 -12-6-3-9-10-11-8-7-5-4-2-1- 時針 - 分針で，0'23" で描き上げた。スコアは，盤面 2/2 点，数字 4/4 点，針 4/4 点，計 10/10 点である。Command CDT における，数字を思いつくままに描き生じた失点は計画性の障害が示唆され，3 を 10 への描き換えは，前頭葉性牽引が考えられる。また，描画態度からは焦燥感の高まりやすさもうかがわれた。一方，Copy CDT では，数字を計画的に配置し満点であった。したがって，視覚的な手がかりがあると計画的な遂行ができることから，焦燥感が高まらないよう，受容的に関わることと，筆談や図を使用するなど視覚的な補助手段を使用して，本人が理解しやすいようなかかわりをすることがケアポイントと考えられる。

引用文献

Critchley, M. (1966). *The parietal lobes*. New York: Hafner Publishing. ［Shulman & Feinstein (2003) における引用文献］

Goodglass, H., & Kaplan, E. (1983). *The assessment of aphasia and related disorders*. Philadelphia, PA: Lea and Febiger.［Shulman & Feinstein (2003) における引用文献］

小海宏之 (2019). 神経心理学的アセスメント・ハンドブック（第2版）　金剛出版，pp.144-146.

Rouleau, I., Salmon, D. P., Butters, N., Kennedy, C., & McGuire, K. (1992). Quantitative and qualitative analyses of clock drawings in Alzheimer's and Huntington's disease. *Brain and Cognition*, **18**(1), 70-87.

Shulman, K. I., & Feinstein, A. (ed.) (2003). *Quick cognitive screening for clinicians: Mini mental, clock drawing and other brief test*. London: Taylor and Francis.（シュルマン，K. I.・ファインスタイン，A.（編著）／福居顯二（監訳）　成本 迅・北林百合之介（訳）(2006). 臨床家のための認知症スクリーニング―MMSE，時計描画検査，その他の実践的検査法　新興医学出版社，pp.43-77.)

記憶機能に関連する検査① 改訂版ウェクスラー記憶検査

歴史	ウェクスラー（Wechsler, 1945, 1987）によって全般的記憶機能のテスト・バッテリーであるWechsler Memory Scale（WMS），および改訂版であるWMS-Rが作成され，日本版WMS-Rは杉下（2001）が標準化した。なお，すでにWMS-III（Wechsler, 1997）やWMS-IV（Wechsler, 2009）が開発されており，これらの適用年齢は16-89歳と高齢者の評価にも使用できるので，日本語版の標準化が待たれている。
目的	言語性記憶，視覚性記憶，一般的記憶，注意／集中力，遅延再生の各記憶機能などを測定するための検査である。
概要	WMS-Rの特徴は，まず，指標には換算しない情報と見当識の1下位検査課題があり，本下位検査得点が低得点である場合は，指標解釈に留意する必要性があるとされる。また，言語性記憶は論理的記憶I（即時），言語性対連合I（即時）の2下位検査課題，視覚性記憶は図形の記憶，視覚性対連合I（即時），視覚性再生I（即時）の3下位検査課題，およびその合成得点による一般的記憶，そして，注意／集中力が精神統制，数唱，視覚性記憶範囲の3下位検査課題，遅延再生が論理的記憶II（遅延），視覚性対連合II（遅延），言語性対連合II（遅延），視覚性再生II（遅延）の4下位検査課題の計13下位検査からなる。さらに，言語性記憶，視覚性記憶，一般的記憶，注意／集中力，遅延再生，それぞれについて基準年齢群における平均＝100，1標準偏差＝15とした偏差指標が得られるように標準化がなされており，指標50未満はスケールアウトとなる。
対象	16-74歳である。

1. 実施方法

準備：用具一式には，①検査法マニュアル，②記録用紙，③図形の記憶，④視覚性対連合（問題冊子・フォルダーA・B），⑤視覚性記憶範囲（カード1・2），⑥視覚性再生（カードA・B・C・D）が含まれている。それ以外に，①鉛筆（2本）および消しゴム，②ストップウォッチもしくは秒針付きの時計が必要となるので，あらかじめ準備しておく。

実施方法：検査は，①情報と見当識，②精神統制（注意／集中力），③図形の記憶（視覚性記憶），④論理的記憶I（言語性記憶），⑤視覚性対連合I（視覚性記憶），⑥言語性対連合I（言語性記憶），⑦視覚性再生I（視覚性記憶），⑧数唱（注意／集中力），⑨視覚性記憶範囲（注意／集中力），⑩論理的記憶II（遅延再生），⑪視覚性対連合II（遅延再生），⑫言語性対連合II（遅延再生），⑬視覚性再生II（遅延再生）の順序で行う。また，⑩～⑬の遅延再生検査は，④～⑦の記憶検査を基に30分後に実施する。時間が制約されている場合には，短縮版として⑩～⑬の遅延再生検査を省略して実施することも可能である。なお，⑤視覚性対連合I（視覚性記憶），⑥言語性対連合I（言語性記憶）の下位検査は，誤るごとに指摘し正答を教える手続きを，最大6試行，実施することになっているため，特に右前頭葉や頭頂葉損傷患者や前頭側頭型認知症（DSM-5）などによって人格変化をきたし，易怒性の目立つ患者の場合，あらかじめ検査内容の特徴について説明し理解を促しておくことが大切となろう。なお，視覚性記憶範囲は，視覚性のタッピング課題で円滑な検査実施が困難であるため，視覚性記憶範囲の補助ツールとして，図のアタッシュケース手前右下にあるようなタッピング順序を図示したものをあらかじめ作成して準備しておくことが望ましい。

所要時間：45-60分程度である。

WMS-R 検査用具一式

2. 分析・解釈の方法

　分析方法は，各下位検査の粗点に基づき，さらに重みづけされた粗点を算出する。そして，言語性記憶，視覚性記憶，一般的記憶，注意／集中力，遅延再生の領域ごとに重みづけされた粗点の合計点を算出後，基準年齢群における偏差指標で結果をあらわす。

　解釈方法は，言語性記憶，視覚性記憶，一般的記憶，注意／集中力，遅延再生の各領域の指標について，Wechsler Adult Intelligence Scale-Third Edition（WAIS-Ⅲ）同様の評価基準および重症度評価が可能であり，130 以上が最優秀域，120-129 が優秀域，110-119 が普通域上位，90-109 が普通域，80-89 が普通域下位，70-79 が境界域，50-69 が軽度記憶障害域，50 未満が中等度から重度記憶障害域と判定される。

3. 所見・フィードバック面接

事例：25 歳，女性，右手利き，高次脳機能障害。24 歳の時，スノーボードで滑走中に他のスキーヤーとぶつかり転倒し受傷し，現地の病院にて右硬膜下血腫の除去手術が施行された。受傷から 1 年 3 ヶ月後における脳の MRI（magnetic resonance imaging）では，右前頭葉後部から側頭葉，頭頂葉にかけての萎縮が認められたが，その他の病巣は認められなかった。WMS-R では，言語性記憶指標 97 や一般的記憶指標 90 は普通域で，注意／集中力指標 84 は普通域下位と問題点は認められなかったが，視覚性記憶指標 79 は境界域であり，遅延再生指標 56 においては軽度の障害が認められた。また，WMS-R により明らかとなった視覚的に提示された非言語的検査障害は，右側頭葉における萎縮による影響とも考えられた。さらに，面接および行動観察により明らかとなった一時期の左半側空間無視に関しては右頭頂葉における萎縮による影響と考えられ，多弁，幼稚などの人格変化に関しては右前頭葉後部における萎縮の影響とも考えられた。このように，高次脳機能障害者における記憶の問題を客観的に測定する際にも，WMS-R は有用となろう（小海，2004）。

引用文献

小海宏之（2004）．外傷性脳損傷による高次脳機能障害の心理アセスメント　臨床精神医学，**33**(4)，453-460．
Wechsler, D. (1945). A standardized memory scale for clinical use. *The Journal of Psychology*, **19**(1), 87-95.
Wechsler, D. (1987). *Manual for the Wechsler Memory Scale: Revised*. New York: The Psychological Corporation.（ウェクスラー，D.／杉下守弘（訳）（2001）．日本版ウェクスラー記憶検査法（WMS-R）　日本文化科学社）
Wechsler, D. (1997). *Wechsler Memory Scale*（3rd ed., WMS-Ⅲ）. San Antonio, TX: Harcourt Assessment.
Wechsler, D. (2009). *Wechsler Memory Scale*（4th ed., WMS-Ⅳ）. San Antonio, TX: Pearson.

記憶機能に関連する検査② ベントン視覚記銘検査

歴史	ベントン視覚記銘検査（Benton Visual Retention Test：BVRT）は，ベントン（Benton, A. L.）が，1945年に Archives of Neurology and Psychiatry に発表した検査で，主に視覚性の記銘－保持－再生の機能を測定する検査として同年に出版されている。その後，多肢選択式版や小児基準値などが報告され，適用が広がってきている。現在，英語版はシバン（Sivan, 1991）による第5版が出版されているが，日本語版は，ベントン（Benton, 1963）による第3版の日本語訳版として1966年に出版された後，増補版が1985年に出版されている（高橋（訳），1985）。
目的	元々は後天的な脳器質性障害をアセスメントする目的で考案された検査である。
概要	10枚の図形を即時再生，もしくは模写や遅延再生させることによって，図形の記憶や再生などの高次脳機能を調べる検査で，視空間認知，視覚記銘力，視覚認知再構成などの側面を評価することができる。所要時間が比較的短いこと，図版が3種類あり，例えばリハビリテーションの効果測定の際に別セットを使用することにより学習効果を排除した上で短期間における繰り返し検査できること，採点が比較的容易であること，難聴や言語障害のある高齢者でも実施でき，モチベーションの低い高齢者でも検査を拒否することが少ないのが特徴である。
対象	8歳から80歳以上の高齢者まで幅広く実施できる。

1. 実施方法

準備：用具一式には，①使用手引，②記録用紙，③図版カード（形式Ⅰ・Ⅱ・Ⅲ），④描写用紙（図版カードと同じ大きさの白紙10枚）が含まれており，それ以外に，①鉛筆（2B），②消しゴム，③ストップウォッチをあらかじめ準備しておく。

実施方法：図版カードは，それぞれ1-3個の図が描かれた10枚ずつの図版（BVRT模擬図版参照）として形式Ⅰ，形式Ⅱ，形式Ⅲの3セットが用意されており，リハビリテーションなどの介入前後の評価を短期間内に行う際も，セットを変更することにより，学習効果の残存要因を排除できるようになっている。また，通常は施行Aとして各図版を10秒間提示し即時再生させる施行方法をとるが，施行Bでは各図版を5秒間提示し即時再生，施行Cでは模写，施行Dでは各図版を10秒間提示し15秒後に遅延再生させる施行方法もある。なお，図版は，最初の2課題は単一図形，次の1課題は2個の図形（形式Ⅲのみ3個），残りの7課題は3個の図形となっている。また，複数の図形からなるものは右端もしくは左端に小さな図形（周辺図形）があり，半側空間無視や視野障害を検出しやすくなっている（BVRT模擬図版参照）。

所要時間：1つの施行法のみであれば5-10分程度で実施可能である。

2. 分析・解釈の方法

分析方法は，正確数および誤謬数について行う。正確数は1つの図版のすべての図形を正しく描画した場合に1点とし，最高得点は10点となる。一方，誤謬数は1つの図版のなかの各図形について，省略，歪み，保続，回転，置き違い，大きさの誤りの6種類に分類して数える。また，L（左側図形の誤謬数）とR（右側図形の誤謬数）を算出する。

解釈方法は，従来から指摘されているように，後頭葉損傷者では記銘および図形模写の検査で特に低成績を示し，右頭頂葉損傷者では図形間の空間関係の把握に失敗する傾向があり，同部位の損傷による左半側空間無視の症状を左周辺図形の認知の失敗から評価できる場合もある。また，前頭葉損傷者では，保続がみられることも多い。さらに，滝

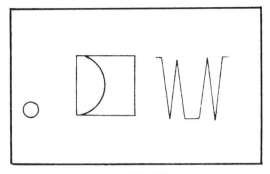
BVRT 模擬図版

BVRT 検査用具一式

浦（2007）が，わが国での使用に際して本検査の抱えている問題点，健常者の年齢と検査成績との関連とわが国における推定標準値について，ならびに臨床群における本検査の成績に関して文献に基づき報告しており，臨床現場で使用する際に参考となろう。なお，その報告を俯瞰すると，20-50歳の範囲で，①成人の日本人の成績は欧米人より良く，正確数，誤謬数とも，1程度の差がみられ，45歳以上ではその差が3-4程度に拡大する，②日本人では，正確数，誤謬数とも年齢の影響をあまり受けず，20-45歳の範囲で，正確数は8-9，誤謬数は1-2程度で，17-18歳の青年の成績とほぼ一致し，50歳では成績が幾分低下する，③正確数より誤謬数の方が成績の分散が大きいとされている。また，高齢者では，④60歳付近で正確数は大きく低下し，平均正確数は6-7程度であり，⑤65-70歳を超えると，日本人・欧米人ともに正確数は年齢とともに減少し，⑥70歳付近で，日本人と欧米人の平均正確数は同程度の5-6となり，⑦70歳以上で加齢とともに誤謬数が増加し，分散が大きいが6-10程度とされている。

3. 所見・フィードバック面接

事例：73歳，女性，アルツハイマー病による認知症（DSM-5）。BVRTの施行法A，形式Iを適用した結果は，正確数1，誤謬数19，省略2，歪み8，保続2，回転2，置き違い5，大きさの誤り0，L7，R10であり，視覚的記銘力に関する顕著な障害が認められた。なお，誤謬は左側図形（7）・右側図形（10）と偏りが認められ，全体の枠組み理解は比較的に良好であるところから左後頭葉背側経路における機能障害が示唆された。また，誤謬内容からは保続（2）は少なく前頭葉機能に大きな障害は認められないが，置き違い（5）が多く忘却内容を穴埋め的に補完するように，取り繕い行為を呈しやすいとも考えられた。このように正確数と誤謬数による解釈だけではなく，誤謬内容の解釈も大切となろう。

引用文献

Benton, A. L. (1945). A visual retention test for clinical use. *Archives of Neurology and Psychiatry*, **54**(3), 212-216.

Benton, A. L. (1963). *The Revised Visual Retention Test: Clinical and experimental applications* (3rd ed.) New York: Psychological Corporation.（ベントン, A. L.／高橋剛夫（訳）(1985). 改訂版視覚記銘検査使用手引―臨床と実験的利用（増補版） 三京房）

Sivan, A. B. (1991). *Benton Visual Retention Test* (5th ed.). Harlow, UK: Pearson Assessment.

滝浦孝之 (2007). 日本におけるベントン視覚記銘検査の標準値―文献的検討 広島修大論集―人文編，**48**(1), 273-313.

記憶機能に関連する検査③ 三宅式記銘力検査

歴史	三宅と内田（1924a, 1924b, 1924c）によって作成された対語法による聴覚言語性記銘力検査であり，三宅式対連合学習検査とも言われる。現在，臨床現場で一般的に使用されている心理検査を扱う業者から入手できるものは，オリジナルの対語リストを基に単語が変更されたと考えられる東大脳研式記銘力検査である。オリジナルの対語リストから東大脳研式記銘力検査への変遷については不明な点が多いことを滝浦（2007）が報告しており，参考となろう。なお，近年，本検査の抱えている問題点を改善した検査として，日本高次脳機能障害学会（編）（2014）の標準言語性対連合学習検査（standard verbal paired-associate learning test：S-PA）が発行されたばかりである。S-PA は記憶素材として使用される単語の出現頻度（frequency），親密度（familiarity），心像性（imageability），音韻の類似性，カテゴリーなどの選択基準が詳細に検討された3種類の刺激セットで構成され，Wechsler Memory Scale-Revised（WMS-R）と同様に言語性対連合では系列ごとに順序が変化されており，適用年齢は 16-84 歳であり，年齢群ごとの基準値が明確なものとなっている。したがって，今後は，S-PA を活用した知見の集積が大切になると考えられる。
目的	聴覚言語性記銘力や対連合学習機能を測定するための検査である。
概要	有関係，無関係の対語それぞれ 10 対から構成されており，それぞれの検査を 3 回実施するもので，本検査の刺激セットは 5 種類あるが，通常，臨床では最初のセットを使用する。
対象	成人用である。

1. 実施方法

準備：用具は，①検査用紙のみであり，それ以外に，②ストップウォッチ，もしくは秒針付きの腕時計を準備しておく。

実施方法：はじめに本検査にない対語で，検査者が「ビール－コップ」などの言葉の対を 10 個読み上げるので覚えること，その後，検査者が対語の最初の言葉「ビール」を言うので，対になった後の言葉「コップ」を答えることを被検者に教示する。被検者が教示を十分に理解した後，本検査を実施する。有関係対語 10 個を読み上げた後，同順序で単語対の最初の単語を読み上げ，対となる後の単語について被検者に回答させ，記録する。10 秒以内に答えなければ忘却とみなし次の単語対へ進む。第 1 試行を終了後，同じ手続きで第 2，第 3 試行を行う。その後，無関係対語検査を，同じ手続きで 3 試行を行う。

所要時間：15 分程度である。

2. 分析・解釈の方法

分析方法は，有関係対語検査，無関係対語検査のそれぞれの試行ごとに正答数，誤答数，忘却数を算出する。また，東大脳研式記銘力検査の要項には，標準値として有関係対語，第 1 試行（範囲 6.6-9.9，平均 8.5），第 2 試行（範囲 9.3-10.0，平均 9.8），第 3 試行（範囲 10.0-10.0，平均 10.0），無関係対語，第 1 試行（範囲 3.2-7.0，平均 4.5），第 2 試行（範囲 6.6-10.0，平均 7.6），第 3 試行（範囲 7.7-10.0，平均 8.5）が示されているが，基準があいまいなままである。認知症高齢者では有関係対語の成績が悪く，無関係対語での学習効果が認められないことが多い。また，コルサコフ症候群では，有関係対語と無関係対語の成績が大きく乖離し，無関係対語の成績が不良となりやすい。さらに，滝浦（2007）が本検査の抱えている問題点，および健常群ならびに一部の臨床群における本検査得点の標準値に関して文献的に検討を加えた報告をしており，臨床現場で使用する際に参考となろう。

7 神経心理学的検査

S-PA 検査用具一式

有関係対語				
(1)	(2)	(3)	(4)	(5)
人-猿	えびす-大黒	運動-体操	海-船	花-蝶々
田舎-田圃	煙草-マッチ	金-銀	男-髭	家-庭
親切-情	相撲-行司	命-服従	春-秋	役者-舞台
医者-病人	空-星	眠り-夢	机-硯	立身-出世
手-足	汽車-電車	火事-ポンプ	鳥-飛行機	夕立-雷
池-河	氷-雪	心配-苦労	雨-傘	旅行-名所
軍人-戦争	寿司-弁当	木綿-着物	夜-電灯	勲章-功労
馬車-自動車	葬式-墓	温泉-海水浴	病気-薬	女中-台所
勉強-試験	夕刊-号外	茶碗-箸	竹-虎	幸福-満足
狐-稲荷	華族-平民	カルタ-トランプ	梅-桜	鳩-豆

無関係対語				
(1)	(2)	(3)	(4)	(5)
谷-鏡	地球-問題	将軍-水道	火鉢-嵐	蛍-軍艦
酒-村	少年-銀行	柱-切符	夏-徳利	雨戸-西瓜
下駄-坊主	入浴-鯨	鉄橋-公園	心-池	練習-地震
忠義-椅子	つぼみ-響き	成功-月	煙-弟	材木-老人
仕事-冬	うさぎ-障子	新年-先生	犬-ランプ	縁日-病院
娘-石炭	田植え-神社	猫-鉛筆	正直-畳	玄関-砂糖
蛙-巡査	ガラス-貧乏	屋根-菓子	学校-太陽	診察-牛
柳-電話	水泳-紫	財産-都会	松-人形	電気-藤
行列-空気	停車場-真綿	商売-警察	頭-秋	時間-鉄瓶
書生-袋	特別-衝突	けんか-香水	時計-嵐	洋行-手拭い

三宅式言語記銘力検査の対語リスト
(三宅・内田 (1924a) の一部を抽出して改変)

3. 所見・フィードバック面接

事例：63歳，男性，アルコール依存症で，器質性健忘症候群に至った。Wechsler Adult Intelligence Scale-Revised（WAIS-R）では全検査知能指数（intelligence quotient：IQ）78（言語性IQ77，動作性IQ81）であり，三宅式言語記銘力検査では3回の有関係対語正答数は順に3-7-7（追錯数4-0-0），無関係対語正答数0-0-0（追錯数0-0-0）であり，疎通性は良好であるが会話内容には作話も目立っていた。本事例のように器質性健忘症候群に至るのはアルコールや一酸化炭素などによる脳の器質的変化が原因によるものが多い。また，本事例のように三宅式言語記銘力検査における有関係対語正答数と無関係対語正答数の乖離が大きくなる場合が多い。さらに，作話が顕著なコルサコフ症候群（失見当識，記憶障害，作話が3主徴）でもあり，ケア場面においては自尊心を傷つけないように作話に対応することが大切となろう（小海，2006）。

引用文献

小海宏之（2006）．高齢期の心理的アセスメント—適切なケアを行うために　曽我昌祺・日下菜穂子（編）高齢者のこころのケア　金剛出版，pp.35-47.
三宅鑛一・内田勇三郎（1924a）．記憶ニ關スル臨牀的實驗成績（上）神経学雑誌，**23**, 458-488.
三宅鑛一・内田勇三郎（1924b）．記憶ニ關スル臨牀的實驗成績（中）神経学雑誌，**23**, 523-565.
三宅鑛一・内田勇三郎（1924c）．記憶ニ關スル臨牀的實驗成績（下）神経学雑誌，**24**, 12-45.
日本高次脳機能障害学会（編）・日本高次脳機能障害学会・Brain Function Test 委員会 新記憶検査作製小委員会（著）（2014）．標準言語性対連合学習検査　新興医学出版社
滝浦孝之（2007）．三宅式記銘力検査（東大脳研式記銘力検査）の標準値—文献的検討　広島修大論集—人文編，**48**(1), 215-272.

記憶機能に関連する検査④ リバーミード行動記憶検査

歴史	リバーミード行動記憶検査（Rivermead Behavioural Memory Test：RBMT）は，ウィルソンら（Wilson et al., 1985）によって，元々は頭部外傷患者の記憶の回復過程を評価するために開発された検査である。日本語版は，綿森ら（2002）により，標準化されている。なお，すでにいずれも適用年齢が16-96歳である RBMT-Second Edition（RBMT-Ⅱ：Wilson et al., 2003）や RBMT-Third Edition（RBMT-3：Wilson et al., 2008）が開発されており，RBMT-3 には新奇課題（日本語訳は未定：Novel Task）の即時と遅延再生が付加されており，総合記憶指標（Global Memory Index：GMI）も算出できるようになっており，日本語版の標準化が待たれよう。
目的	日常記憶の障害を測定または予測し，治療による変化を観察するために開発されたテスト・バッテリーである。
概要	RBMT は，①姓の記憶，②名の記憶，③持ち物の記憶（展望記憶：prospective memory），④約束の記憶（展望記憶），⑤絵の遅延再認（視覚性課題），⑥物語の直後および遅延再生（言語性課題），⑦顔写真の遅延再認（視覚性課題），⑧道順の直後および遅延再生（空間的課題），⑨用件の直後および遅延再生（展望記憶），⑩日付を除く見当識（遠隔記憶および近時記憶），⑪日付の見当識（近時記憶）の11下位検査項目で構成された検査である。日常記憶の障害，つまり生活障害を定量化でき，同等の難易度である並行検査が4セット用意されており，再検査による練習効果の影響を排除でき，リハビリテーションなどの効果測定を縦断的に行いやすく，他の神経心理検査にみられない展望記憶機能を測定できるのも特徴である。
対象	成人用である。

1. 実施方法

準備：用具一式には，①使用手引，②記録用紙，③大判顔写真（姓・名で使用），④タイマー（約束で使用），⑤絵カード（絵で使用），⑥顔写真（顔写真で使用），⑦「連絡」と書かれた封筒（用件で使用）が含まれている。それ以外に，①IC レコーダー（物語・見当識で使用），②ストップウォッチ（絵・顔写真で使用）が必要となるので，あらかじめ準備しておく。なお，用具一式に施行法習得用の DVD が同梱されているので，あらかじめ視聴してよく学んでおくことが大切である。

実施方法：(1, 2) 大判顔写真を提示し姓名を覚えてもらい，(3) 患者の持ち物を1つ借りて隠し，検査終了と言ったら，持ち物を返して欲しいと言うことを教示し，(4) タイマーを20分にセットし，タイマーが鳴ったら，次回の予約を尋ねるよう約束しておく。その後，(5) 絵カード10枚を提示し，呼称させる。(6a) 物語を読み，直後に再生させる。(5) ダミーを加えた20枚の絵カードから10枚の絵を再認させる。(7) 未知の顔写真5枚を提示し，覚えやすくするため写真ごとに性別と40歳以上か否かを尋ねる。(8a) 決められた5カ所を通る道順と，(9a) 連絡の封筒を指示された場所におく用件を覚えてもらい，直後に道順と用件を再生させる。(7) ダミーを加えた10枚の顔写真から5枚の顔写真を再認させる。(10, 11) 見当識と日付の質問を行う。(4) タイマーが鳴ったら，約束を思い出してもらう。(6b) 物語を遅延再生させる。(8b) 道順と (9b) 用件を遅延再生させる。(1, 2) 大判顔写真を提示し姓名を思い出してもらう。(3) 検査終了を伝え，持ち物の返却を要求することを思い出してもらう。

所要時間：30分程度である。

RBMT 検査用具一式

2. 分析・解釈の方法

分析方法は，下位検査項目ごとに反応の良否の程度をみる基準に従い3段階で換算される標準プロフィール点（standard profile score：SPS, 24点満点），および独力による正答の可否をみる基準で換算されるスクリーニング点（screening score：SS, 12点満点）を算出する。

解釈方法は，マニュアルにおける基準は，SPSのカットオフ値として，39歳以下が19/20点，40-59歳が16/17点，60歳以上が15/16点，SSのカットオフ値として，39歳以下が7/8点，40-59歳が7/8点，60歳以上が5/6点と示されている。数井ら（Kazui et al., 2005）は，健常者と軽度認知障害者においては，SPSのカットオフ値を16/17点にした際，感度1.000，特異度0.917，SSのカットオフ値を6/7点にした際，感度0.917，特異度0.958，軽度認知障害とアルツハイマー病においては，SPSのカットオフ値を5/6点にした際，感度0.729，特異度0.875，SSのカットオフ値を1/2点にした際，感度0.792，特異度0.792と報告しており，臨床現場における解釈基準として参考になるであろう。

3. 所見・フィードバック面接

事例：73歳，男性，右手利き，アルツハイマー病による軽度認知障害（DSM-5）。RBMTの結果は，姓0/2，名0/2，持ち物1/4，約束1/2，絵8/10，物語（直後）11.5/25，物語（遅延）8.5/25，顔写真3/5，用件（遅延）2/3，見当識8/9，日付0/1で失点が認められ，SPS 11/24点，SS 3/12点でいずれもカットオフ値以下であった。この結果からは，聴覚言語性記銘力，視覚性記銘力，展望記憶，時間的見当識の多岐にわたる障害が考えられ，周囲が自己紹介を繰り返したり，メモ帳やスケジュール表を活用したりなどがケア・アドバイスとして考えられよう。また，認知症（DSM-5）への移行リスクも高いと考えられるため，抗認知症薬による治療を積極的に勧めるべきであろう（小海, 2019）。

引用文献

Kazui, H., Matsuda, A., Hirono, N., Mori, E., Miyoshi, N., Ogino, A., Tokunaga, H., Ikejiri, Y., & Takeda, M. (2005). Everyday memory impairment of patients with mild cognitive impairment. *Dementia and Geriatric Cognitive Disorders*, **19**, 331-337.

小海宏之（2019）．神経心理学的アセスメント・ハンドブック（第2版）　金剛出版，pp.80-86, 125-127.

Wilson, B. A., Cockburn, J. M., & Baddeley, A. D. (1985). *The Rivermead Behavioural Memory Test*. Bury St. Edmunds, UK: Thames Valley Test Company.

Wilson, B. A., Cockburn, J. M., & Baddeley, A. D. (1986). *Rivermead Behavioural Memory Test*: Suppl. 2. Bury St. Edmunds, UK: Thames Balley Test Company.（綿森淑子・原　寛美・宮森孝史・江藤文夫（2002）．日本版RBMT リバーミード行動記憶検査　千葉テストセンター）

Wilson, B. A., Cockburn, J. M., & Baddeley, A. D. (2003). *The Rivermead Behavioural Memory Test* (2nd ed.). London: Pearson Assessment.

Wilson, B. A., Greenfield, E., Clare, L., Baddeley, A. D., Cockburn, J. M., Watson, P., Tate, R., Sopena, S., Nannery, R., & Crawford, J. (2008). *The Rivermead Behavioural Memory Test* (3rd ed.). London: Pearson Assessment.

失語症に関連する検査　SLTA 標準失語症検査

歴史	失語症研究会（韮山カンファレンス）が、標準失語症検査（Standard Language Test of Aphasia：SLTA）を開発し、この研究会はその後、日本失語症学会（現在の日本高次脳機能障害学会）へと発展し、SLTA の研究と普及活動が継続されている。また、標準失語症検査作製委員会（1975）により SLTA の完成版が出版され、日本失語症学会（1997）および日本高次脳機能障害学会（2003）によりこれまでに 2 回の改訂を経ているが、検査内容に変更はない。
目的	SLTA は、①失語症状の詳細および継時的な変化の把握、②リハビリテーション計画立案の指針取得を目的としている。
概要	SLTA は、Ⅰ聴く（①単語の理解、②単文の理解、③口頭命令に従う、④仮名の理解）、Ⅱ話す（⑤呼称、⑥単語の復唱、⑦動作説明、⑧まんがの説明、⑨文の復唱、⑩語の列挙、⑪漢字・単語の音読、⑫仮名 1 文字の音読、⑬仮名・単語の音読、⑭単文の音読）、Ⅲ読む（⑮漢字・単語の理解、⑯仮名・単語の理解、⑰短文の理解、⑱漢字命令に従う）、Ⅳ書く（⑲漢字・単語の書字、⑳仮名・単語の書字、㉑まんがの説明、㉒仮名 1 文字の書取、㉓漢字・単語の書取、㉔仮名・単語の書取、㉕短文の書取）、Ⅴ計算（㉖計算）の 5 側面、計 26 項目の下位検査で構成されている。また、ほとんどの検査項目において反応時間やヒント後の反応に基づく 6 段階評価が採用されており、失語症状を詳細に把握でき、細かな変化を知ることもでき、これらの結果をリハビリテーションに活かすことが可能となるのが特徴である。さらに、正誤 2 段階の評価に換算して大まかな結果を把握することができるのも特徴である。
対象	成人失語症者を対象としている。

1. 実施方法

準備：用具一式には、①マニュアル、②検査図版（65 枚）、③文字カード（A-D カード各 12 枚）、④道具（ハンカチ・鏡・くし・鉛筆・はさみ・歯ブラシ・鍵・マッチ・万年筆）、⑤記録用紙、⑥計算用紙、⑦プロフィール、⑧集計表が含まれている。それ以外に、①100 円硬貨、②ストップウォッチもしくは秒針付きの時計、③色鉛筆（検査者が文字のヒントを与える時に用いる）、さらに、④IC レコーダー（錯語などを正確に記録するため）があった方が望ましいので、あらかじめ準備しておく。

実施方法：実施にあたっての全般的注意点として、①被検者ができる限り自然な状態で受検できるよう配慮する、②被検者が安心して受検できるよう、検査者はラポールが形成できるようにする、③検査者は検査実施前に必ず検査の目的を相手が納得できるように説明し、了解を求めておくべきである、④検査場所は、被検者が落ち着いて検査を受けられるよう配慮する、⑤失語症者は自分の言葉の障害を他人に知られたくないという感情をもつ場合が多いので、その際は家族でも同室させず、検査者と被検者とが 1 対 1 で検査を行う、⑥失語症者は検査が長時間になると疲労しやすく、適正な反応を引き出せない場合があるため、その場合は検査を中断し、数回に分けて施行する、⑦破局反応や拒否反応が生じた場合は、検査を一時中止して、安静な状態になってから再開する、⑧検査開始から終了までの期間は 2 週間以内とする、⑨SLTA では言語様式による反応の差をみるため、いくつかの下位検査で同じ用語が使用されている。それによる学習を極力少なくするように下位検査が配置されているため、マニュアルに書かれた実施順序に従う。ただし、順序を変更しても構わない下位検査があるので、マニュアルでよく確認しておくことが大切である。

所要時間：60–90 分程度である。

SLTA検査用具一式

2. 分析・解釈の方法

　分析方法は，まず，6段階評価（6：完全正答，5：遅延完全正答，4：不完全正答，3：ヒント正答，2：関連，1：誤答）と2段階評価（正当か誤答か）を併用して採点する。ただし，⑧まんがの説明（話す），㉑まんがの説明（書く），⑩語の列挙，㉖計算は6段階評価を用いない。そして，通常は，SLTAプロフィール（A）を素点に基づき作成する。

　解釈方法は，SLTAプロフィール（A）では，施行順に従って，各下位検査の正答百分率が表示され，図中には非失語症群150例の平均と-1標準偏差が記入されており，これを利用し患者の成績を非失語症者と比較検討する。

3. 所見・フィードバック面接

事例：55歳，男性，右手利き，脳出血による中度のBroca失語で右麻痺（出典：マニュアルの症例Ⅰより）。SLTAの結果，正答率は聴覚的理解は，単語（100%），短文の聴覚的理解（80%）は良好であるが，統語理解（口頭命令に従う10%）に障害がみられた。発話は，単語の復唱（100%），漢字・仮名ともに単語の音読（100%）は良好であるが，構音・プロソディの障害が認められ，「御飯」を「体温計じゃなくて」，「ふすま」を「机じゃなくて」と誤りへの気づきがうかがわれるものの語性錯語も認められた。読解では，漢字・仮名とも単語理解（100%）は良好であるが，統語構造の複雑化に伴い障害を認めた（短文理解90%，書字命令に従う60%）。書字は漢字に比して仮名の書き取りがより困難であった（漢字・単語の書取80%，仮名・単語の書取60%）。さらに，自己修正能力に関しては，修正可能な時と，成功しない時の両方が認められ，呼称では，「たこじゃなくて」と繰り返す保続も認められた。したがって，コミュニケーションを取る際は，発話を焦らせないように待つことや，複雑な物事に関しては漢字・仮名混じりの筆談を補助手段に使用することが，ケアポイントとして大切になろうと考えられる。

引用文献

標準失語症検査作製委員会（1975）．標準失語症検査　鳳鳴堂書店
日本高次脳機能障害学会（旧日本失語症学会）（編）・日本高次脳機能障害学会・Brain Function Test委員会（2003）．標準失語症検査マニュアル－改訂第2版　新興医学出版社
日本失語症学会（編）日本失語症学会SLTA小委員会マニュアル改訂部会（1997）．標準失語症検査マニュアル（改訂版）　新興医学出版社

8 育児支援に関する質問紙

●概　論

(1) 育児に関するアセスメント

　乳幼児をかかえる親は多かれ少なかれ，育児不安を抱えている。しかし，多くの親は子どもと向き合う日々の中で，周囲のサポートや子どもの成長に支えられ，その時を乗り越え，子育てをしていく。一方で，少子化や核家族化，情報化がすすんできた社会での子育ては，家族の孤立をうみ，育児不安や，育児困難を抱える親が増加していることがクローズアップされるようになってきている。

　育児に対する不安は，具体的な些細な疑問から，子育てに関する漠然とした不安定さなどさまざまなレベルの状態を内包しているが，育児不安の強さは，子どもの行動や反応の読み取りを難しくさせ，子どもとの豊かな相互交流を妨げることもある。育児の困難さを強めた場合，結果的に虐待的行為につながってしまうことも起こってくるだろう。

　これまで，子育て中の母親の抑うつが高いことも報告されるようになってきており，いかに子育て中の親が安定した気持ちで子どもとかかわることができ，また子どもとの関係が悪循環に陥って虐待につながらないように予防的なかかわりができるのかということが大きな課題となってきている。

　出産後から乳幼児期は，子どもを連れて外出することはなかなか難しく，何らかの困難さを親が感じていたとしても，相談や支援の場に，自分から出ていきにくい。また，育児の支援をうけることは，周りの人が普通にできているようにみえる育児が自分だけできないような錯覚を感じさせやすく，抵抗を感じさせやすい。そのため，できるだけ侵襲的にならないように，必要な支援を必要な時期に届けられるようなシステムの中で支援を行っていく必要がある。

　現在では，育児の困難さを抱えている，あるいは，リスクが予想される家族が，できるだけ早期から支援につながることで，より適切な親子関係を築いていくことができるように，周産期医療施設や母子保健の現場などでさまざまなアセスメントツールが活用されるようになってきている。

(2) 育児支援のためのアセスメント

　育児の困難さにつながる要因として，産後うつ病，bonding（愛着）障害などが指摘されてきており，母親のメンタルヘルスや，子どもへの感情を測ることのできるアセスメントツールが母子保健の領域では活用されるようになってきている。産後の不安定になりやすい時期に，質問紙を使って，回答をしてもらうことで，親のメンタルヘルスや子どもへの感情などを把握

しやすくし，また回答をきっかけに話を聴くことで，次の支援につなげる一定の役割を果たすことができる。こうした質問紙は，項目数も少なく，またリスクがある可能性がある方を次の支援につなげることを目的としており，出産あるいは育児中の母親一般に広く回答をしてもらうものとなっている。

　一方で，本人からの訴えや，周りから育児面で心配され，支援の場につながってきたときに，どういう状況にあるかを判断し，どういった支援の方針をたてる必要があるのかを把握するための，アセスメントツールが存在する。これらはより具体的に状況の把握をするために，さまざまな側面から評価ができるようなものとなっており，項目数も多い。そのため回答に一定の負担がかかるものとなっており，何を目的として，どういったことを測定するための評価なのか十分吟味して使用をする必要がある。

　また，目を離すことができない状況にあることの多い乳幼児を抱えて質問紙等に回答するためには，回答の間，乳幼児を預かる，あるいは様子を見守るなど，一定の配慮が必要となる。また子育ての状況について回答をすることで，普段意識をしていなかった，子どもに対する感情を改めて意識せざるを得なくなることもあるかもしれない。どの項目も，回答させて終わりではなく，回答してみてどんなことを思ったのか，また回答した項目の内容によっては，回答内容を具体的に聴くことで，アセスメントツールの活用自体が支援になるように十分注意をしたい。

(3) 結果を支援に活かしていくために

　育児不安は，生後1ヶ月ぐらいまでと，言葉や歩行などはっきりとした発達の指標が意識される時期に高まりやすい傾向がある。そのほか，初産で，サポートが得られていない親や，リスクをもって生まれた赤ちゃんの親の育児不安や育児ストレスは他の親に比べて高いなど，子どもの年齢や，現在までの状況，親を取り巻く環境によって，影響を受けやすい。また，親自身の親との関係やこれまで育ってきた生育歴，社会・経済的な要因も，子どもとの関係に影響を及ぼす。そのため，さまざまな側面から今，親が置かれている状況を判断し，育児に対する困難さがどういったところから生じ，どういった問題を内包しているのかについてアセスメントしていかなければならない。質問紙等で得られる評価だけではなく，総合的に判断し，緊急に介入が必要な状態なのか，環境調整で乗り越えていける可能性のある状態なのか，経過を見守るだけでも大丈夫なのか支援の方針を決定していく必要がある。

　一方で，自分のメンタルヘルスや育児について尋ねられることは，自分の育児を評価されるのではないかと不安を誘発しやすい。こうしたアセスメントツールを活用するときには，母親にとって侵襲的な体験とならないように，「あなたとお子さんがよりよく過ごしていけるために，どういったサポートを私たちが提供をすることができるのかということを検討するために，回答をしてもらうものである」ことをきちんと伝えておきたい。また，質問等に回答してもらうだけではなく，回答したことについて改めて語り，その語りを受け止めてもらえる体験自体が，支援につながっていく。たとえ親の語りの内容が些細な不安の訴えであったとしても，不安の訴えの背景にある母親の思いに耳を傾けながら支援していくこと，1回だけのアセスメントではなく，継続的に支援をつないでいくことが必要となっていく。

育児支援に関する質問紙① 産褥期母親愛着尺度

歴史	母親が子どもに対して情緒的な絆は，母親の子どもに対する愛着，bondingと表現されてきた。愛着形成の障害を測定する質問紙として，これまで，初期の母子の関係性障害に焦点を当てたPBI（Post-partum Bonding Instrument; Brockington et al., 2001）や母性感情の障害に焦点を当てたKumar's Mother Infant Bonding Questionnaire（Kumar et al., 1997）などが開発されてきている。日本においては，産褥期の母親を対象にした産褥期母親愛着尺度（Postpartum Maternal Aattachment Scale：PMAS, Nagata et al., 2000）や，Marksらが開発した「赤ちゃんへの気持ち質問票」が吉田ら（2005）により紹介されている。
目的	妊娠中や乳幼児期の母親から子どもへの感情を把握し，虐待予防のスクリーニングとして使用可能である。
概要	産褥期母親愛着尺度（PMAS）は産後の母親の子どもに対する感情に特化した質問紙であり，一般的な感情や，育児に関する不安を捉えるものとして開発された。母親中核愛着と育児不安の2つの側面から捉えることできる。赤ちゃんへの気持ち質問票は，赤ちゃんの気持ちと赤ちゃんの行動の2つの側面から構成され，簡便ながら，母親の側の愛着障害，育児不安，虐待のリスクなどを把握することができる有用なスクリーニング尺度として，EPDSとの併用で広く母子保健の場面で活用されるようになってきている。
対象	産後から乳児期を対象としている。

1. 実施方法

PMASは，永田ら（Nagata et al., 2000）がNICU入院児の母親など出産後の母親との面接から抽出した内容を基に作成されており，NICU入院児の母親に特徴的な感情や不安が取り上げられている。19項目からなる質問紙であり，「これからのことを考えるとうまく育てられるかどうか不安である」といった子育てに対する自信のなさや不安を評定する「子どもへの不安」尺度と，「子どものことをたまらなくいとおしいと思う」「子どもがかわいく思えない（逆転項目）」といった子どもに対する陽性の感情を評定する「中核的母親愛着」尺度の2つの尺度から成り立っている（表参照）。出産直後から活用が可能であり，「まったく当てはまらない」から「よく当てはまる」までの4件法で回答を行う。これまでマタニティブルーズとの関連や出産後NICUに入院となった児の母親の特徴などが検討されてきている（永田，2011）。

赤ちゃんへの気持ち質問票は，マーク（Mark, M. N.）が原著者であり，吉田らが翻訳権を取得し，『産後の母親と家族のメンタルヘルス―自己記入式質問票を活用した育児マニュアル』で紹介をしている。赤ちゃんに対する気持ちを問うものとなっており，「赤ちゃんをいとおしいと感じる」「赤ちゃんのことが腹立たしく嫌になる」など10項目の質問項目からなっている。「ほとんどいつも強くそう感じる」から「全然そう感じない」までの4件法で，0点から3点。合計得点は30点満点となり，得点が高いほど，赤ちゃんへの否定的な感情が強いことを示している。実際の使用にあたっては，1点以上がついた質問項目，特に2点以上の高得点数をつけた質問について母親の気持ちを詳しく聴くことで，育児支援に結びつけていくことが望まれるとされている。このチェックリストの項目は産後うつ病や，虐待のリスクとの関連性の検討が行われており，EPDSや，育児支援チェックリストとセットで使用すること，研修等で基本的な使用法を習得のうえ活用することが推奨されている。詳細はマニュアル（吉田ら，2011）を参照されたい。

産褥期母親愛着質問紙（永田，2011）

1.	子どもとのかかわりが楽しみである
2.	子どものそばにいると安心する
3.	これからのことを考えると，うまく育てられるかどうか不安である
*4.	子どもにあまり興味がもてない
5.	子どもに話しかけながら接している
*6.	子どもがかわいく思えない
*7.	子どもと離れていると，子供のいろいろなことが気にかかる
8.	子どものためなら何でもしてやれる気がする
9.	子どもを見ると，触れたり抱き上げたくなる
10.	子どもに触れるのがこわい気がする
11.	子どものことをたまらなくいとおしいと思う
12.	子どもとどうかかわってよいか分からない
13.	自分の子どもという実感がわかない
14.	子どもが病気にならないかと不安である
15.	もっと子どもにしてやることがあるような気がする
16.	子どもを抱くと壊れてしまいそうな気がする
17.	子どもに何をしてやればいいかわからず，戸惑うことがある
*18.	子どもと離れていると，触れたり抱いたりしてやれないことを寂しく思う
19.	子どもの身の回りの世話が楽しい

（*は逆転項目）

2. 分析・解釈の方法

どちらの質問紙にも区分点は設けられていない。PMASは，中核的母親愛着の合計得点が低いほど，子どもへの情緒的な絆を感じにくく，子どもの不安の合計得点が高いほど，育児や母親としての自分に自信がもてていないことを示している。赤ちゃんへの気持ち質問票では合計得点が高いほど，子どもに対して何らかの否定的な気持ちが強いことを示している。どちらの質問紙においても，実際の使用にあたっては，得点がついた項目について，詳細に母親の思いを聴き，具体的なかかわりの様子を確認することが望ましい。

赤ちゃんへの気持ち質問票の「赤ちゃんが腹立たしくていやになる」（No.3）「赤ちゃんに対して怒りがこみ上げる」（No.5）は，虐待のリスクとの関連が指摘されている。ただ，得点が高いことを虐待とすぐに結びつけることは避け，実際の子どもとのかかわりをアセスメントするとともに，各項目の得点を吟味することで，より包括的に判断をすることが必要である。

3. 所見・フィードバック面接

こうした質問に回答してもらうことは，母親の語りを促し，質問項目を糸口に，支援につなげていくきっかけとなる。母親のメンタルヘルスや，家族の社会・経済的な状況等も確認し，支援が必要と判断された場合は，保健師の訪問など実際の子どもとのかかわりを継続的にフォローアップし，育児支援の体制を整えていく必要がある。

得点が高く心配なケースほど，支援に抵抗があり，支援を受けること自体がうまくやれていない自分と重なるように感じることもある。「あなたと赤ちゃんが楽しくすごすことができるように一緒に考えていきたい」など，正直に回答してくれたことに対して肯定的に受け止めることから始めたい。

引用文献

Nagata. M., Nagai, Y., Sobajima, H., Ando, T., Nishide, Y., & Honjo, S. (2000). Maternity blues and attachment in mother of full-term normal infants. *Acta Psychiatrica Scandinavica*, **101**(3), 209-217.

吉田敬子（監修）吉田敬子・山下 洋・鈴宮寛子（2005）．産後の母親と家族のメンタルヘルス—自己記入式質問票を活用した育児支援マニュアル　母子保健事業団

永田雅子（2011）．周産期のこころのケア—親と子の出会いとメンタルヘルス　遠見書房

育児支援に関する質問紙② 日本版 PSI／子ども総研式・育児支援質問紙

歴史	近年，育児にかかわる母親の育児不安や育児ストレスが問題視され，子育てにつまずいている母親への適切な支援が求められるようになった。そのような状況の中，アメリカではアビディン（Abidin, 1983）によって Parenting Stress Index（以下 PSI）が開発され，多言語に翻訳されて世界で広く活用されている。日本でも奈良間ら（1999）によって日本版 PSI が開発されている。 一方日本でも 1994 年から日本子ども家庭総合研究所のチーム研究「育児不安のタイプとその臨床的研究」が開始され（川井ら，1994），7 年にわたる研究成果によって，子ども総研式・育児支援質問紙が作成された（川井ら，1999）。
目的	これら質問紙の目的は，さまざまな機関での育児相談の際に，母親がどの程度育児に困り感を抱えているかを評定するとともに，母親への援助の必要性を判断する目安の 1 つとして利用することである。
概要	日本版 PSI は，子どもの特徴に関するストレス（子どもの側面）38 項目，親自身に関するストレス（親の側面）40 項目の計 78 項目からなる質問紙であり，親が子どものどのような特徴にストレスを感じているか，また，親自身が自分のどのような状況にストレスを感じているかを把握することができる。 子ども総研式・育児支援質問紙は，発達的な違いを考慮し，子の年齢によって 0-11 ヶ月児用，1 歳児用，2 歳児用，3-6 歳児用の 4 段階に分けられている。質問項目は，各年齢段階で母親が抱えやすいとされる育児困難感に関する項目から構成されており，各段階 73-87 項目となっている。
対象	PSI は子どもの年齢が 3 ヶ月から 12 歳までの母親を対象としている。一方，子ども総研式・育児支援質問紙は先に述べた年齢区分に該当する児を有する母親に適応する。きょうだいがいる場合は，相談の対象児を該当年齢児とする。

1. 実施方法

準備：これらの質問紙を臨床場面で利用する場合は，乳幼児をもつ母親と接する場にいる心理専門職，保健師，小児科医師などが行う。結果を支援に役立てるために，必要に応じて内容について相談ができる場を設ける体制が必要である。

実施方法：実施は乳幼児健診の場合は待ち時間を利用したり，健診書類とともに郵送して事前に回答し回収するということも考えられる。しかしこれらの質問紙は母親の育児に関する困り感に関わる領域について広く網羅している分，項目数も多く実施に時間を要する。

そこで乳幼児健診のような場面で簡便で短時間に回答でき，かつ援助者が援助の指針を速やかに見出せるようなツールとして，育児ストレスショートフォーム（PS-SF）が開発された。PS-SF は，日本版 SPI の構成と質問項目を参考に，19 項目から構成されている。PS-SF は乳幼児を有する母親にとってより負担が少なく，回答しやすいことが特徴である。

いずれの質問紙においても，特に低年齢児を抱える母親に実施する場合には，母親が回答をしやすいような場や時間を設定したり，サポートを用意するなどの配慮が必要であることに留意しなければならない。

所要時間：PSI および子ども総研式・育児支援質問紙の回答にはおよそ 20 分から 30 分程度必要とする。一方，PS-SF は質問項目が絞られているため，10 分以内で回答することができる。未回答の項目があると的確な評定が難しくなってしまうので，確認の上全項目回答が望まれる。無効回答や未記入があった場合には暫定的にプロフィールを書くこととし，その旨を所見に必ず記載する。

2. 分析・解釈の方法

下位領域として設定されている項目はそれぞれ異なるが，両質問紙とも各下位領域に含まれる項目の得点からプロフィールを描くことができる点は同様である。

日本版 PSI において設定されている下位領域は，大きく分けて子どもの側面と親の側

日本版 PSI，子ども総研式・育児支援質問紙（SUCCESS・BELL「PSI 育児ストレスインデックス」〈http://www.saccess55.co.jp/kobetu/detail/psi.html〉（最終確認日：2017 年 10 月 20 日），河合ら（2000））

面で構成されている。子どもの側面には，「親を喜ばせる反応が少ない」「刺激に敏感／ものに慣れにくい」といった，親役割を果たすことを困難にさせるような子どもの特性と関連した7つの下位領域が設定されている。親の側面には，「親としての有能さ」「抑うつ・罪悪感」といった，親機能に関するストレスの原因や親子システムの潜在的な機能不全などの8つの下位領域が設定されている。

一方，子ども総研式・育児支援質問紙におけるプロフィールの下位領域は年齢区分によって異なるが，すべての段階に共通するのは「育児困難感Ⅰ（心配・困難・不適格感）」「夫・父親・家庭機能の問題」「母親の不安・抑うつ傾向」「Difficult Baby」「夫・父親の心身不調」の5領域である。これに「育児困難感Ⅱ（ネガティブな感情・攻撃衝動性）」が1歳児用以上に加えられ，「家庭機能の問題」が1歳児用と3-6歳児用に加えられている。0歳児用と2歳児用ではこの「家庭機能の問題」と「夫・父親役割の問題」とが結びついて1つの領域となっている。さらに，すべての段階を通してプロフィールに「子どもの心身の状態」が含められているが，これはプロフィール尺度を作成するためだけでなく，母親面接を行う時に把握しておいた方がよい項目であると考えられる（川井ら，2000）。このように，子どもの発達段階に合わせたプロフィールを描くことができることが子ども総研式・育児支援質問紙の特徴である。

3. 所見・フィードバック面接

どちらの質問紙も育児支援を目的としたものであるため，その結果の利用は最終的に母親の子育てを援助するための面接を実施することを前提としている。母親が育児に負担を感じ，ストレスを強く感じていることは母親自身の苦痛にとどまらず，子どもにも大きな影響を及ぼすことになる。そのため支援者は，母親の育児ストレスを的確に把握し，その軽減を目的とした援助計画を立てていく必要がある。その際には，これらの質問紙を通して示される，育児における困り感に関するプロフィールが有用な情報となるだろう。

引用文献

Abidin, R. R. (1983). *Parenting Stress Index climinal manual* (1st ed.). Carlotteville, VA: Pediatric Psychology Press.

川井 尚・庄司順一・千賀悠子・加藤博仁・中野恵美子・恒次欽也（1994）．育児不安に関する基礎的検討　日本総合愛育研究所紀要, **30**, 27-39.

川井 尚・庄司順一・千賀悠子・加藤博仁・中村敬・谷口和加子・恒次欽也・安藤朗子（1999）．育児不安に関する臨床的研究Ⅵ―子ども総研式・育児支援質問紙（試案）の臨床的有用性に関する研究　日本子ども家庭総合研究所紀要, **36**, 117-138.

奈良間美保・兼松百合子・荒木暁子・丸　光恵・中村伸枝・武田淳子・白幡範子・工藤美子（1999）．日本版 Parenting Stress Index（PSI）の信頼性・妥当性の検討　小児保健研究, **58**(5), 610-616.

吉田敬子（監修）吉田敬子・山下　洋・鈴宮寛子（2005）．産後の母親と家族のメンタルヘルス―自己記入式質問票を活用した育児支援マニュアル　母子保健事業団

育児支援に関する質問紙③ エジンバラ産後うつ病自己評価票

歴史	コックス（Cox, J. L.）が1987年に開発した産後の母親の子どもに対する感情をうつ病に特化したスクリーニング尺度であり，従来の自己記入式抑うつ尺度よりも，産後の特性に焦点を当て，認知面の症状が中心項目となっている（Edinburgh Postnatal Depression Scale: EPDS）。日本版は岡野ら（1996）が発表し，論文を引用することで使用は可能である。
目的	出産後は，女性の一生の中で精神医学的な問題が発症しやすく，出産した女性の10-15％にうつ病が認められるとされている。しかし，産後のうつ病は，「赤ちゃんの具合が悪い」「母乳の飲みが悪い」や，「自分は母親としての資格がない」「十分に赤ちゃんの世話ができない」といった赤ちゃんの健康や母乳に関する育児の心配や，母親としての自分に対して自信のなさとして表明されることが多く，周りには捉えられにくい。そのためより簡便に出産後の母親のメンタルヘルスを把握し，支援につなげるものとして活用される。
概要	うつ病の基本症状の感情障害，抑うつ気分のほか，睡眠障害や過度な自責感，希死念慮などを問うものとなっている。感情表出の乏しい日本人の特性をカバーできるものであり，観察して得られた印象と，実際の得点の乖離を検討することで，産後の不調のSOSが出せない人に，サポートを差し伸べるきっかけにもなる。
対象	産後を対象としたものであるが，比較的に簡便に答えられるものであり，妊娠中や乳幼児期の母親のメンタルヘルスのスクリーニングとして使用可能である。

1. 実施方法

準備：質問紙と，鉛筆のみで実施可能である。個別に実施をするものであるが，採点も容易であり，回答した後に，その場で支援者が回答内容について確認しながら話を聴くことが望ましい。

実施方法：個別の回答式である。現在産科クリニックや保健センターで使用されるようになってきているが，単なるスクリーニングで使用することは避けたい。EPDSの項目の聴取自体が支援につながるため1点以上がついた質問項目について，母親から実際の言葉で確認していくことが望ましい。また，質問紙への回答を依頼するときは，「出産後のお母さんの心の状態を理解してサポートしていきたいと思う。出産後はどのお母さんも不安定になりやすい。お母さんの心の健康は，赤ちゃんを育てる上で大切なこと。質問の結果，また聴いた内容については他人には漏らさないので，今の状態をありのままにこたえてください」と伝えるとよいだろう。

各項目を聴取するときの注意点としては，育児・家事を取り巻く状況や，赤ちゃんの様子をおさえた上で，客観的には子育てが行えていると判断でき，特に子育てで具体的に困っていることがないのに，過度な自責感を抱いていたり，漠然とした心配や不安や捉えどころがない恐怖感を抱いているかどうかがポイントとなる。各項目の質問文にある「不必要に」「理由もないのに」がキーワードとなる。睡眠障害については，授乳や子どものケアが理由である場合，夜間の不眠を昼寝によって解消することができているかに注目したい。抑うつ気分について点数がつけられている場合は，どういう状況のときに，悲しくなったりすることがあり，どのくらい続くのかを確認していくといいだろう。特に注意をしなければならないのが，希死念慮・自殺企図の有無であり，状況・内容・具体的な実行の有無・サポートしてもらえる人が身近にいるかどうか，実際にそういった思いが浮かんだ時に，誰かに話せたかを確認していくとともに，緊急性が高いと判断した時には，具体的な支援につなぐとともに，精神科受診を勧奨することが望ましい。

所要時間：約5-10分であるが，そのあとの面接にはゆっくり時間をとって臨みたい。

```
合計得点 9 点以上
     ↓
抑うつ症状と感情障害の 2 症状が
2 週間以上続いているか
     ↓
重症度の判定　家事や育児の程度
              生活面での機能障害
              著しい苦痛
     ↓
サポートが必要な状態であれば精神科紹介
```

実際の解釈

2. 分析・解釈の方法

質問は 10 項目。0-3 点の 4 件法で，各項目の合計点を算出する。合計は 30 点満点で，9 点以上をうつ病としてスクリーニングする。9 点以上の人は 1 点以上がついた質問項目について詳細に聞き取り，その内容を質問紙の空欄に記入していく。例えば，「理由もなく不安になったのはどんなときでしたか」「最近，一番不安になったのはどういう状況でしたか」など具体的なエピソードを語ってもらうとよいだろう。詳細に聞き取るということ自体が，母親自身の心の整理につながり，漠然とした不安が，把握しやすいものとなっていく。また聴いて話を受け止めていくこと自体が，その人自身が抱えているネガティブな感情の受け皿として機能し，その後のサポートにつながりやすくなる。

EPDS の得点が目立って高く，自傷や自殺企図のリスクがある場合は，精神保健や精神科治療についての緊急性を検討する必要がある。また現実の生活の中で家事・育児の困難さが強いと判断される場合は，家事・育児の負担を減らすことが第一であり，家族の理解を得られるように環境調整を行うとともに，投薬の必要性について精神科等専門家の受診につなげることが望ましい。

3. 所見・フィードバック面接

9 点以上の陽性者であっても，実際に精神科との連携が必要なのは 10% 程度といわれている。産後うつ病の心理・社会的サポートの有効性はこれまでも指摘されており，母子訪問等による見守りと社会的サポートで改善していく場合も少なくない。支援につなげることが必要と判断された場合は，「話を聴くことで，出産後，思いもよらない気分の落ち込みに戸惑ったり，苦しんでいることがよくわかりました。そうした時に，思ったように赤ちゃんともかかわれず，いらいらしたり自分を責めたりされてすることもあるのですね。今が一番しんどい時期だと思うので，この時期を乗り越えていけるように支援していきたいと思っている……」などと伝えるとよいだろう。

引用文献

岡野禎治・村田真理子・増地聡子他（1996）．日本版エジンバラ産後うつ病自己評価票（EPDS）の信頼性と妥当性　精神科診断学，**7**(4), 525-533.

吉田敬子（監修）吉田敬子・山下　洋・鈴宮寛子（2005）．産後の母親と家族のメンタルヘルス—自己記入式質問票を活用した育児支援マニュアル　母子保健事業団

育児支援に関する質問紙④ 子ども家庭総合評価票

歴史	児童福祉機関で子どもとその家庭とかかわる職員が，子ども・家庭のより的確なアセスメントを行い，より適切な自立支援計画を作成できるように，2005（平成17）年に「子ども自立支援計画ガイドライン」が発表された。ガイドラインの中では，菅原（2005）が開発した要保護児童の包括的なアセスメントのためのツールである，子ども家庭総合評価票を活用することを推進している。
目的	この質問紙の目的は，対象の子ども自身の特徴，その家庭および地域の状況についての情報を集めて整理し，ケースの理解や支援計画作成につなげることである。
概要	この質問紙は，児童相談所などの児童福祉機関を訪れる要保護児童の子どもの発達保障に関する科学的かつエビデンス・ベースなアプローチを可能にするために開発された評価票である。情報収集および評価の領域は次の3領域から構成されている。①子ども自身について（現在の発達状況や生育歴，活動の様子など），②家庭について（養育者の心身の健康度，家庭の社会経済的状況，家族の関係性，養育機能，家族歴など），③地域について（居住地域のサポート体制，近隣との関係性，保育・教育機関との連携の程度，地域の子育て支援資源の利用度など）。評価項目には，子どもの問題や精神病理発現に関する先行研究から明らかになっている危険因子および予防や回復に関わる防御因子や資源因子が含まれており，対象のケースがもつ「問題性（困難さ）」だけでなく「良好に機能している面（強み）」を評価していくことができる。
対象	評価票は子どもの年齢段階および相談内容によって10種類のタイプに分けられる。年齢段階は，乳児期（0-23ヶ月），幼児期（2歳から就学まで），児童期（小学1-4年），思春期（小学5年－中学3年），青年期（中卒－18歳）の5段階に分けられている。そして，それぞれの段階ごとに「養護・虐待・非行・育成相談版」と「障害・保健相談版」の2つの相談種別評価票が用意されている。

1. 実施方法

準備：子ども家庭総合評価票は，収集された情報を基に支援計画を作成することが目的とされた質問紙である。そのため臨床現場で用いる際には，ただ質問紙調査を実施するだけでなく，対象の子どもにかかわる専門家によるケース検討を行うなど，結果を実際のサポートにつなげることが必要である。調査を実施する際には，事前に評価票の結果を活かした支援が可能な環境を整えておくことが望まれる。

実施方法：子ども家庭総合評価票は，面接を受け付けたところから活用が始まる。子どもや家庭および関係者などを対象にした面接や聞き取り調査を通して得た情報や，子どもの観察結果などを基にして，子ども・家庭・地域の特徴や援助の必要度を総合的に評価していく。収集された情報は，総括一覧シートを使用してまとめられる。総括一覧シートは10種類の評価票のそれぞれについて，記載内容の一覧と総合診断や援助指針・自立支援計画策定に向けた留意の必要度を判定できる構造になっている。総括一覧シートで示される結果を基に，支援計画の作成を行っていくことができる。

所要時間：評価票のタイプによって質問項目が異なるが，評価には多くの時間がかかることが想定される。さらに，結果の解釈から支援計画を作成するにはより多くの時間と労力が必要であるだろう。そこで，ケースの特徴評価とその記述作業の質と効率の向上を目的としてコンピュータ支援ツールも開発されている。

子ども家庭総合評価票乳児期版質問紙（WAMNET「子ども家庭総合評価票及び総括一覧シート（1）子ども家庭総合評価票（乳児期：養護・虐待・育成相談版）」〈http://www.wam.go.jp/wamappl/bb16GS70.nsf/vAdmPBigcategory60/C35DA3C34D4D596D4925702A000F4477?OpenDocument〉（最終確認日：2017 年 10 月 20 日））

2. 分析・解釈の方法

　評価票記載内容を総括一覧シートに転記し，採点基準に従ってスコアリングをすることで支援の必要度についての判定を行うことができる。一連の手続きを経ると，総合診断や援助指針・自立支援計画策定にあたって検討すべき 11 個の課題に該当するかどうかを判断できるように設定されている。11 個の検討課題とは，子ども自身に関する課題として，①虐待的養育の可能性，②心身の発達状況における問題，③心身の健康状態に関する問題，④行動上の留意点，⑤人間関係上の問題，⑥生育歴上の問題の 6 つで，家庭・地域社会に関する課題としては，⑦家族機能に関する問題，⑧家庭の養育力に関する問題，⑨居住環境の問題，⑩地域の養育力の問題，⑪社会的資源上の問題が想定されている。

3. 所見・フィードバック面接

　自立支援計画の目的は，一人ひとりの子どもの自立支援における短期的および長期的目標を示し，その到達に向けてその子どもに適切な保護・支援を提供していくための道筋を提示することである。評価票を通して明らかになったその子どもと子どもを取り巻く環境の強みと弱みを考慮し，自立支援計画を作成すること，つまり文書化することによって，支援内容とその方法を具体化・明確化することができる。要保護児童に対する適切な支援を計画するために，評価票で示されたケース概要を，支援に関わる職員で共有しておくことが重要だろう。

引用文献

児童自立支援計画研究会（編）（2005）．子ども・家族への支援計画を立てるために―子ども自立支援計画ガイドライン　日本児童福祉協会

菅原ますみ（2005）．子どもと家庭を対象とした総合評価票の開発に関する研究　厚生労働科学研究費補助金（子ども家庭総合研究事業）

9 職業関連の検査

◉概　論

　産業領域において，企業経営に必要な資源はヒト・モノ・カネ・情報といわれるが，そのうち人が最も重要な資源であり，人に関するさまざまな施策は人的資源管理（Human Resource Management：HRM）と呼ばれている。この人的資源管理には，人の募集，採用，人事配置，昇進，退職または解雇などの一連の活動や，企業内における人材育成，能力開発，人事評価，モチベーション管理，給与や賞与などの報酬管理，労使関係の調整や安全衛生，健康管理，メンタルヘルス支援などが含まれる。これらはまさに人の問題であることから，心理アセスメントの果たす役割は非常に大きいことが分かる。

　一方，個人の問題としても，キャリアの選択において，自分に合った職業に就くことは長い職業生活を考えると非常に重要である。自分に合った職業に就くことが最も満足を得られ，生産性を上げることができるという P-V fit（Person-vocation fit）理論（例えば，Parsons, 1909；Holland, 1985）は多少批判もあるものの（例えば，Krumboltz et al., 1999），現在のキャリア教育の中核を占めている。実際，教育現場では，「自分に合った職業を探そう」という指導をしているのである。それでは自分に合った職業とは何か。どのようにそのような職業を探したらよいのか。場合によっては，個人の人生を左右するという意味から，職業適性を明らかにする心理アセスメントは重要な役割を担っているといえる。たとえ自分に合った職業が選択できたとしても，長期にわたる職業生活においては，さまざまなストレスフルな出来事が生じうる。これらのストレスに対処し，メンタルヘルスを維持・増進することは重要な事柄である。このためには自分自身をモニタリングすることが必要であり，そのためにストレスを測定するツールが開発されている。

　産業領域における心理アセスメントの詳細は本シリーズの第8巻「産業心理臨床実践」に譲り，ここでは，職業関連のいくつかの心理検査について概説する。

　職業関連の心理検査には大きく分けて2種類ある。1つは職業適性を測定する職業適性検査と，もう1つは近年注目されている職場におけるストレスを測定する職務ストレス検査である。

（1）職業適性検査

　職業適性検査は職業適性の個人差を測定しようとするものである。適性には，知能や知識，技能などの能力的側面と，性格，興味，態度などの性格的側面がある。職業適性とは，その職業で成果を上げうる知能や知識，技能などの程度，性格や興味，態度などがその職業，職場に適している程度ということになる。個人にとっては就職前あるいは転職前に自身の職業適性を

知るためのものである．また，企業では入社希望者や社員の職業適性を知り，採用や配置，昇進昇格に役立てられている．個人のキャリアの問題が注目されている現在，本節で紹介する厚生労働省編一般職業適性検査（GATB），VPI 職業興味検査，職業レディネス・テスト（VRT）のほかにも，職業紹介会社等が独自に作成している検査が多く出回っている．

このうち，厚生労働省編一般職業適性検査（GATB）は能力的側面を測定している検査である．一方，VPI 職業興味検査，職業レディネス・テスト（VRT）は職業興味という性格的側面を測定しているものである．

実施においては，検査の成り立ちを理解し，検査方法と結果の解釈に十分に習熟することが必要である．特に検査の成り立ちは，その検査の限界を明確にするので，十分理解しておきたい．また，結果の扱いは個人に適切にフィードバックし，検査結果を基に，個人のキャリアの方向性を話し合うツールとしての位置づけが最も望ましい．また，検査の結果，適性のある職業が明らかとなったとしても，現実的には必ずしもその職業に就けるとは限らないため，表面的な職業名にこだわらず，職業名をきっかけとして，その職業はどういう職業であると思うかとか，どういうところに魅力を感じるかとか，適性があるとされた職業が本人の希望する職業であれば，なぜその職業をやりたいのかということを明らかにし，そういうことなら，別の職業でもできるのではないかといったように，職業興味を少し抽象的なレベルで捉えておくことも必要である．

職業適性検査の問題点としては，職業自体が IT 化やグローバリゼーションなどの社会的な変化の影響を受けて，その職業がなくなってしまったり，新しい職業が生まれたり，同じ職業でもその特性が変化するということが激しく起こっているため，検査項目が妥当でなくなってしまうことがありうることである．この点については適切な改訂も必要である．一方，相談担当者もこういった社会の動向について，一定の理解を有していることが求められることは明らかである．

また，他の領域の心理検査も同様だが，1 つの検査のみで，職業適性を判断することはできず，面接や他の検査を組み合わせるなどの工夫が必要である．このように使用する検査の有用性と限界を理解した上で，受検者の支援を行いたい．

（2）職務ストレス検査

ストレス社会といわれる現代において，自身のメンタルヘルス状況をモニタリングできていることは長期的な職業生活を考えると重要である．厚生労働省（2014）は，近年の精神障害の労災認定件数の増加から，労働者の健康状態を把握し，メンタルヘルスの不調に陥る前に対処する必要性の認識のもとに，労働安全衛生法の一部を改正する法律（平成 26 年法律第 82 号）において，労働者の心理的な負担の程度を把握するための，医師，保健師等による検査（ストレスチェック）の実施を事業者に義務づけた（ただし，従業員 50 人未満の事業場については当分の間努力義務）．このストレスチェック制度は 2015 年 12 月よりスタートした．この制度で推奨されている心理検査が，本節で紹介する職業性ストレス簡易調査票（東京医科大学公衆衛生学講座）である．ただし，このほかにも職務ストレスに関する心理検査はこれまで多く作成されており，その職場のニーズに合った心理検査を選択することが望ましい．

メンタルヘルス不調の問題は，長く企業内では，身体的なけがや疾病以上にタブー視されてきた事柄である．メンタルヘルスの状況が昇進や配置転換にダイレクトに影響することがある

ために,個人がメンタルヘルスの不調をひた隠しにした結果症状が悪化した事例や,人事部門や上司が腫物のように扱って,適切な対応にならなかった事例などが少なくないと考えられるが,どの企業も自社の弱みとして対外的には公表してきていない。このため,企業内の心の専門家も自社の事例を公開の場で検討することなどが許されず,この領域の知見の蓄積は遅れていることが指摘できる。今回,ストレスチェック制度の導入により,こういったメンタルヘルスを取り巻く環境が改善され,早めの受診や風通しの良い職場が形成されることを期待したい。

そのためには,このストレスチェック制度の適切な運用が必要である。個人への適切なフィードバック,個人が不利益になるような運用を行わないこと,組織全体の健康診断として,組織の抱える問題解決に結びつけることなどである。また,心の専門家は,ストレス心理検査の適切な実施と十分な解釈を行い,個人と企業に積極的にフィードバックしていくことが期待される。

引用文献

Holland, J. L. (1985). *Making vocational choices: A theory of vocational personalities ad work environments* (2nd ed.). Englewood Cliffs, NJ: Prentice-Hall. (ホランド, J. L. ／渡辺三枝子・松本純平・館 暁夫 (訳) (1990). 職業選択の理論 雇用問題研究会)

厚生労働省 (2014). 労働安全衛生法の一部を改正する法律 (平成26年法律第82号) 概要
〈http://www.mhlw.go.jp/file/06-Seisakujouhou-11200000-Roudoukijunkyoku/0000049215.pdf〉 (最終確認日:2016年8月20日)

Mitchell, K. E., Levin, A. S., & Krumboltz, J. D. (1999). Planned happenstance: Constructing unexpected career opportunities. *Journal of Counseling and Development*, **77**(2), 115–124.

Parsons, F. (1909). *Choosing a vocation*. Boston, MA: Houghton Mifflin.

職業関連の心理検査① 厚生労働省編一般職業適性検査

歴史	厚生労働省編一般職業適性検査は，アメリカ合衆国労働省作成の General Aptitude Test Battery（GATB）を原案とし，1952（昭和27）年に労働省が日本の実情に合うように，翻訳，公表した。以来60年以上にわたり研究・改訂が重ねられ，進路指導・職業指導の分野で広く利用されている検査の1つである。
目的	多様な職業分野で仕事を遂行する上で必要とされる代表的な9種の適性能を測定することにより，能力面からみた個人の理解や適職領域の探索等，望ましい職業選択を行うための情報を提供することを目的とするものである。現実的な職業選択が可能になるよう，13領域40適性職業群と個人の適性能プロフィールを照合することができる。情報提供を目的として活用する場合は，指導担当者に職業適性に関する客観的情報を提供することができる。対象者の進路選択行動の援助を目的として活用する場合は，自己理解の拡大，職業についての理解を広げる，希望職業の形成，といった効果が期待できる。
概要	実際の就業ではその職務の遂行能力の評価も必要である。本検査は職業に必要な基本的な能力の水準を正確に測定することができる数少ない検査である。11種類の下位検査から9種の適性能を測定することにより，その職業に就くための訓練や教育を受けて，必要な経験を積んでいったとき，先々その職業でうまくやっていくことができるかどうか，という潜在的な能力を把握することができる。
対象	原則として13歳（中学2年生）から45歳未満の者を対象としている。中学校・高等学校・専門学校・短期大学・大学等の学生に対する進路指導，および，公共職業安定所やその他の職業相談機関の職業相談・職業指導等に用いられる。

1. 実施方法

準備：検査用紙，手引，鉛筆，検査実施者用冊子，ストップウォッチ，検査器具（進路指導・職業指導用の手腕作業検査盤（ペグ・ボード）および指先器用検査盤（エフ・ディー・ボード））が必要である。

実施方法：集団検査としても，個別検査としても実施可能である。検査実施の趣旨を説明し，検査の説明は，検査用紙の表紙「検査をはじめる前に」を読む。15種の下位検査（11種は紙筆検査，4種は器具検査）からなる。各下位検査は，教示，練習，確認，本検査という順序で実施する。下位検査はすべて，定められた時間内にできるだけ数多くの問題を処理する，時間制限法による最大能力検査である。

採点から結果を照合するまでの手順は，はじめに各下位検査の採点をし，粗点を算出する。次に，結果記録票（検査表紙内側）に粗点を転記し，各粗点から換算点を出して記入する。適性能得点を算出して記入し，適性能プロフィールを描く。評価段階・加算評価段階を調べて転記し，各適性職業群の基準と照合する。そして，個人の適性能得点と適性職業群の所要得点基準を照合し，「H：基準を満たしている」「m：ほぼ基準を満たしている」「L：基準を満たしていない」という照合結果が得られる。また，コンピュータ判定（有料）も可能であり，希望する場合は一般社団法人雇用問題研究会採点部へ送付する。

所要時間：検査実施の趣旨説明，氏名欄等の記入，検査の説明が約10分，検査の実施は紙筆検査約45分，器具検査約30分，である。

9つの適正能と検査内容（厚生労働省職業安定局（2013）を基に著者作成）

機能	適性能		説明	適性能に該当する下位検査
認知機能	G性能	General Intelligence	知的能力	検査9, 10, 11
	V性能	Verbal Aptitude	言語能力	検査8, 10
	N性能	Numerical Aptitude	数理能力	検査7, 11
	Q性能	Clerical Perception	書記的知覚	検査4
知覚機能	S性能	Spatial Aptitude	空間判断力	検査6, 9
	P性能	Form Perception	形態知覚	検査3, 5
運動機能	K性能	Motor Coordination	運動共応	検査1, 2
	F性能	Finger Dexterity	指先の器用さ	器具検査3, 4
	M性能	Manual Dexterity	手腕の器用さ	器具検査1, 2

※該当検査は紙筆検査または器具検査から

紙筆検査

検査	名称	内容
検査1	円打点検査	○の中に点を打つ検査
検査2	記号記入検査	記号を記入する検査
検査3	形態照合検査	形と大きさの同じ図形を探し出す検査
検査4	名詞比較検査	文字・数字の違いを見つける検査
検査5	図柄照合検査	同じ図柄を見つけ出す検査
検査6	平面図判断検査	置き方をかえた図形を見つけ出す検査
検査7	計算検査	加減乗除の計算を行う検査
検査8	語意検査	同意語かまたは反意語を見つけ出す検査
検査9	立体図判断検査	展開図で表された立体形を探し出す検査
検査10	文章完成検査	文章を完成する検査
検査11	算数応用検査	応用問題を解く検査

器具検査

検査	名称	内容
器具検査1	さし込み検査	棒（ペグ）をさし込む検査（手腕作業検査盤を使用）
器具検査2	さし替え検査	棒（ペグ）を上下逆さにさし替える検査（手腕作業検査盤を使用）
器具検査3	組み合わせ検査	丸びょうと座金を組み合わせる検査（指先器用検査盤を使用）
器具検査4	分解検査	丸びょうと座金を分解する検査（指先器用検査盤を使用）

2. 分析・解釈の方法

本検査の適性能は、標準得点化されている。そのため、適性能間の比較、集団の中に占める個人の位置をおおむね知ることが可能である。得られた適性得点から、個々人の適性能の特徴を捉えるには、適性能プロフィールを描き、視覚的に個人内における性能の相対的に優れたものとそうでないものが把握できる。さらに、適性職業領域が設けられており、産業構造の変化に対応できるよう職業を新しい観点から分類している。この適性職業領域の分類を活用し、対象者が自発的に進路を探索できるよう、職業領域および職業群に細かい職業内容が付け加えられているので、これを基に照合結果を活用する。

3. 所見・フィードバック面接

得られた適性能得点から、個々人の適性能の特徴を捉えるために、適性能プロフィールを描く。適性能得点が折れ線グラフで表されるので、数値で比較するだけでは見逃されがちな特色を、視覚的に捉えることができる。9つの適性能がすべて同じようなレベルの得点を取る人は少なく、いくつかの性能では山をなし、いくつかの性能では谷をなすようなプロフィールを描く人が多い。解釈の際には、高い性能と低い性能を含めて個人の適性能を個性として全体的に捉える必要がある。

なお、実際に必要とされる適性能の水準については、同じ職種名で呼ばれていても個々のケースにより異なるため注意する。また、多くの場合、一定水準以上の適性能であることが重要ではあるが、優れているほど業績が優秀であるわけではない。例えば、知的能力を示すG性能が高すぎると知的にさほど高いものを要求されない職務でうまくいかない、というケースもある。職務が要求する適性能パターンと個人の有する適性能プロフィールが一致しているかどうか、という視点から注意深く解釈する必要がある。

引用文献

厚生労働省職業安定局（2013）．厚生労働省編一般職業適性検査手引 改訂2版　一般社団法人雇用問題研究会

職業関連の心理検査② VPI 職業興味検査

歴史	VPI 職業興味検査は，アメリカのジョンズ・ホプキンス大学名誉教授のホランド（Holland, J. L.）の職業選択理論を背景に開発された VPI (Vocational Preference Inventory, 初版 1953 年) の 1978 年第 7 版が原版である。アメリカでは大学生の進路指導用の検査として広く利用されてきた。日本でも大学，短期大学生を対象に標準化され，1985 年に日本版の初版が公表され，2002 年に改訂され第 3 版となった。
目的	職業および働くことに関しての自己理解を深め，望ましい職業的探索や職業選択活動を促進するための動機づけや情報収集をすることに役立つ。進路指導や職業ガイダンスといった就職支援の一環としての導入も可能である。
概要	具体的な職業名 160 個について興味・関心の有無を尋ね，職業興味を明らかにする。6 種の興味領域尺度と 5 種の傾向尺度（心理的傾向）に対する個人の特性がプロフィールにより示される（表参照）。検査項目の具体的な職業名は分かりやすいことから，興味関心を引き出しやすく，多様な対象者に適用可能である。検査項目である職業は多岐にわたり，なじみのない職業が含まれる場合もあるが，それらを調べることで興味・関心を広げ，職業に対する新たな情報や知識も習得可能である。
対象	主として 18 歳以上（大学，短大，専門学校生）が適応範囲とされている。しかし，上記の前提はあるものの，社会人においても職業関連相談機関等において活用が可能である。その場合は，年齢，教育水準，職業経歴等を考慮して，結果の解釈を行うことが必要である。

1. 実施方法

準備：検査手引および問題用紙を準備する。また，解説書として「VPI 利用者のための職業ガイド」も発刊されており，具体的な解説や豊富な職業情報が提供されている。本検査は問題・解答用紙と採点用紙が一体（複写式）となっていることから，回答に適切な筆記用具（鉛筆またはボールペン）の使用が望ましい。

実施方法：個別式，集団式のどちらでの実施も可能な質問紙法の検査である。問題・解答用紙と採点用紙が一体（複写式）となっていることから，比較的簡便に短時間で実施できる。採点は，対象者が自ら実施・採点まですることもできるよう作成されているが，検査実施者が採点をする方法も可能である。VPI 職業興味検査は，160 の職業名に関して「関心・興味があるかどうか」を直観的に考え，回答欄に Y（ある）か N（ない）のどちらかを○で囲み，「どちらともいえない場合」や「職業の内容が全く分からない場合」は何の印もつけない，というやり方で実施する。また，回答時にその職業が「自分の能力・適性や環境条件を考慮して，その職業に就職できるかどうか」という考慮は一切不要であり，あくまでも興味・関心があるかどうかという判断のみで答えるよう指示する。結果は 6 つの興味領域に対する興味の程度と 5 つの傾向尺度がプロフィールで示される。また，職業領域といくつかの職業候補が絞られて例として示され，職業情報探索の手がかりを得ることができる。

所要時間：実施時間は 20 分程度であり，採点時間は 5 分程度である。全体を通して 30 分程度で実施可能である。なお，実施に際して 30 分以上かかる場合は，防衛的な態度が非常に強い，情緒的に混乱しているなどが考えられる。

2. 分析・解釈の方法

検査の採点は，検査用紙の「採点が終わったら」の手順に従い，採点用紙に複写された粗点を算出する。「結果の見方・生かし方」のプロフィール欄に粗点をプロットして折れ線グラフを作ることで標準化されたプロフィールを得ることができる。① 6 つの興味領域

VPIの職業興味領域尺度と傾向尺度 （Holland（1978）を基に著者作成）

職業興味領域尺度			傾向尺度		
①R尺度	Realistic Scale	現実的興味領域	①Co尺度	Self-Control Scale	自己統制傾向
機械や物を対象とする具体的で実際的な仕事や活動に対する好みや関心の強さを示す注）。			自己の衝動的行為や考えをどの程度統制しているかを示す。		
②I尺度	Investigative Scale	研究的興味領域	②Mf尺度	Masculinity-Feminity Scale	男性－女性傾向
研究や調査などのような研究的，探索的な仕事や活動に対する好み関心の強さを示す。			男女を問わず，一般に男性が好む職業にどの程度強い関心を持っているかを示す。		
③A尺度	Artistic Scale	芸術的興味領域	③St尺度	Status Scale	地位志向傾向
音楽，美術，文学など芸術的領域での仕事や活動に対する好みや関心の強さを示す。			社会的威信や名声，地位や権力などに対して，どの程度強い関心をもっているかを示す。		
④S尺度	Social Scale	社会的興味領域	④Inf尺度	Infrequency Scale	稀有反応傾向
人に接したり，奉仕したりする仕事や活動に対する好みや関心の強さを示す。			職業に対する見方がどの程度常識にとらわれず，ユニークであるかを示す。		
⑤E尺度	Enterprising Scale	企業的興味領域	⑤Ac尺度	Acquiescence Scale	黙従反応傾向
企画や組織運営，経営などのような仕事や活動に対する好みや関心の強さを示す。			どのくらい多くの職業を好んだかを示す。		
⑥C尺度	Conventional Scale	慣習的興味領域			
定まった方式や規則に従って行動するような仕事や活動に対する好みや関心の強さを示す。					

注）例えば，R尺度と関連がある職業領域としては，「動植物管理の職業」「工学関係の職業」「熟練技能の職業」「機械管理の職業」「生産技術関係の職業」「手工芸技能の職業」「機械，装置運転の職業」が挙げられている。

に対する興味の程度と，②5つの傾向尺度がプロフィールで示される。①では興味の特徴について，興味パターンを把握し，興味の分化の程度，一貫性をみる。また，②では職業の見方（職業認知）の特徴について，職業認知の特性，自己認知の特徴や行動特性を考察する。また，Inf尺度やAc尺度で回答の信頼性や検査態度のチェック（虚偽の回答，判断力・内省力の欠如，将来への展望が十分に考えられていない，職業をすでに決定している，など）が可能である。①②を実施後，進路や職業を具体的に探索する場合は，強い興味領域の職業領域を調べる，興味パターンと同じもしくは類似の関連パターンからコード化された職業を探す，志望職業がある場合はその職業コードと類似の職業を探して関連する職業の情報を得る，などを行う。

3. 所見・フィードバック面接

結果のプロフィールが描かれた「結果の見方・生かし方」が対象者に手渡されることが多く，本人が理解しやすいようにまとめられている。興味の特徴，職業の見方の特徴について自己理解を促し，実施目的に合わせて，得られた具体的な職業候補を参考に今後の支援となる情報提供を行う。職業経験の有無など，職業選択は多様な条件の基に実施されることから，対象者のおかれた環境を考慮してフィードバックをする必要がある。一般的には職業経験が少ない場合に使いやすく，職業経験がある程度ある場合には結果で得られた職業タイプが必ずしも現実的ではない場合もある。そうした場合は，得られた興味のパターンを現在のキャリアにどのように生かし折り合いをつけるかが重要であろう。

引用文献

Holland, J. L. (1978). *Vocational Preference Inventory,* Odessa, FL: Psychological Assessment Resources.（独立行政法人　労働政策研究・研修機構（2002）．VPI職業興味検査［第3版］手引き　日本文化科学社）

職業関連の心理検査③ 職業レディネス・テスト（VRT）

歴史	中学生，高校生の職業への準備の程度を測定し，職業興味や職務への自信など，自らの職業への準備度を理解して，進学先や就職先の選択に使えるよう，職業興味を総合的に捉えるために作られた検査である。しかしながら，近年，大学等での就職支援が重点化され需要が高まったことを受け，大学生も含む青年期全般を通じて実施可能な職業レディネス・テストとして活用できるように改訂された。初版は1972年に公表，その後，1989年に「新版職業レディネス・テスト」が公表され，2006年に第3版が発刊されている。
目的	「職業レディネス」は職業発達における準備の程度を示す概念であり，「個人の根底にあって，（将来の）職業選択に影響を与える心理的な構え」と定義される。職業に対する興味・関心と職務遂行の自信度を測定することにより，自分がどんな職業に興味をもち，どのような職業分野において自信があるか，などについて分かりやすいパーソナリティ・タイプによるプロフィールで提示する。自己理解を援助し，自分と職業・進路とを関連づけ，進路探索行動の発達を促進させていけるように用いるのが基本的な活用方法である。
概要	本検査の構成は，職業レディネスの中の職業志向性（職業興味（A検査）と職務遂行の自信度（C検査））と基礎的志向性（B検査）という枠組みからなる（表参照）。個人を実際の職業選択へ向かわせる心理的構造に関して，興味と自信の関係，日常の興味・関心を客観的に図式化し，総合的に解釈することで，進路を探索する方向性を捉えるものである。
対象	中学生から大学生までの学生を対象とした検査である。また，20歳前後の者で職業経験が少なく，職業に対する知識が乏しい・偏りがある，といった場合は適用可能である。

1. 実施方法

準備：問題用紙，回答用紙（高校生以上用，中学生用），結果の見方・生かし方（ワークシート），大学生等のための職業リスト（大学・短大生用），手引，筆記用具を使用する。

実施方法：個別でも集団でも実施可能である。A検査（54項目）は，職業・仕事の内容について，「やりたい」「どちらともいえない」「やりたくない」で答える。興味が6つの職業領域において，どういった傾向を示しているのかを測定する。この6つの職業領域は，アメリカの心理学研究者のホランド（Holland, J. L.）の理論による。B検査（64項目）は，日常の生活行動について，「あてはまる」「あてはまらない」で答える。基礎的志向性が職業への興味・関心の基礎となる3つの志向性において，どういった傾向があるのかを測定する。C検査（54項目）は，A検査と同一の質問で構成されており，「自信がある」「どちらともいえない」「自信がない」で答える。職務遂行の自信度を，A検査と同じ6つの職業領域において，どういった傾向を示しているのかを測定するものである。採点は，自己採点，コンピュータ判定（有料）がある。自己採点の場合は，解答用紙裏面の整理欄を用い，換算表から標準得点を算出し，「結果の見方・生かし方」を利用して，プロフィール作成と結果の解釈を行う。

所要時間：40-45分程度。検査の実施の説明に約10分，検査の実施に約30分を要すが，実施方式により要する時間は異なり，目安時間提示式（1検査10-15分），読み上げ式（全体で30分程度），自由回答提示式（速い者で10分程度，遅い者は40分程度）の方法がある。さらに，自己採点で10分，ワークシート「結果の見方・生かし方」を用いて，自己理解や進路探索を行う場合はプロフィールの作成に40-45分程度が必要である。

2. 分析・解釈の方法

採点は，解答用紙の「整理欄」を使い，結果の整理は換算表（回答用紙裏）とワークシート「結果の見方・生かし方」を使ってプロフィール作成を行う。ワークシート形式

職業レディネス・テストの構成と測定内容（独立行政法人労働政策研究・研修機構（2006）を基に著者作成）

職業志向性		
職業興味（A検査）／職務遂行の自信度（C検査）		
R領域〔Realistic Scale〕	現実的職業領域	機械や物体を対象とする具体的で実際的な仕事や活動の領域
I領域〔Investigative Scale〕	研究的職業領域	研究や調査のような研究的，探索的な仕事や活動の領域
A領域〔Artistic Scale〕	芸術的職業領域	音楽，美術，文学等を対象とするような仕事や活動の領域
S領域〔Social Scale〕	社会的職業領域	人と接したり，人に奉仕したりする仕事や活動の領域
E領域〔Enterprising Scale〕	企業的職業領域	企画・立案したり，組織の運営や経営等の仕事や活動の領域
C領域〔Conventional Scale〕	慣習的職業領域	定まった方式や規則，習慣を重視したり，それに従って行うような仕事や活動の領域
基礎的志向性（B検査）		
D志向〔Data Orientation〕	対情報関係志向	各種の知識，情報，概念などを取り扱うことに対して，個人の諸特性が方向づけられていることを示す。
P志向〔People Orientation〕	対人関係志向	主として人に直接かかわっていくような活動に対して，個人の諸特性が方向づけられていることを示す。
T志向〔Thing Orientation〕	対物関係志向	直接，機械や道具，装置などのいわゆるモノを取り扱うことに対して，個人の諸特性が方向づけられていることを示す。

を採用し，WORK1（プロフィール作成）・WORK2（プロフィール分析）・WORK3（プロフィールを見ながら職業や仕事を考える）・WORK+（プラス）（再分析：振り返り）の4つのワークで構成されており，順番に整理・解釈していくことで，無理のない職業探索が可能であるように作られている。解釈においては，興味・自信がどの程度分化しているか，全体的なレベルとの関連はどうか，について検討する。職業興味の発達という観点からその全体像を理解するような視点を含めてパーソナリティを探り，自己理解を促すことにつなげる。

3. 所見・フィードバック面接

面接時には，プロフィールに合致した職業例の検討といったワーク等を通じて，本人の自己理解の促進，進路指導ガイダンスとして活用することが可能である。また，一般的に，中高生よりも大学生の場合，活動範囲や経験が広がり，職業の興味も多様化する。そのため大学生等に実施する場合は「大学生等のための職業リスト」を活用すると多くの職業領域にわたる具体的職業305個が参照可能であり，キャリアプランの参考となる。明確になった自分の興味と関連のある職業にはどのようなものがあるかを知り，職業選択への興味関心を広げ，進路や職業選択を検討するために役立つ資料を得ることができる。これらの結果を基に，職業に対する準備度（レディネス）を把握・確認し，職業に関する自己イメージをチェックし，進路選択への動機づけを促すことも可能である。なお，本検査は職業興味や日常の興味の傾向を理解し，自己理解を深めるために開発された検査であることから，適職を決定するために作成されたものではないことに注意する。

引用文献

独立行政法人 労働政策研究・研修機構（2006）．職業レディネス・テスト［第3版］手引　一般社団法人雇用問題研究会

職業関連の心理検査④ 職業性ストレス簡易調査票　東京医科大学公衆衛生学講座

歴史	既存の多くのストレスに関する質問票を検討し、働く人々の現場で簡便に測定・評価することが可能であり、信頼性・妥当性の高い調査票として開発された（平成7-11年度労働省（現厚生労働省）「作業関連疾患の予防に関する研究班」ストレス測定研究グループにより作成）。また、労働者のうつなどのメンタルヘルス不調を未然に防止すること（一次予防）を主な目的とした改正労働安全衛生法に基づくストレスチェック制度（2015年12月1日施行）の実施に伴い、ストレスに関する検査を労働者に対して実施することが義務づけられた。ストレスチェック制度で使用する質問票には①仕事のストレス要因、②ストレスによる心身の自覚症状、③労働者に対する周囲のサポート関係に影響を与える修飾要因、という3側面の質問項目が含まれている必要がある。本質問票はこれらの条件を満たすものであり、厚生労働省から望ましいストレスチェックとして推奨されている。
目的	職場におけるストレス問題は健康障害を招き、職場における健康管理上、重要な問題となる。したがって、職場でのストレス状態を把握し、作業環境や作業との関連を検討し、労働者の健康障害を未然に防ぐことができるよう、適切に対処することが必要である。本調査票は、労働者が自身のストレスを知り、ストレスをためないよう対処できるようにすること、また、企業側がストレスの高い労働者に面接を導入する、仕事の軽減措置を図るなどの職場改善の資料とする、といった目的のためにも利用される。
概要	質問項目は57項目と少なく、職場で比較的簡便に使用できる調査票である。多種多様な業種の職場で使用でき、総合的にストレスを評価することが可能である。
対象	就業している個人もしくは集団（企業）での実施が可能である。

1. 実施方法

準備：職業性ストレス簡易調査票および筆記用具を準備する。職業性ストレス簡易調査票結果出力プログラム（無償配布）を用いると、個人のストレスプロフィールの出力、ストレスによる職場ごとの健康リスクを評価する仕事のストレス判定図の作成が可能である。また、ストレスチェック制度で活用する際は、ストレスチェック実施プログラム（厚生労働省が公開、無償配布）の利用が可能である。

実施方法：職業性ストレス簡易調査票は、自己記入式の質問票である（表参照）。全体で3つの構成（仕事のストレス要因、ストレス反応、修飾要因）、4つの大きな質問（A, B, C, D）からなる。最初の質問Aは、「あなたの仕事について」であり、この質問は仕事のストレス要因（仕事負担（量）、仕事の負担（質）、身体的負担、対人関係、職場環境、コントロール、技能の活用、適性度、働きがい：17項目）について尋ねるものである。2番目の質問Bは、「最近1ヶ月間のあなたの状態について」であり、この質問はストレス反応（活気、イライラ感、疲労感、不安感、抑うつ感、不定愁訴：29項目）について尋ねるものである。3番目の質問C「あなたの周りの方々」と最後の質問D「満足度」は、ストレス因子とストレス反応との関係の修飾要因（上司からのサポート、同僚からのサポート、家族や友人からのサポート、仕事や生活の満足感：11項目）について尋ねるものである。なお、ストレスチェック制度のもとに実施する場合は、改正労働安全衛生法の規定に則って、実施体制を整え、情報の取り扱い、結果の記録、保存方法等を整備する必要がある。

所要時間：回答時間は約5-10分である。

2. 分析・解釈の方法

評価および判定には、主に個人レベルのストレス評価を実施するための①簡易採点法（詳細は手引きの簡易判定法を参照）と②標準化得点を用いた採点法がある。また、部署などの集団（少なくとも10人以上）を単位としてストレス評価を行うための仕事のスト

職業性ストレス簡易調査票（57項目）（厚生労働省労働基準局安全衛生部　労働衛生課産業保健支援室（2016）より作成）

A	あなたの仕事についてうかがいます。最もあてはまるものに○を付けてください。
1	非常にたくさんの仕事をしなければならない
2	時間内に仕事が処理しきれない
3	一生懸命働かなければならない
4	かなり注意を集中する必要がある
5	高度の知識や技術が必要なむずかしい仕事だ
6	勤務時間中はいつも仕事のことを考えていなければならない
7	からだを大変よく使う仕事だ
8	自分のペースで仕事ができる
9	自分で仕事の順番・やり方を決めることができる
10	職場の仕事の方針に自分の意見を反映できる
11	自分の技能や知識を仕事で使うことが少ない
12	私の部署内で意見のくい違いがある
13	私の部署と他の部署とはうまが合わない
14	私の職場の雰囲気は友好的である
15	私の職場の作業環境（騒音，照明，温度，換気など）はよくない
16	仕事の内容は自分にあっている
17	働きがいのある仕事だ

B	最近1カ月間のあなたの状況についてうかがいます。最もあてはまるものに○を付けてください。
1	活気がわいてくる
2	元気がいっぱいだ
3	生き生きする
4	怒りを感じる
5	内心腹立たしい
6	イライラしている
7	ひどく疲れた
8	へとへとだ
9	だるい
10	気がはりつめている
11	不安だ
12	落ち着かない
13	ゆううつだ
14	何をするのも面倒だ
15	物事に集中できない
16	気分が晴れない
17	仕事が手につかない
18	悲しいと感じる
19	めまいがする
20	体のふしぶしが痛む
21	頭が重かったり頭痛がする
22	首筋や肩がこる
23	腰が痛い
24	目が疲れる
25	動悸や息切れがする
26	胃腸の具合が悪い
27	食欲がない
28	便秘や下痢をする
29	よく眠れない

C	あなたの周りの方々についてうかがいます。最もあてはまるものに○をつけてください。
	次の人たちはどのくらい気軽に話ができますか？
1	上司
2	職場の同僚
3	配偶者，家族，友人等
	あなたが困ったとき，次の人たちはどのくらい頼りになりますか？
4	上司
5	職場の同僚
6	配偶者，家族，友人等
	あなたの個人的な問題を相談したら，次の人たちはどのくらいきいてくれますか？
7	上司
8	職場の同僚
9	配偶者，家族，友人等
D	満足度について
1	仕事に満足だ
2	家庭生活に満足だ

【回答肢】　A　そうだ／まあそうだ／ややちがう／ちがう　　C　非常に／かなり／多少／全くない
　　　　　　B　ほとんどなかった／ときどきあった／しばしばあった／ほとんどいつもあった　　D　満足／まあ満足／やや不満足／不満足

レス判定図も作成が可能である。②の方法は職業性ストレス簡易調査票結果出力プログラムが事務局より提供されており，レーダーチャート形式および表形式で出力される。職場のストレスの特徴を全国平均と比較することにより，仕事のストレスによる健康リスクが算出可能となっている。解釈時の注意点としては，仕事外のストレス要因は測定されないこと，パーソナリティは考慮されていないこと，調査時点のみのストレスが測定されていること，が挙げられる。

3. 所見・フィードバック面接

事業場における労働者のこころの健康づくりのための指針（平成12年8月9日基発第522号）では，メンタルヘルスケアの具体的な進め方について以下の4つのケアが示されている。いずれも本調査用紙を活用することにより対応が可能であるとされている。①「セルフケア」では，労働者個人が自身のストレスの気づきやその対処行動を促進しうる資料とすることができる。②「ラインによるケア」では，ストレス要因の問題の情報を職場単位で収集し，職場環境改善ができる。③「事業場内産業保健スタッフ等によるケア」では，労働者からの自発的な相談や健康診断・教育等の機会を利用して，心理的な問題を抱えている労働者を早期発見して対応ができる。④「事業場外資源によるケア」では，事業場外の専門機関等と契約して心の健康をサポートする従業員支援プログラム（Employee Assistance Program：EAP）の活用時にも導入ができる。所見・フィードバックに関しては，施行目的（メンタルヘルスケア，ストレスチェック制度など）により方法を工夫して進める必要がある。

引用文献

厚生労働省労働基準局安全衛生部　労働衛生課産業保健支援室（2016）　労働安全衛生法に基づくストレスチェック制度実施マニュアル〈http://www.mhlw.go.jp/bunya/roudoukijun/anzeneisei12/pdf/150507-1.pdf〉（最終確認日：2016年8月31日）

下光輝一（2005）　職業性ストレス簡易調査票を用いたストレス現状把握のためのマニュアル―より効果的な職場環境等の改善対策のために　平成14年–16年度　厚生労働科学研究費補助金労働安全衛生総合研究〈http://www.tmu-ph.ac/topics/pdf/manual2.pdf（最終確認日：2016年8月31日）〉

東京医科大学公衆衛生学分野ウェブサイト〈http://www.tmu-ph.ac/topics/stress_table.php〉（最終確認日：2017年8月17日）

医師から心理職へ④：精神科医と心理職の連携のひとつのありかた

　症例検討会で心理士が報告すると往々にして聞かれるのは，医師が外来診察で，話が長い患者さんの「話を聞いてやってほしい」と言って，心理士に面接を依頼してくる場合である。心理面接を依頼する理由が曖昧で，そもそも心理面の評価や見立てすらされていないことがほとんどである。同じ精神科医として恥ずかしくなる。出発点からしてこんな調子でも実りある面接になる場合もあるが，心理士の苦労話は他の場面でもよく耳にする。例えば，せっかく頑張って心理検査の所見をまとめたのに，主治医がその結果を臨床に生かしているようには思われず，単なる保険点数の請求のために心理検査のオーダーをしているのではないかという場合である。ひどい時は検査所見に目を通すことすらしていない。ここまで書いてくると，書いている自分でも嫌になってくる。

　また心理士が何を志向し，専門としているかによっても職場での居心地や医師との関係は変わるだろう。心理療法を志向しているのか，心理検査に関心があるのか。心理療法の中でもさらに，認知行動療法，精神分析的心理療法の諸派，分析心理学，集団精神療法，家族療法，森田療法，臨床動作法，描画療法，プレイセラピー，音楽療法などと枚挙にいとまがない。なるべく理解のある職場に就職しておくと，上記のような苦労は少なくて済むだろう。

　逆に，研修会などで知り合いになった心理士から，自傷行為や自殺企図を伴うようになった患者さんを診てくれないかと頼まれることもある。入院設備もある医療機関に勤めている場合ならまだしも，外来診療だけで，精神科救急を行っていない医療機関では，自傷行為や自殺企図などの行動化が激しく，入院治療が必要になった場合，いわゆる単科の精神科病院に入院を依頼することになる。平日でも午後からは入院を受けてもらうのは難しく，ましてや週末や休日は，公的な精神科救急システムに相談することになるが，1つの県や政令指定都市に1カ所の割合の設置なので，用意されていたベッドが満床になってしまって，受け入れができない状況になっていることもある。こういった，患者さんを自宅に返すわけにもいかず，かといって紹介できる入院先もないという状況では対応に非常に苦慮する。すなわち，落ち着かない患者さんを処置室で注射をしたり，点滴をしたり，向精神薬を服用してもらったりして急場しのぎの対応をし，本人と不安になっている家族をなだめながら，あちこちの精神科病院に入院依頼の電話をかけ，紹介状をファックスで送り，入院を受けてもらえる返事を待っているのである。その間，他の外来患者さんの診察はストップしてしまうことが多い。予約時間から2時間くらい遅れて診察することもある。患者さんに謝りどおしである。慣れた患者さんは「先生，大変ですね」と言ってくれたりするが，ずらせない予定のある患者さんは帰ってしまい，怒り出す患者さんもいる。待合室から怒鳴り声が聞こえてくることもある。「さっき怒鳴っていた患者さんだな」と思って，覚悟を決めて診察室に呼び入れると，面と向かっては随分，怒りをこらえてくれることもある。

　何やら愚痴になってしまったが，精神科医と心理士は互いに忙しく，ゆっくり話す時間をもてないことが多い。そこでよく言われることなのだが，いわゆる廊下コミュニケーションというものがある。職場の廊下で出会った時などに，手短に「このあいだの○○さんの心理検査の結果なんですけど，△△でしたよ」などと，ポイントを絞って医師に伝えると印象に残りやすい。すると医師が患者さんと会っている時にも覚えている。的を射た所見だとさらに記憶は強化され，心理検査の所見に対する関心も高まる。

　逆に医師側は，医療チームとして，看護師，薬剤師，心理士，ヘルパー，受付事務といった，共に働くスタッフが有機的に気持ちよく働くことができるよう，職場環境づくりに気を配らなければならないはずであるのはいうまでもない。

III 領域別心理アセスメント実践

　III部では，心理アセスメントを行うことの多い領域である，精神科・高齢者・児童精神科・小児科の医療領域，教育領域，福祉領域，司法領域と産業領域の計8領域における心理アセスメント実践について具体的な事例を提示しながら，実施上の留意点，フィードバックの方法などを解説している。
　ここで取り上げている領域は心理臨床実践の領域をほぼ網羅しているといってもよい。これらの領域で勤務する専門家のみでなく，将来こうした領域を希望する学生にとっても，具体的なアセスメント実践の手引きとなるであろう。

1 医療における心理アセスメント実践① 精神科領域

●精神科における心理アセスメントの特徴

　従来，医療領域では心理的側面の評価は心理検査が中心であった。しかし現在は，心理アセスメントとして，心理検査のみならずアセスメント面接や行動観察などさまざまな手法を通して患者の全体像を理解することが必要とされている。以下の精神科領域ならではの特徴を考慮した上でアセスメントすることが肝要である。

(1) 医学モデルのなかの心理臨床モデル

　医療は当然のことながら医学モデルに基づく患者理解で成り立っている。医学モデルとは端的に言えば「病気を（治療して）治す」ことである。多職種の集合体である病院臨床では，治すことを目標として各職種のアセスメントが有機的に統合され，患者の治療や援助を可能にしている。多職種のなかで心理臨床に携わる専門家として，「何を根拠として患者を理解し，心理アセスメントを位置づけているか」という視点が必須である。心理臨床の立場を明確にすることで，心理検査を活かした援助が実践できる。前田（1994）は，精神科医と臨床心理士の特徴を比較し，患者理解に際して「診断的理解」と「共感的理解」という立場の違いを示している。医師の診断的理解とは異なり，心理アセスメントから患者像（一人の人物像）を描き出すには，心理療法と同様に「共感的理解」が基本となる。患者の可能性を見出し，成長する力をもつ存在として患者を理解する視点を持ち続ける。それが心理臨床のアセスメントである。

(2) チーム医療における心理アセスメント

　医療場面では医師，看護師，臨床心理士・公認心理師，作業療法士，薬剤師，ソーシャルワーカー，検査技師などさまざまな職種のスタッフが，それぞれのかかわりや援助を行う。患者の障害や問題行動の背景には，生物的（身体，脳，神経，遺伝）-心理的（ストレス，認知，感情，イメージ）-社会的（家族，社会，経済，文化）側面があり，患者が全人的に（人間全体として）回復できるためには，多職種スタッフの働きかけが有効に機能しなければならない。特に精神科では，チーム医療がうまくいくかどうかが，治療のレベルに大きな影響を及ぼす。身体科における手術や特効薬という「治療の決定的決め手」以上に，精神科ではスタッフと患者との「かかわりの積み重ね」が主要な治療手段となるからである。

　心理アセスメントの一手段である心理検査は，周囲の医療スタッフから一番期待される。しかし心理検査にあらわれた患者のパーソナリティ特徴，防衛機制，対人関係，知的水準などは，検査を通して浮かび上がった患者のある一面でしかない。一方，看護師，作業療法士などの職

1. 鑑別診断の補助，病態水準の把握
2. パーソナリティ特徴の理解
3. 知的機能の評価（発達のレベルや知的能力）
4. さまざまな心理機能の評価
5. 治療効果の評価
6. 漠然とであるが，対応が難しいという印象のある患者の理解のため

→ 患者の問題を見立て理解する心理的側面の評価

図Ⅲ-1-1　心理検査が依頼されるとき（沼，2014）

種は，入院患者であれば日々の入院生活を通して治療的な接触をしている。患者の心理的特徴が日常的な場面ではどのような行動や様子にあらわれているか。他職種のアセスメント（看護場面や作業療法場面で得られた，対人交流，普段の会話，問題行動など）と情報を共有し，心理検査の結果から得られた患者の心理的側面を，患者の日常的援助に生かす。このように各職種が連携してお互いを刺激し合えるシステムこそ，チーム医療における心理アセスメントが有効性を発揮できる。

(3) 心理検査の依頼

医療場面では，心理検査は医師からの依頼（図Ⅲ-1-1）に基づいて行われることが多い。重要なことは以下の2点である。①依頼者（医師）−検査者（心理士）間で検査依頼目的を明確にする。患者のどのような面をアセスメントしたいのか，検査目的を互いに共有し，用いる心理検査やテスト・バッテリーを決定する。②患者に検査について丁寧に説明する。検査実施前の患者への説明は，丁寧過ぎても過ぎることはない。前もって医師から患者に検査目的が告げられている場合でも，検査場面で再度，検査者自身が分かりやすい言葉で説明することが大切である。どのような検査であっても，検査は患者に負荷をかけるということも忘れてはならない。

(4) 臨床心理検査・神経心理検査医科診療報酬

日本の医療（健康保険制度）では，厚生労働省が算定する医科診療報酬によって保険点数が決定される。心理検査は「臨床心理・神経心理検査」として保険請求できる検査が決められており，その内容を熟知し患者の状態や検査目的に沿ったテスト・バッテリーを組む必要がある。

●事例 A 氏

(1) 事例の概要：A 氏 50 歳代半ば男性（会社員研究職）

［主　訴］　会社に行けない。会社に近づくと足が重くなり，バスにも乗れなくなる。眠れない。

［現病歴］　数年前（50歳頃），特に思い当たることはないが気分が沈み意欲が低下，不眠の結果大量飲酒となり出社困難になった。近医の心療内科を受診し「うつ病」と診断され，断酒し抗うつ薬や睡眠導入剤を服用し数ヶ月で症状は改善，しばらくは安定していた。1年前から同様の状態となり，会社に行くバスに乗れなくなり，休務を繰り返した。状況はぱっとせず，週に数日しか出社できないし不眠も続いている。会社の産業医に勧められ，出社困難の原因精査と不眠の改善を目的に，総合病院精神神経科を受診する。

［生活歴と家族歴］　教員である両親の第一子としてＢ地方都市に出生，地元の公立小学校に通う。成績優秀であり，進学高校に入学し，親元を離れ一人暮らしする。以降30歳代半ばで結婚するまで一人暮らしを続ける。現役で関東の大学に進学，大学院後期博士課程を修了後，薬品関連研究所の研究員として20数年勤務，40歳代後半には管理職になる。地方在住の両親は健在，妹一人（結婚し別所帯）。現在は妻（専業主婦）と二人暮らし（挙児なし）。

(2) アセスメントの依頼

主治医より：「うつ病を再発してからは，薬物療法によるうつ状態の改善が難しい。高学歴高職歴であるが，抑うつ状態や職場での対人関係など自身の心理的側面について診察場面でほとんど話が出ない。うつ状態が遷延しているため，パーソナリティや対人関係など心理的側面について精査してほしい」。

(3) テスト・バッテリー

質問紙法（SDS，POMS），投影法（SCT，ロールシャッハ・テスト，風景構成法）。なお投影法を実施後，主治医と検討し，現在の知的能力の評価のため WAIS-Ⅲ を追加実施。

(4) 結果と解釈

①SDS：52点（神経症〜うつ病）

②POMS：抑うつ気分や気力・活力低下の自覚はあるが，数値としては重症を示すものではない。

③精研式SCT：PART 1（30項目）と PART 2（30項目）があるが，「似たような質問項目であり時間もなかった」という理由で PART 1 のみ記入。書かれた文章はどれも短く，時に単語のみの項目もある。書字は細かい震えがあり，保続を思わせる誤字がある。難しい単語や漢字の使用はない。全体に受身的であり，この課題に使いうる心的エネルギーの低下を推測させる。内容は，自分自身に関すること（仕事の専門性に対する自負，肥満体型の心配），妻との関係（最近妻が自分を相手にしてくれないという不満），会社での居心地の悪さ，といった3点がテーマとなっている。心配や不満といった感想が主であり，自分の置かれた状況分析や自身の気持ちや感情を客観的にみつめ一歩踏み入って内省するという姿勢に乏しい。

④ロールシャッハ・テスト（以降ロ・テストと略）：A氏は検査に真面目，熱心に取り組み，抵抗感や緊張はあまりみられない。総反応数24，初発反応時間は平均10秒弱と，課題対応時のエネルギーの低下は目立たない。解剖反応が多産されるが，知識や情報量は平均的な数値を示している。これらから，ロ・テスト上ではうつ病に特徴的な行動や思考の抑制はみられず，課題処理に要する心的エネルギーも保持されている。特徴的な内容として「解剖」反応が繰り返し出現し，「女性器」や「DNA」などを加えると総反応の1/3を占める。特にカードⅡ「人体模型」カードⅧ「女性性器」カードⅩ「腹を開いて，内臓を抜き出した」は，図版の赤色に触発され，刺激を知性化する余裕なく情意や衝動のコントロール不全になる。外界の状況を客観的に把握することが難しく，エネルギーはあるがその力を現実的対処に活かすことができない。社会性や常識的判断の指標であるP（公共）反応は2.5のみである。

⑤風景構成法：教示は理解できているが，描く途中で「これでは風景にならないな……」と呟くものの，描画を修正して各アイテムをまとめ上げようとはしない。できないのかもしれな

表Ⅲ-1-1　A氏のロ・テスト反応内容（スコアリング片口法）

		Performance proper	inquiry	scoring
Ⅰ	∧	どこかの地図	逆だけど白が山で，国境や海。	WS　F∓　Map
	∨	土偶とかロボット	膝の突起，体，頭，腕，ロボットか？	W　F∓　(H)
	∧	羽がボロボロになっているが蝶	触角にしては形がちがうが，Sが破れている。	WS　F±　A　P
Ⅱ	∧	色が入っている，なんて言うんでしょう，人体標本，腎臓，骨盤，膀胱，骨盤周りの人体模型	腎臓，骨盤，膀胱，赤で内臓を連想した。	W　FC∓　Ats, Atb
	∨	形が違うが，人体模型の上，腎臓，肺，脳	腎臓から上の部分，肺，脳にしては位置が低いが。	W　FC∓　Ats
Ⅲ	∧	人が二人向き合っている，人というより鳥	クチバシ，手の先に何か持っている。鳥といっても羽つきの鳥でなく，頭が鳥で体が人間，くちばしのとがった人間。	Wcut　M±　(H)　(P)
	∨	逆にして，お互いにそっぽ向いている	お互い反対向いて長いものをもっている。ゾウの足みたいだが，野蛮人。	Wcut　M∓　H　Obj
Ⅳ	∧	巨人	下から，地面に寝転んで見上げている。	W　FK±　(H)
	∨	内臓模型，脊椎	現物を見たことがないが，こんな感じ。	W　F∓　Atb
	∨	リュウ	頭に小さい羽。	W　F±　(A)
Ⅴ	∧	蝶々	蝶にしては羽が長い，蛾のイメージ。	W　F±　A　P
	<	口開いて，カラス	羽開いて，色が黒いので。	W　FC'±　A
	∧	細い足，大きな翼，妖精		W　F±　(H)
Ⅵ		形が崩れているけど三味線	本来四角いものがずれているけど。	W　F±　Music
	>	こうすると船，水に映っている	船，煙突，爆弾が落ちた，火が上がっている。上下対称で水に映っている。	W　FK±　Tr, Na, Fire
Ⅶ	∨	微妙に違うけどDNAのダブルフリックス	二重らせんの有名な絵。	W　F∓　Sc
	∨	ゾウの体の一部に煙がついている	ゾウの体はこれだけしかない，足がないが，煙を吹いている。	W　FM∓KF　Ad, Cl
Ⅷ	∧	色が，ここ赤で……，女性器に見えないこともないですね	ここだけで，大陰唇と小陰唇，恥骨，特にこれということではないが……。	dr　F∓　Sex
	∨	人体模型の一部，左右が腎臓，腰から上ぐらい	形が違うけど，腎臓，胃・肝臓，骨盤色が合わないが。	W　F/C∓　Ats, Atb
Ⅸ		真ん中にクマの頭，下にトカゲ，上にちょっと，何か……	クマの頭，これはサンショウウオ？トカゲ，何かがわからないのがおおいかぶさって。	Wcut　F∓　Ad, A
Ⅹ	∧	何かの結晶構造	対称にきれいに並んでいるので，水の分子，DNA，結晶。	W　F−　Sc
	∨	クモ	虫のクモ。	D　F±　A
	∨	カエル	手が小さいが，目に足。	D　F±　A
	∨	腹開いて，どこか内臓の一部を抜き出した	のど仏，骨盤のはじまり，開いた状態を一部抜き出した，この赤が目立つ。	dr　F−CF, mF　Ats, Atb

い。

⑥これまでのアセスメントで取り上げるべき問題：SDSやPOMSといった質問紙法では，軽度から中等度の抑うつ状態を示している。しかし投影法（SCT，ロ・テスト，風景構成法）では，曖昧な刺激への対処不全が目立ち，気分や感情という心理的レベルよりも，外界認知の機能に障害が起きている可能性がある。ロ・テストで特徴的な解剖反応は，当初は「不安の置き換え，不安の知性化」といった防衛反応であろうが，その対応に固執し保続となっているこ

図Ⅲ-1-2　風景構成法

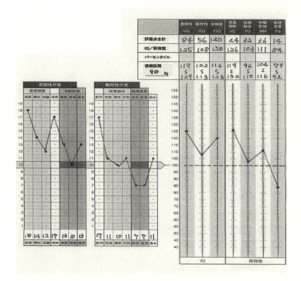

図Ⅲ-1-3　WAIS-Ⅲ

とを考えれば，内的欲動や衝動をコントロールしかね，対処不能状態に陥っていることが推察される。対人不安や脅威を強く意識し，自身に対する不全感や毀損感を心の片隅では感じているが，現実的なことや社会的場面において，適応的な行動や態度が取れていないであろうことを，A氏はあまり自覚できないようである。これらを考慮すると，心理的側面のみならず器質的側面の精査が必要であり，心理検査としてはWAIS-Ⅲをさらに実施する。

⑦WAIS-Ⅲ：数値についてはプロフィールを参照のこと。

約2時間半熱心に取り組む。感想ではロ・テストより達成感がもてたと述べている。言語理解はA氏の学歴や職歴と一致するものでありA氏も周囲もその能力を期待している。しかしその期待に反して知覚統合，処理速度に示される能力とのディスクレパンシーは，明らかに職場で実務処理に問題を引き起こす要因となっている。

●難しいということ

事例A氏は，うつ状態や不眠を主訴として職場に出社できなくなり，結果として休職を繰り

返し病状が遷延化した難治性のうつ病患者であり，ある意味で精神科の外来や入院病棟でよく出会う事例である。しかしよく出会う患者が必ずしも治療がスムーズに運ぶとはいえない。むしろうつ状態の背後にあるさまざまな要因が絡まって鑑別診断や治療方針の見立てに困ることが多い。A氏のアセスメントでは，現在の心理的状態，懸念される問題，今後の支援や治療方針について以下の点を検討する必要がある。

①思考や行動の抑制（うつ状態）は中等度なのに，薬が効かない。
②A氏は社会での不適応感を強く自覚している。気分や行動が，周囲の刺激（特に情緒的な刺激）に大きく左右され，衝動のコントロールが十分でないという違和感はある。
③A氏の自覚以上に，現実的な課題対処能力に問題が起きている。
④この背景には，心理的側面（元来優秀であったが，自分の問題については防衛や知性化が主であり，問題に直面し言語化してこなかった），器質的側面（アルコール飲酒の問題，性衝動の処理，年齢的にも若年性認知症の危惧を抱えている），社会的側面（職場の期待に応えうる能力の問題，妻との葛藤）が考えられうる。器質的側面は現時点では大きなリスクであり，今後の精査や支援の経過で明らかにしていく必要がある。
⑤具体的治療や支援の方向として，器質的側面の精査（画像診断など），復職プログラムなど構造化された支援の導入（現在できることの確認と自覚），A氏を支持する環境の確保などである。

このように難しさに対して心理アセスメントが寄与できることは大であり，患者理解を深めるために異なった側面を検討する必要がある。その時はテスト・バッテリーの工夫が鍵となる。しかし検査ですべてが理解できるとはかぎらない。検査時点で明らかになった問題と，解釈や説明できない疑問を明確に伝えることはアセスメントを行った者の責任であり，「現時点ではこの点はわからない」と伝えるのも責任の1つである。これが難しいということである。

引用文献
沼　初枝（2014）．心理のための精神医学概論　ナカニシヤ出版，p.281.
前田重治（1994）．続図説　臨床精神分析学　誠信書房，p.131.

2
医療における心理アセスメント実践②
高齢者領域

　医療における高齢者の心理アセスメントは，認知症の診断の補助材料となるアセスメントが中心的である。よって本章では，高齢者の領域の中でも，認知症に関連するアセスメントに絞って記述する。

●認知症を取り巻く状況

　認知症の診断の補助材料となるアセスメントの多くは，主にある程度大きな病院で行われてきた。認知症患者数は増加の一途をたどり，国もその施策に力を入れている。厚生労働省は2015年に新オレンジプラン（厚生労働省，2015）を策定したが，その中で「かかりつけ医認知症対応力の向上」「認知症サポート医養成研修」をさらに推進することをうたっている。よって，今後，中・小規模の病院における認知症に関するアセスメントの実施増加の可能性が考えられる。また，2015年に公認心理師法が成立し，間もなく国家資格をもった心理職が誕生する。これにより，広がりが予想される認知症に関するアセスメントに，心理職が関わることの増加も合わせて予想される。このような認知症をとりまく状況を考えると，従来行われてきた大きな病院でのアセスメントは，MCI（Mild Cognitive Impairment）やFTD（Frontotemporal Dementia）の鑑別に敏感な検査といった，より詳細な専門性の高いものへと進展し，身近な病院でのアセスメントは，より生活に密着したものが求められるのではないだろうか。
　本章では「より生活に密着したもの」という視点で，周辺には田畑も残っている政令指定都市近郊の地域で，ホームドクターとしての役割を担っている内科医のもと，筆者が行ったアセスメントの事例を提示しながらアセスメントの実際を紹介していく。

●検査と報告書

　検査実施の流れは以下のようである。所要時間は約1時間で，できるだけ付添者の同行を依頼し，検査も同席で実施する。まずは，本人への日常生活の聴取を10-15分間，神経心理検査を30-35分間，その後，基本的には本人に退室してもらい，付添者からの情報収集と相談が10-15分間である。
　実施する検査は，MMSE（Mini-Mental State Examination），透視立方体模写，CDT（Clock Drawing Test），ADAS-Jcog（Alzheimer's Disease Assessment Scale-cognitive component-Japanese version）の10単語再生課題（直後再生と遅延再生），15語からなる物語の再生課題（直後再生と遅延再生），言語流暢性課題，WAIS-Ⅲの数唱課題と符号課題，Stroop Testであ

る。本人，家族への問診が長くなる場合もあり，時間配分と本人の様子によって選択して実施する場合もある。

報告書は，神経心理検査の結果と主治医への連絡事項で構成している。介護保険の申請や見直しの際に，かかりつけ医の意見書と一緒に添付される場合もある。神経心理検査の結果では，各検査の点数とその中で特記すべき事柄を記載する。

筆者が月2回しか来院しないため，検査のフィードバックが可能となる日程を検査時に付添者に伝え，フィードバックは医師が行う。

●事例の紹介：Bさん

Bさんは78歳，男性，家族構成は，本人，長男夫婦と孫2人の5人家族，以前よりこの内科をホームドクターとしていた。Bさんは検査実施の1年ほど前は車の運転をしていたが，車をどこかにぶつけたような傷が増え，物忘れも散見されるようになった。そのため，長男の妻である嫁がBさんの運転を何とかやめさせた（この時点で免許の返納はしていない）が，Bさんの変化を心配し内科医に相談した。筆者がアセスメントを実施した内科医院は神経内科医の診察もあり，個人病院ではあるがMRI（Magnetic Resonance Imaging）を有している。BさんはMRIによる画像診断と内科医の問診などからアルツハイマー型認知症と診断された。しかし，長男の嫁が夫であるBさんの息子にそのことを伝えても「元来の性格だ」「歳のせいだ」と取り合わず，以前と異なるBさんの様子に怒ったりする。また，この地域は公共交通機関が整っておらず不便なため，Bさんは時折車の運転をしたがるときがある。そのような背景もあって，認知機能レベルの精査などが目的で内科医からの依頼により実施となった。検査当日の付添者は長男の嫁であった。問診時Bさんは「毎日がつまらない」と抑うつ的な様子で，介護保険サービス利用についてそれとなく打診すると「気ままにしていたい」と答えた（この時点で要介護認定の申請は行っていない）。しかし，検査にはにこやかに熱心に取り組んでいた。

検査結果については，紙面の都合ですべては取り上げず，この事例の問題に即して取り上げる。まず，MMSEの得点は17/30であった。MMSEのカットオフ値は23/24点（Anthony et al., 1982）であり，Bさんの得点は明らかな認知機能の低下を示していた。MMSEの時間的見当識は0/5，場所的見当識は5/5であった。見当識の障害は時間，場所，人という順序で障害されていくことが多く，Bさんもそれにあてはまる。次に記銘力であるが，MMSEの3単語直後再生は2/3で，遅延再生は0/3，ADASの10単語再生では，直後再生は4.3/10，遅延再生は0/10，15語物語文直後再生は1/15，遅延再生は0/15であった。遅延再生がMMSE，ADAS，15語物語文ともに0点であることから，ごく短時間の記憶しか保持できないこと，また，15語物語文では直後再生でも1/15であったことから，ごく短時間でなおかつ短い言葉であれば思い出すことができる状態であることが分かる。視空間認知については，MMSEの図形模写は描けており，2次元は捉えることができていた。しかし，立方体模写は大きく崩れており3次元を捉えることが困難になっていた。WAIS-Ⅲの符号の評価点は5であり，注意機能や遂行機能は低下していた。これらのことより，Bさんが運転をやめたことは適切な判断である。

報告書は神経心理検査結果の内容を記載し，主治医への連絡事項はBさんを取り巻く状況を踏まえて4点に絞った。1点目はBさんの長男がBさんの変化を「元来の性格だ」「歳のせいだ」と受け取っている点である。記銘力の検査結果から「周囲からは一見問題ないように見え

るが，記憶力は短い言葉を聞いてその直後に思い出すことが精一杯である」ことを明確に記した。2点目は長男のBさんへの対応についてである。長男はBさんの疾患について認識しておらず，適切な対応ができていない様子であった。そのことはBさんの精神的安定への影響も考えられる。また長男の対応は，その嫁の話から「認めたくない」という気持ちが働いている可能性が考えられた。付添者の長男の嫁に「フィードバック時は長男夫婦で来院すること」を依頼し，Bさんの現在の状態が疾患であることを主治医から明確に伝える必要があることを記載した。3点目はBさんの抑うつ的な気分の強さについてである。これは，認知機能の低下に伴うものであったり，家族の対応によるものだったりなど，複合的な要素があるように考えられた。問診時にデイサービスについて，それとなく打診した際の返答は「気ままにしていたい」であった。しかし，こちらの質問にもテストにも，にこやかにきちんと答えている様子から，デイサービスの職員が迎えに来た際の対応を，Bさんに対してうまく行うことができれば，徐々に慣れていくことが予想された。また，デイサービスを利用することで，生活リズムが整ったり，人との接触が多くなるなど環境調整につながることからも，現在の認知機能レベル，気分の状態を考えると，介護認定を申請することが望ましいことを明記した。第4点は車の運転についてである。時折運転をしたがるとのことだが，視空間認知や前頭葉の働きの低下からも，運転は引き続きやめたほうがよいことを指摘した。

●アセスメントの意義

　どの領域で行われるどの検査も同様に，検査を受けた人の理解につながることが検査を実施することの意義であろう。よって，点数を示すだけではなく，その点数が患者の日常生活でどのような場面とリンクするのかを伝えること，それがケアにつながることが望ましい。そのためには，認知症の人の日常生活における状態像をよく知っている必要がある。また，認知症に関するアセスメントは，簡便なものについては心理職以外のコメディカルも実施しているのが現状である。では，簡便な検査であっても心理職が行う意義は何であろうか。やはり，家族全体を捉えることは心理職が長けている能力である。介護者への精神的サポートも考慮しつつ，本人や介護者の性格，家族力動などを短時間でもなるべく把握し，アセスメントの中に反映することで，心理職のもつ専門性が活かせるのではないかと思われる。

引用文献
Anthony, J. C., LeResche, L., Niaz, U., von Korff, M. R., & Folstein, M. F. (1982). Limits of the 'Mini-Metal State' as a screening test for dementia and delirium among hospital patients. *Psychological Medicine*, **12**, 397–408.
厚生労働省 (2015).「認知症施策推進総合戦略―認知症高齢者等にやさしい地域づくりに向けて（新オレンジプラン）」について　2015年1月27日〈http://www.mhlw.go.jp/stf/houdou/0000072246.html〉（最終閲覧日：2016年8月13日）

3

医療における心理アセスメント実践③
児童精神科領域

◉児童精神科での心理アセスメント

(1) 対象者が子どもであること

　児童精神科は，幼児期から児童・思春期までの子どもの発達や心の問題についての診療，支援を行う場である。子どもの心の状態を理解するためには，子どもの生まれもった特性や気質などの器質的な要因と，生活環境や保護者の養育態度を含めた子どもを取り巻く環境的な要因の両面からアセスメントを行う必要がある。子どものアセスメントにおいては，①成長の仕方，程度の個人差が大きいこと，②子どもは成長・発達する過程にいる存在であるため，病気や障害の診断が難しいこと，③子ども自身の来談動機がはっきりしないこと，④親や周囲の大人から影響を受けやすいことなど，対象者が子どもであることを考慮することが必要である。

(2) 主訴の背景にある発達障害と子ども虐待の可能性を見落とさない

　子どもが児童精神科を受診するのは，多くの場合，親や周囲の大人が子どもの呈する症状や問題を心配したり，困った時である。子どもは葛藤や情緒的な混乱を心で引き受け，言葉にして悩む能力が限られているため，頭痛，嘔吐などの身体的な問題（症状）がみられたり，不登校や暴力，リストカットなどの行動上の問題や，友人とのトラブルなど対人関係上の問題として表れてくる。初期のアセスメントでは，子どもが抱える症状や問題は発達障害が併存した二次症状（二次障害）でないかどうかを鑑別することと，子ども虐待の問題が潜んでいる可能性を見落とさないことが重要である。なぜならば，主訴の背景に障害特性がある場合には，その特性を理解した対応や環境調整がまず必要になってくるからである。また，子ども虐待は認知機能，言語，対人関係，社会機能など広範囲に及んで，子どもの発達に短期的・長期的な悪影響を与えることが分かってきており（本間・小野，2008），治療には安全や安心感の確立が不可欠だからである。

(3) 児童精神科での心理検査

　児童精神科における心理検査は，子どもの発達段階や知的能力の評価や，情緒的な問題や葛藤の把握を主な目的として実施される。まずは対象児の年齢や状態に応じた発達検査・知能検査を第一選択として行うことが一般的であり（高橋・津川，2015），新版K式発達検査，田中ビネー知能検査Ⅴ，WISC-Ⅳ，KABC-Ⅱを使用することが多い。情緒面を捉える検査としてはバウムテストやHTP，動的家族画などの描画テストを実施することが多いが，P-FスタディやSCTも短時間で実施できるため，選ばれることが多い。また，解離やトラウマなどの問

題がうかがわれる場合には TSCC-A（Trauma Symptom Checklist for Children：子ども用トラウマ症状チェックリスト）や A-DES（Adolescent Dissociative Experiences Scale：青年解離体験尺度）などの質問紙を用いることもある。ただし，子どもの心理検査の特徴の1つとして，成人の場合に比べて，その結果には質問項目を読み解く能力や自分自身の心の状態やおかれている状況を内省し言語化する能力をどのくらいもっているかということが大きく影響しがちである（佐藤，2009）点は考慮しなくてはならない。

　検査の実施に際して，医師から具体的に心理検査の種類を指示される場合もあるが，子どもの情報や状態から必要な検査を心理士が提案する場合もある。そのため，子どもの状態を見極め，必要な心理検査を選択し，実施できる技能が心理士に求められる。そのためには，子どもに実施する可能性がある検査を熟知するだけでなく，子どもの発達や心の問題に関する知識が不可欠である。そしてもちろん，子どもとのラポール形成や，親をはじめ子どもを取り巻く関係者と連携する力も求められてくる。

(4) 心理検査の依頼・実施・報告までの一連の流れ

　多くの医療機関では，検査依頼のための手続きが決められており，それに従って心理検査予約が入ることが一般的である。医師からの依頼箋（心理検査申込書）には検査目的と検査内容が書かれているが，当日検査を実施する際は，改めて検査者自ら子どもや保護者に検査目的を説明し，同意を得る必要がある。子どもの検査場面に保護者が同席するかどうかについては，原則は子どもが単独で受検することが望ましいが，幼児や分離不安の強い子どもの場合は，無理のない形で検査状況を設定せざるをえない場合がある。

　心理検査結果は，フィードバック面接という形で心理士が直接患者や保護者に説明する場合もあるが，多くの場合は所見をまとめてレポート（心理検査報告書）を作成し，主治医に報告した後，主治医から患者に説明する形式がとられている。検査者が検査について子どもや保護者と話ができる機会は限られているため，発達検査・知能検査を実施した際は，可能ならば，検査後に保護者と話をする時間を設けるとよいだろう。検査に対する保護者の期待や，検査からは得られにくい生活場面での子どもの様子を尋ねることで，保護者の子どもについての認識や関心の程度を知ることができ，子どもにあった具体的な支援もイメージしやすくなる。さまざまな視点から情報を統合し，総合的に解釈することで，実際に役に立つレポートを作成することができる。

●心理アセスメントの実際

　ここでは，児童精神科における心理アセスメントについて，2つの事例を通して紹介したい。なお事例は，筆者によって作成された仮想事例である。

事例C：頭痛や腹痛があり，学校へ登校できない小5男児

　【事例概要】　乳幼児期は大人しく手がかからない子だった。幼稚園では担任の指示に従うことはでき，誘われれば友達と外で遊んだりもするが，家で1人でプラモデルを作ることを好んだ。小学校入学後も特に問題はなかったが，小学3年生の頃から頭痛や腹痛を訴えるようになった。車から降りないため，引きずるようにして学校に連れられていたが，嘔吐を訴えるようになったため，近くの小児科を受診。小児科の紹介を経て，児童精神科受診に至った。

【実施した心理検査】　　WISC-Ⅳ，HTP

①検査時の様子：声は小さく，緊張感がうかがわれた。顔はうつむきがちで視線はあまり合わないが，質問には少し視線を上げ，言葉少なめに答えた。思考中は唇を噛んだり，身体が揺れていることもあった。声には抑揚がなく，表情は最後まで変わらず硬く，検査には淡々と取り組んだ。検査後は「楽しかった」と無表情で答え，検査時の様子に見合わない印象を受けた。

②結果の解釈：WISC-ⅣはFSIQ=94（VCI=95, PRI=100, WMI=85, PSI=99）で知的能力は平均の範囲内であった。情報の規則性を捉え，指示に従って事務的に処理することは得意であるが，情報の意味を捉えることや思考をまとめること，プランニングすることは苦手であった。また，新規場面における不安の高さや慎重さがうかがわれ，これらはパフォーマンスへ影響していることが推測された。HTPでは，家は右下に小さく壁を描き，そこに窓と戸を1つずつ描き込んだ後，上に屋根をのせたような形であった。木は紙の半分より下の部分に収まるように描いた。幹から左右に枝が伸び，枝の先を覆うように葉を描き，最後に幹の上部に蓋を置くように小さな樹冠を描いた。人は足元から上に向かって描き，最後に首の上に頭をのせ，全体的な印象はややアンバランスであった。家・木・人の順で徐々に絵は大きくなっていったが，全体的に空白部分が多く，パーツを組み合わせたように無機質で簡素であった。気持ちや欲求は覆い隠されて表には出にくいが，本児自身も実感できていなかったり，情緒を感じにくいところがあるように思われた。

③治療方針とその後の経過：細かく生育歴を聴取すると新規場面の苦手さとこだわり，社会的なコミュニケーションの難しさがあるなど，身体症状の背景にASDの特性がうかがわれた。場面の読み取れなさとそれに伴う不安の高さがあるが，内面について言葉で捉え，表現することの難しさが身体症状として表れていると推測された。両親や学校にはCの特性を理解した対応を願い，Cは自ら登校に関する目標を設定した。その後，適宜保健室を利用しながら，段階的に登校時間を増やしていった。

事例D：大人に対しての暴言・暴力があり，霊が見えたり声が聞こえたりする小5女児

【事例概要】　　Dが生まれる前から父から母への暴言，暴力があった。乳幼児期は睡眠が不規則で，癇が強く，育てにくい子であった。保育園では先生に反抗したり，気が乗らないと教室を出ていくなどトラブルが多く，小学校入学後は行き渋りがみられるようになった。教師と敵対的な関係になりやすいが，友達には嫌われないように気を使っていた。自分が送った覚えがないメールが残っていたり，霊が見えたり声が聞こえることなどがあり，話を聞いた学校の養護教諭が母子に受診を促した。小学3年時にSCがWISC-Ⅳを実施。FSIQ=105（VCI=105, PRI=95, WMI=94, PSI=121）で知的能力は平均的。

【実施した心理検査】　　バウムテスト，TSCC-A[1)]

①検査時の様子：描画の提案に対しては「絵描くの苦手」と言い，戸惑いながら描いた。TSCC-Aは淡々と取り組み，検査後，回答した内容の具体的な体験について尋ねると，率直に説明してくれた。

②結果の解釈：バウムテストは，程よい大きさだが，軽いタッチで線を重ねるように薄く描く。幹・樹幹・枝・根元の影・幹の傷の順で描き，ふわっふわっと描いた樹冠の線は所々途切れている。枝の処理に悩み，樹冠との接合部の中央に2本の鋭い枝と単線を描くが，端はつなが

っていない。描画後の対話では「古い木。今の時代は木は邪魔と思われてる。冬になると葉が全部落ちちゃうけど，木は切られないで残ってほしい」と述べた。薄く消えてしまいそうな木からは自信のなさや自己肯定感の低さがうかがわれ，安心感や守られる体験に乏しく，多くの傷つきを抱えていることが推測された。また，自我の力は弱く，情緒的な耐性や衝動コントロールの問題がうかがわれた。TSCC-A ではすべての臨床尺度が臨床域（T 値 =65 点以上）にあり，危険項目は「自殺したい」を含め，5 項目で 1 点以上がついており，臨床的な介入が必要な状態であると推測された。

　③治療方針とその後の経過：D は小児期脱抑制性愛着障害，心的外傷後ストレス障害，解離性障害と診断された。母は離婚を決意し，母子で家を出るが，D の暴言や振り回し行動に耐えられず，児童相談所に相談し，D は児童養護施設へ一時保護委託された。母はうつ病の診断にて精神科治療を始め，D は児童養護施設で心理面接を始めた。現在は，母子の再統合のため，児童相談所，医療，学校を含めた多機関で連携して支援を継続している。

●まとめ

　児童精神科臨床では，正しいアセスメントをし，治療方針を明確にすることはもちろんであるが，子どもの特性の理解と適切な対応を周囲に求めることや，子どもの安全確保を早急に行うなどの環境調整も治療の重要な要素である。子どもは周りの大人に連れられて受診し，来談意欲や来談動機がはっきりしていないことが多いが，子どもたちの言動の端々からは「どうにかしてほしい」「今よりもよくなりたい」といった願いがみえてくる。子どもの何とかしたいという思いと手を結び，子どもが自分や周囲の問題に向き合おうとする時の辛さ，悲しみ，怒り，どうしようもなさを共に感じ，支えることが児童精神科での心理士の仕事だと感じている。

引用文献

ブリア，J.／西澤　哲（訳）（2009）．子ども用トラウマ症状チェックリスト（TSCC）専門家のためのマニュアル　金剛出版

本間博彰・小野善郎（2008）．子どもの心の診療シリーズ 5　子ども虐待と関連する精神障害　中山書店

西澤　哲・山本知加（2009）．日本版 TSCC（子ども用トラウマ症状チェックリスト）の手引き―その基礎と臨床　金剛出版

佐藤至子（2009）．心理検査の組み立てとその意義　斉藤万比古（編）子どもの心の診療シリーズ 1　子どもの心の診療入門　中山書店，pp.126-132.

高橋依子・津川律子（2015）．臨床心理検査バッテリーの実際　遠見書房

前ページ 1）TSCC（Trauma Symptom Checklist for Children：子ども用トラウマ症状チェックリスト）は，トラウマ性の体験後に生じる精神的反応ならびにそれに関連した心理的な症状を評価するための自記式検査であり，さまざまなトラウマ性の出来事を経験した子どもの心理的な評価に使用できる（西澤，2009）。TSCC には 2 つのバージョンがあり，計 54 項目からなる完全版と，性的な事柄に関する項目を含まない計 44 項目からなる TSCC-A とがある。内容は妥当性尺度（過少反応尺度，過剰反応尺度）と，臨床尺度（不安尺度，抑うつ尺度，怒り尺度，外傷後ストレス尺度，解離尺度と 2 つの下位尺度，さらに TSCC の完全版では性的関心尺度と 2 つの下位尺度を含む），および 8 つの危険項目から構成されている。子どもは各項目に対して「0」（全くない）から「3」（いつもある）までの 4 段階で答えるように求められ，回答は尺度別で合計され（粗点），T 値（平均が 50 で，標準偏差値が 10 となるように変換した値）に換算される。T 値が 65 以上である場合は，臨床的に意味があると判断してよいとされ，T 値が 60 から 65 の範囲にある場合は，その尺度に関して，何らかの困難性を抱えている可能性を示唆しているとされている。

4

医療における心理アセスメント実践④
小児科領域

◉はじめに

　小児科を受診する親子は，子どもの身体面の症状を主訴として来院する。その中には，症状が心理的要因から影響を受けている場合や身体の状況により生き難さを抱えている場合もある。また，親は，子どもを小さい頃から診てもらっている小児科医に子育ての心配を相談することも多く，言葉の遅れや不登校など発達や情緒的問題を相談する場合もある。このような親子に対して，臨床心理士は小児科医と連携して心理的側面から援助を行っている。本節では，早産で生まれて退院後に長期的な外来フォローアップを受けていた子に対して発達援助を行った事例を通し，小児科での心理検査を用いた発達アセスメントや支援への活用について述べる。

◉心理アセスメントの実際

(1) 事例の概要

　小学校1年生のEちゃんは，早産で出生し，発達経過がゆっくりであった。1歳10ヶ月から発達援助を目的とした市の親子教室に通ったのち，近所の公立保育園に3年保育で入園した。母親は，入園後に他児との違いが目立っているEちゃんを心配して主治医に相談し，臨床心理士を紹介された。約2年半の母親面接の経過の中でEちゃんに新版K式発達検査とWISC-Ⅳを実施した。母親は，2回の検査を通してEちゃんの特徴を理解していった。また，Eちゃんの特徴を他機関の多職種で共有することで，保育園での支援の充実や小学校入学後の通級指導教室の利用など総合的な発達援助につながった。

(2) 家族構成

　父（会社員），母（主婦），兄（12歳），本児（7歳）の4人家族

(3) 小児科外来での経過

　Eちゃんは，在胎32週2日，出生体重1806gで出生し，NICU（新生児集中治療室）に約2ヶ月間入院していた。退院後，主治医は，身体発育や神経発達の定期的な確認を行い，Eちゃんの運動発達の遅れに対して理学療法を導入するなど身体面からEちゃんの成長を支えていた。Eちゃんの歩行が安定したのは生後1歳9ヶ月（予定日からは1歳6ヶ月）と遅かったが，同時期に発語がみられると，新版K式発達検査の結果でも生後2歳0ヶ月の時点でDQ66，生後3歳2ヶ月の時点でDQ88とゆっくりとした発達であったが伸びていることが確認された。

表Ⅲ-4-1 新版 K 式発達検査の結果

CA　4歳1ヶ月　DQ94（3歳10ヶ月相当）		
姿勢・運動 76（3歳1ヶ月相当）	上限	「交互に足を出す」(2:6 超 -3:0)
認知・適応 98（4歳0ヶ月相当）	下限	「門の模倣例後」「折り紙Ⅲ」(3:0 超 -3:6)
	上限	「積木叩き（4/12）」(4:6 超 -5:0)
言語・社会 94（3歳10ヶ月相当）	下限	「了解Ⅰ（2/3）」(3:0 超 -3:6)
	上限	「数選び4」「左右弁別（全逆）」(4:0 超 -4:6)

(4) 相談経路・主訴

　主治医は，Eちゃんの経過を順調と考えていたが，母親の不安が強いため「母親の相談にのってほしい」と臨床心理士へ依頼した。母親は，臨床心理士との面接で「他の子と同じようにできないのを見るのが辛く，何かできることがあればしてあげたい」と継続的な相談を希望した。具体的には，Eちゃんが返事をするのにやらないことや動作がゆっくりで時間内に給食を食べたり片付けたりできないことを気にしていた。保育園では，着替えや移動に時間がかかることを指摘されていた。面接は，月に1回の頻度で約2年半継続した。

(5) 新版 K 式発達検査の導入と目的

　母親は，早産であったEちゃんの発達の遅れに責任を感じ，Eちゃんが他の子どもと比べてできないことに対して心配や焦りが強かった。そのため，まずはEちゃんの発達状況を確認し，現在のEちゃんに必要なかかわり方を考える目的で新版 K 式発達検査を実施した。

(6) 新版 K 式発達検査の結果と解釈

　Eちゃんは，平均すると大きな遅れはみられなかったが領域間に大きな差が認められた。認知適応領域の「積木叩き」のように視覚的な情報を記憶するのが得意で，「折り紙」や「門の模倣」でも立体的な形を把握できていた。ただし，指先で細部を操作することが難しかった。言語社会領域からは，色や数など一対一対応で覚えられる概念の理解が良好であったが，言葉のみで説明を理解するのは難しく，注意がそれて席を離れることもあった。

(7) フィードバックと面接への活用

　結果について，次回の面接で，Eちゃんに得意なことと苦手なことがあることや難しい課題にも興味をもって取り組むことができていたことを母親に伝えた。検査場面を共有していた母親は，自分が思っていたよりもEちゃんが言葉のみでは説明や指示を理解するのが難しいことに気づき，「返事をするのにやらないのではなくて，分からなかっただけかもしれない」という理解をするようになっていた。そして，具体的な言葉で伝えたり，会話を短く区切ったり，Eちゃんの理解しやすい声のかけ方を工夫するようになっていった。また，やることが遅いのではなくて，細かい作業が苦手で遊びたくても思うようにできずに困っているのかもしれないと考えるようになり，同じものを使って見本を見せながら遊んだり，登園の支度を一緒に行ったりするようになっていった。このように，新版 K 式発達検査を用いてEちゃんの特徴を共有したことで，母親は，Eちゃんの苦手なことに向き合い，Eちゃんの特徴に合わせた対応を模索しながら乗り越えていった。さらに，Eちゃんが文字を覚え始めると「見た目で覚えるのはEらしい」，折り紙などに没頭する姿を見て「できないことが多いのに難しくても諦めない

表Ⅲ-4-2　全検査IQと各指標

	合成得点	パーセンタイル	信頼区間（90%）	記述分類
全検査IQ（FSIQ）	103	55	97-107	平均
言語理解指標（VCI）	97	42	90-104	平均
知覚推理指標（PRI）	115	84	106-121	平均～高い
ワーキングメモリー指標（WMI）	100	50	93-107	平均
処理速度指標（PSI）	91	27	84-100	平均の下～平均

表Ⅲ-4-3　下位検査の評価点プロフィール

類似	単語	理解	（知識）	積木模様	絵の概念	行列推理	（絵の完成）	数唱	（算数）	符号	記号探し
10	12	7	(9)	11	9	17	(9)	9	(11)	7	10

Eは頑張り屋さん」と話すなどEちゃんの姿を肯定的に捉え直していった。母親は，保育園の担任と情報交換を行うようになったが，発達指数に表れないEちゃんの苦手さをうまく説明できずに苦慮していた。

主治医には，個別の対応で時間をかければ達成できることも多いが，発達の凸凹が大きく，Eちゃんには特徴に応じた丁寧なかかわりが必要であることを伝えた。主治医は，母親の希望も聞いて，臨床心理士の所見も含めた診療情報提供書を作成し，Eちゃんの特徴を保育士とも共有できるようにした。保育園では，Eちゃんが苦手な活動の際に補助の先生が対応してくれるようになり，次年度のために加配の保育士の申請が行われた。

(8) WISC-Ⅳ知能検査の導入と目的

年長になった頃，Eちゃんは縄跳びや鉄棒など運動面での苦手意識が強くなり，「下手だからやりたくない」と言うようになった。母親は，Eちゃんの情緒面を心配し，Eちゃんへのかかわり方に再び不安を強めた。また，公立小学校の特別支援学級の見学前に，就学に向けたかかわり方や学習場面での援助方法を相談したいと希望があった。そこで，Eちゃんの認知特性と入学後の援助方法を検討するためにWISC-Ⅳ知能検査を実施した。加えて，情緒面のアセスメントのために補助的に人物画も実施した。

(9) WISC-Ⅳ知能検査と人物画の結果と解釈

Eちゃんの希望により母親同席で検査を実施した。WISC-Ⅳ知能検査の実施検査は，基本検査9と補助検査3の合計12の下位検査であった。所要時間は，110分（休憩10分）と長かったが最後まで意欲的に取り組んでいた。言葉で回答する課題ではつまらなさそうにする場面もあったが，検査者が再度声をかけると課題に注意を向けることができていた。反対に，手作業を伴う課題では没頭しすぎて検査者が促しても中断するのは難しかった。

WISC-Ⅳでは，全般的な知的能力は平均域であった。ディスクレパンシーの検討では，PRIがVCI，WMI，PSIよりも15%水準で有意に高く，視覚情報の処理については同年齢集団の中でも高い力があると推定された。下位検査プロフィールでも行列推理の評価点が高く，直感や

イメージで理解することが得意であった。反対に，符号の評価点が低く，手作業をテンポよく進めるのは苦手であった。また，言語理解の下位検査では，体験に結び付けて言葉の意味やルールを覚えており，ものごとの本質的な理解は難しかった。また，単語を並べた回答が多く，自分の考えや思いを相手に伝わるような文章で表現するのが苦手であった。

人物画では，母親に絵を褒められるとリラックスした表情になり，「次はEを描く！」と言って用紙の裏に笑顔の自画像を大きく描いた。検査終了後，Eちゃんに難しい問題にも一生懸命取り組んでいたことを褒めると，お母さんにもたれて嬉しそうに甘えていた。人物画とEちゃんの様子から，Eちゃんの自己像が明るいものであることや母親との関係性の中で安心して自分らしく振る舞えていることがうかがえた。

(10) フィードバックと面接への活用

次回の面接で，WISC-Ⅳの全検査IQや各指標が平均域である一方で，検査時の様子や回答の仕方から集団場面や学習場面で援助や配慮が必要と考えられることを母親に伝えた。母親は，Eちゃんが以前よりも検査者の話に注意を向けていたことに驚き，周りが少し見えるようになり，自分と友達との違いに気づくようになったからこそ悔しい気持ちが芽生えたのだとEちゃんの様子を成長による変化として捉え直していった。そして，母親は，Eちゃんの苦手意識が強くなるのを予防したいと希望し，折り紙やあやとりを用いて少ない手順で完成できるものを一緒に作ることで，できたという成功体験を共有したり，絵などの視覚的素材が多い絵本を用いて言葉の意味やストーリーの理解を助けたり，WISC-Ⅳの結果を踏まえてEちゃんが達成感や満足感をもてるようなかかわり方を増やしていった。また，言葉でのやりとりでは，二者択一で選ばせることでEちゃんが喜んで自分の考えや希望を返事できることに気づき，母親はEちゃんの苦手さへの対応だけでなくEちゃんとのやりとりを楽しむ余裕をもてるようにもなっていった。

検査結果の数値と実際の反応のギャップは，母親がEちゃんについて周囲から理解してもらい難いと感じていた部分であった。特別支援学級の見学時に，知っている言葉を並べて何となくやり過ごせてしまうため，分かっていると誤解されやすいといった「数値に表れない」Eちゃんの特徴を説明し，必要に応じて通級指導教室で丁寧な学習援助を受けたいと希望した。母親なりに今後の対応を行えたことが自信につながり，「心配はあるけれど困っていることはない，残りの保育園生活は親子で楽しみたい」と面接の終了を決断した。

主治医には，Eちゃんの知的能力は平均域であるが，生活の中でつまずきがあり，母親がそれに対応してその都度乗り越えてきた経過を伝えていた。主治医は，臨床心理士との面接終了後もフォローアップを続け，学校での様子など母親の心配に対応できるようにしている。

(11) フィードバック面接の際の留意点

小児科では，子どもが自ら相談を申し込むことは稀であり，主治医の依頼や親の希望で相談や検査が導入されることが多い。子どもとは検査当日にしか会えない場合もあるため，必ず「誰の，何のために」検査を行うのかという目的を検査者が意識し，検査終了後には検査を通じて子どもが教えてくれた結果を子どもに分かる表現で直接伝えるようにしている。Eちゃんの場合には，好きな遊びを教えてもらって生活や保育園（小学校）での活動をより楽しめるように検査を行いたいと伝えていた。そして，新版K式発達検査の終了後は，積木でもっと遊びた

かったと教えてくれたことから「一回見ただけで覚えるのが得意だもんね」とEちゃんの得意なことをフィードバックした。WISC-Ⅳ知能検査と人物画の後には「難しい問題にも一生懸命だったね。頑張っているところをお母さんに見てもらえて嬉しいね」と課題に取り組む姿勢をフィードバックした。

　親へのフィードバックでは，発達検査や知能検査の結果を書面にまとめた検査報告書を主治医から渡してもらう。臨床心理士は，主治医による結果説明に同席するように努めているが難しい場合も多いため，親から希望があった場合には臨床心理士から直接説明する機会を設けている。その際，検査を通して親が知りたい情報は，数値や診断ではなく，親が心配し，困っている日ごろの子どもの様子や親子のやりとりのうまくいかなさへの対応である場合が多い。そのため，臨床心理士は，検査結果を伝える際に親に検査時の子どもの様子について感想や気づいたことを尋ね，親の気づきを基に生活の中での子どもの行動と検査結果を照らし合わせながら伝えるようにしている。そうすることで，親が子どもの発達的な特徴や情緒面の問題に理解を深め，生活の中で親自身が対応できるようになっていく。そのためには，親と検査結果の数値のみでなく子どもの具体的な様子も共有しながら対応することが大切である。

●まとめ

　小児科の中で臨床心理士は，子どもの発達や情緒面への心理的援助を担っている。発達検査や知能検査などを含めて得られた情報を小児科医や他機関に伝え，子どもの身体・発達・情緒面についての認識を医療・福祉・教育等の多職種で共有することで，子どもの発達援助や親への支援につながる。本事例は，子の出生時から診てきた小児科医が母親の不安に気づき，その対応を臨床心理士へ依頼した事例であった。発達検査や知能検査を通して子どもの姿を親と共有することで，親が子どもの特徴を理解し，それに基づいたかかわり方を工夫していくことにつながった。さらに，子どもの苦手さについての意味づけが肯定的に変化し，子育ての自信にもつながった。

医師から心理職へ⑤：精神科医と心理職の相違点

　筆者自身は精神科医でもあり臨床心理士でもあるのだが，日頃はその違いについてあまり意識していない。改めて両者の相違点を考えてみると，精神科医は医師であるがゆえに，診断をし，薬物療法を行うことができる。特に精神保健指定医は，病識のない精神疾患の患者さんに対し，必要であれば本人の意志に反してでも精神科病院に入院させることができる。これは父親的機能といえるかもしれない。逆に，精神科医は精神療法を怠り，薬物療法を代表とする身体的治療に逃げることもできる。例えば，患者さんの抑うつ状態が悪化したら抗うつ剤を増やすとか，幻覚・妄想が悪化したら抗精神病薬を増量あるいは他剤へ切り替えを行うなどである。

　向精神薬が発見されるまでは，患者さんを水の中に漬けたり，下剤を与えて下痢を起こさせたりして，体内から害毒を出すという，今でいうデトックスをしようとしたり，インスリンを体に打って人工的に低血糖の昏睡にさせたり，脳神経の一部の接続を切るというロボトミー術といった，今から見ると非常に野蛮な「治療法」が真面目に行われていた。他方，H. S. サリヴァンのように，患者さんに心理的に接した医師もいた（サリヴァン，1990）。有名なシュヴィング（看護師）の「精神病者の魂への道」（シュヴィング，1966）も，患者さんの傍に根気強く寄り添い続けた賜物だろう。有効な薬物療法が発見される前の時代では精神病理学が提唱され始めた。つまり，患者さんの心理面について思索する姿勢である。

　しかし，有効な薬物療法という「飛び道具」を手に入れたがゆえに，精神科医は薬物療法に治療の多くを頼るようになった。また，DSMやICDといった操作的診断基準ができてから，精神科医の診断能力が低下したと言われて久しい。このことは，CTや，MRI，エコー，内視鏡といった非常に進歩した検査方法が確立されると，従来からの，打診をしたり，聴診器を使ったりして診断する医師が激減したのと同様のことだろう。

　心理士は薬物療法を行うことはできないが，薬物療法を行うことができないゆえに，患者さんの抑うつ状態が悪化したり，幻覚・妄想が悪化したりしたら，医師に紹介することも選択肢の1つではあるが，患者さんへの接し方や言葉かけをさらに工夫するだろう。ここで面接力が鍛えられる。丸腰なら丸腰なりに対応する力を身につける。精神科医は遠く及ばないかもしれない。

　筆者がまだ駆け出しで，ある精神科病院に勤務していた時，境界性パーソナリティ障害の入院患者さんを担当したことがあった。彼女は筆者や看護スタッフが病棟ルールを守るように言ってもまったく聞いてくれなかった。ある日，筆者はその患者さんと何かについて許可をするしないで揉めていた。その場に，いつも下を向いて床の拭き掃除をしている年配のヘルパーさんが床をモップで拭いていた。ヘルパーさんが「そんなこと言ってもね。人生なかなか思い通りにならないものなんだよ」とぼそっと言った。すると件の患者さんはさっと顔色を変え，憑き物が落ちたかのように，「今回はやめておきます」と言った。

　筆者はびっくりした。一応，成書を読んで，患者さんへの対応の仕方を知識としてはもっていたが，付け焼刃の知識は役に立たなかった。それよりも，顔に深く皺が刻み込まれた，おそらく人生でさまざまな苦労をされてきたであろうヘルパーさんの言葉には重みがあった。患者さんはそのことを感じ取ったのだろう。知識や技法よりも人間力というか，人生経験の違いで生じた現象だろうと思った。

　精神科医にしても，心理職にしても，特に心理療法の分野においては，患者さんに対してどう向き合うかを工夫し続けることにおいては同業者だと思う。

【引用文献】
サリヴァン，H. S.／中井久夫・宮崎隆吉・高木敬三・鑪幹八郎（訳）（1990）．精神医学は対人関係論である　みすず書房
シュヴィング，G.／小川信男・船渡川佐知子（訳）（1966）．精神病者の魂への道　みすず書房

5

教育領域における心理アセスメント実践

●事例の概要

　Fは，小学校3年生の男児である。担任によれば，授業中に話を聞いていないことが多く，忘れ物が多くて学習する姿勢が成立していないということだった。しかも，気分が乗らない時には教室を出て保健室で過ごそうとすることもあるほか，掃除当番などの係活動をやろうとしないため，同級生の不満は募るばかりであるということだった。保護者も，家で言うことを聞かないこと，学習になかなか取り組まずに成績が悪いことなどが心配で，担任に相談をしていた。ただ，担任は「もう少し，家で厳しく接する必要があるだろう」との思いがあり，家庭とともに，学校生活を送るための態度を育てていく必要を感じていた。しかし，保護者はそのような担任の希望を感じ取りながらも，これ以上どうすればよいのだろうという思いでいた。このような膠着状態に陥ったところで担任がスクールカウンセラー（SC）に相談を持ち掛け，保護者も希望したため，SCと保護者による面接を実施することとなった。その後，保護者がFの来談を希望し，Fも了承したため，Fとも面接を実施した。

アセスメントの目的

　Fの現状の課題は，規範順守的な態度の習得を妨害するような，何らかの情緒的な課題があるとも考えられる。一方で，Fの認知的側面の特徴が影響し，二次的な障害として人間関係上の課題が出現しているとも考えられる。これらの背景理解を促進し，今後の支援の方向性を見極めるためのアセスメントが必要であると考えられた。
　さらに，Fを取り巻く援助資源である保護者と担任教師は，双方の思いがうまくかみ合わず，連携体制が構築されにくい状況にあると推測された。アセスメント結果を契機にしてこうした状況を打開し，Fの支援にとって有用な連携体制づくりに資することも重要であると考えられた。

●心理アセスメントの実際

　Fの在籍校が所在する自治体の教育委員会は，学校長ならびに保護者の了承を得たうえで，SCが心理検査を実施することを許可している。そこで，その手続きに則り，Fの情緒的な側面の理解のためにバウムテストを，認知的側面の理解のためにWISC-Ⅳを実施した。
　バウムテストの実施時は，「絵は得意だ」と述べて，すぐに取り組んで書き上げてしまう様子がみられた。得られた描画は，筆圧が強く，樹幹の上部がはみ出してしまっていることが特徴

的であった。

　WISC-Ⅳの実施時は，室外の様子を気にしたり，手元の鉛筆をいじったりして落ち着きがなかった。検査結果は，全検査（FSIQ）＝ 100，言語理解（VCI）＝ 99，知覚推理（PRI）＝104，ワーキングメモリー（WMI）＝ 82，処理速度（PSI）＝ 110 であった。

　また，別途，保護者と担任に対して，それぞれSDQへの回答を求めた。その結果，保護者は，情緒4点，行為8点，多動・不注意8点，仲間関係3点，向社会性7点であった。担任は，情緒1点，行為7点，多動・不注意8点，仲間関係8点，向社会性2点であった。

(1) 結果の分析と解説

　Fは落ち着いて決められたことを着実にこなしていくということに課題がある。WISC-Ⅳの結果を踏まえると，それは，ワーキングメモリー指標の弱さと関連している可能性がある。ワーキングメモリーは，聴覚的記憶や注意集中の力と関連しているため，話し手に意識を向け続けて言葉を聞き漏らさずにいることが難しくなっている可能性がある。そのために，必要な情報を収集できず忘れ物が多くなったり，やるべき係活動に取り組めなかったりしているのであろう。そうした失敗体験を重ねるなかで，Fは（バウムで示されるような）元来持ち合わせている衝動的な側面に動かされ，教室以外の場所で落ち着こうと試みているのであると推測される。

　このような状況は，SDQにおける行為，多動・不注意として，保護者，担任の双方に同程度の強さで問題認識されていることも分かった。しかし，学校では友人関係のうまくいかなさが目立ち，担任は仲間関係や向社会性にも課題を感じていたが，保護者はこうした点についてのポジティブな感覚も有していた。一方で，家庭ではより情緒的な問題も示しており，学校と家庭では異なる様相が呈されている可能性が示唆された。

　以上より，Fのワーキングメモリーに関する苦手さを補うためには，指示を簡潔にすることや，作業中にやるべきことを思い起こさせるような声掛けを行うことなどが有効であると考えられる。また，作業の手順やポイントをメモして渡すなど，聴覚的記憶だけに頼らずにすむ方法を導入することも，Fにとっては取り組みやすいと考えられた。

　このようにして，より生活しやすくなってくると，学校でもFが本来持ち合わせている向社会的な側面も発揮でき，友人関係が改善してくる可能性もあるのではないかと推測できる。そのためには，まず，うまくいかなくても衝動的に逃げ出してしまうのではなく，立ち止まって嫌な気持ちを誰かに受け止めてもらうという経験を重ねる必要もあるだろう。担任が積極的にそのような受容的態度を示し，Fにとっての学校における感情表出の機会を提供していくことが求められると言える。

(2) フィードバックについて

　まず，保護者に対してバウムテストおよびWISC-Ⅳの結果をフィードバックし，家庭において支援方針に沿う方向で取り組めそうな方法をともに検討し，実践してみることとした。その後，保護者の了解を得て，バウムテスト，WISC-Ⅳ，ならびに保護者と担任のSDQの結果を担任とともに共有することとした。とりわけ，SDQの結果については，保護者から向社会性に関するエピソードを聞き取り，そうしたFのポジティブな側面が学校で発揮できるとよいという方針を共有できた。そこで，担任は，Fの優しい面を積極的に発見し，認めていくにす

るという方針を立てた。また，教室では，Fだけではなく全員の子どもたちが生活しやすい方法を模索することとした。

(3) その後の支援，面接など

家庭では，Fに対してすぐに口出しをするのではなく，自分で行動を律することができるように支援し，口頭での指示は簡潔にするように心掛けることとした。そのために，学習に取り組む時間などを知るために目覚まし時計を活用し始め，徐々にFも慣れてきているようだという報告があった。

学校では，「今週の掃除当番の場所」「掃除の手順」などの掲示物を作成し，時間になったら黒板に貼るという方法を導入した。その結果，Fもそれを確認しながら取り組む様子がみられたとの報告があった。そこで，担任はそのようなFを積極的に認めていくようにした。また，帰りの会で「今日の頑張った人」というコーナーを作った。互いにクラスメイトの良かったところを認め合うものであり，Fのことが評価されることもあった。このような取り組みの結果，教室からいなくなるようなことは減少していったという。

SCとFとの面接でも，教室での楽しかった話が増加し，学校へのポジティブな感情が生じていることが確認された。そこで，今後もFへのこうした方向性の支援が継続されるよう，校内委員会での情報共有が行われた。

6 福祉領域における心理アセスメント実践

◉はじめに

(1) 福祉領域における心理職の活動の場

　福祉領域における心理職の活動の場は多岐に及ぶ。大まかに分ければ児童，女性，高齢者，障害に関係する職場がある。福祉領域で支援の対象となるものは年齢幅も広く，職場もさまざまであるが，ここでは児童およびその家庭を援助することをその相談活動の目的としている児童相談所での心理アセスメント実践について述べる。

(2) 児童相談所における心理アセスメントの位置づけ

　心理アセスメントの実際について事例を通じて述べる前に，児童相談所における心理アセスメントの位置づけを説明する。児童相談所は，児童福祉法を根拠に設置され，そこで規定された業務を行っている。近年，虐待の対応に関わり名前が挙がることが多い機関であるが，実際には，虐待に限らず児童およびその家庭を援助することを相談活動の目的とし，多岐にわたる相談を受けている。
　こうした相談への対応は，厚生労働省による児童相談所運営指針では「主に児童福祉司，相談員等により行われる調査に基づく社会診断，児童心理司等による心理診断，医師による医学診断，一時保護部門の児童指導員，保育士等による行動診断，その他の診断（理学療法士等によるもの等）を基に，原則としてこれらの者の協議により判定（総合診断）を行い，個々の子どもに対する援助指針を作成する」。そして「援助指針に基づいて児童相談所は子ども，保護者，関係者等に対して指導，措置等の援助を行う」とされている。
　いくつかの診断のうち，心理診断が，児童相談所運営指針において「面接，観察，心理検査等を基に心理学的観点から援助の内容，方針を定めるために行う」ものとして規定されており，児童相談所で行われる心理アセスメントであるといえる。
　なお，以降，児童相談所で行われる心理学的観点からのアセスメントを心理診断，児童相談所に限らずより広義の心理学的観点からのアセスメントを心理アセスメントとして表記した。

◉児童相談所における心理アセスメントの実際

　ここでは，仮想事例ではあるが，保育園年中児Gの事例を通じて児童相談所における心理アセスメントの実際を述べる。どのようなかかわりのなかで，どのような心理検査を実施し，どのようにその後の相談活動に生かしていくのかを説明する。

(1) 事例の概要

　Gは30代の父母と同居している一人っ子である。Gが母から叩かれ顔を腫らしているという身体的虐待が疑われる事態を児童相談所が把握したことを契機に関わることになった。

　初期調査のなかで身体的虐待が繰り返されていることが疑われたことから，Gを一時保護した上で，父母らから事情を聴くこととなった。なお，一時保護は文字通り，児童を一時的にその居所から離し，一時的に保護をすることである。今回のように，児童がさらなる虐待被害に遭う可能性がある場合，児童の安全を確保する目的で実施されることがある。

　父母から事情を聴くと，母は本児のあざを自身が叩いてできたものであると認めた。前日までGが発熱しており寝つきが悪かったところに，当日，保育園と家でのお漏らしが続き，短期間に何度もイライラする場面に出くわし怒りが抑えきれず，本児の両ほほを平手で数発ずつ叩いたとのことであった。ただ，母は，叩いたことについて反省の弁を述べ，父母ともに養育方法を変えて再度本児と一緒に生活することを希望した。

(2) 心理アセスメントの目的

　先に述べた通り，児童相談所では，受理したケースについて，判定を行い，児童やその保護者，関係者等に対して支援を行う方法を決定していく。この判定をするにあたり，心理診断も行う。

　Gの場合，ケースワークを行う児童福祉司から経緯の説明をうけ，心理診断を行うこととなった。虐待という事態が起きた機序について心理学的観点から意見を述べると共に，父母は，養育方法を変えて再度本児と一緒に生活していきたいという希望を述べていたことから，本児の特徴にあったかかわり方を把握することも求められた。

(3) 心理アセスメントの準備

　児童心理司は児童福祉司から心理診断の依頼を受けると，まずはこれまでにある情報から，児童にどのような心理検査を実施すべきかを検討する。

　Gの場合，4歳という年齢で，言葉によるコミュニケーションがまったくとれないわけではないということであったが，まずはGの全般的な知的能力について確認をする必要があると考えられた。本児の年齢も考慮して知能検査のうち田中ビネー知能検査を実施することとした。

　これに加えて，KFDも同時に実施することとした。これについては，虐待は家族間での問題であるから，家族関係に対しGがどのような認識をもっているかを把握できるとよいと考えたからである。Gの知的な能力がどのようであっても，年齢的に家族関係についてGから聴取できることは限定的なものとなろうことから描画法の実施を考えた。

(4) 心理アセスメントの実施

　児童の一時保護をしている施設の面接室で田中ビネー知能検査ＶおよびKFDを実施した。最初に田中ビネー知能検査Ｖを実施し，その後KFDを実施した。

　Gは心理検査にさそわれると「なんで？」と尋ねた。どんなことができるか知りたいから，と伝えられるとうながされるままに入室した。心理検査中は，印刷物を見て「これどうやって書いたの？」，提示された検査道具を見て「これ欲しい。なんでもっていっちゃいけないの？」など繰り返し疑問を述べた。その理由を説明されると，注意が切り替えられることもあるが，

「○○なんだ」と言われたことを繰り返し，別の疑問を述べることもあった。また，検査で用いたビーズをしまう際に，頑なに自分で片づけようとし，こちらがビーズを箱にもどすと「Gがやるって言った」「最初からやる」といったんすべて取り出し片づけなおしていた。

田中ビネー知能検査Vは，2歳級から5歳級まで実施した。生活年齢4歳3ヶ月に対し，精神年齢が4歳4ヶ月（基底年齢3歳）で，知能指数は102であった。

KFDでは，画面左上にG，Gの下部に父を頭足人で描いた。さらに，画面右下になにかを描こうとして「間違えた」と述べ，それ以上描き進めず完成となった。なお，何をしているところかを問われると，誰が描いてあるかを繰り返し述べた。

(5) 心理検査結果の分析

田中ビネー知能検査Vの結果から，全般的な知的発達は平均域であるといえる。なお，課題達成の度合いからは，知識はそれなりにある一方で，量の概念はまだ未獲得で，概念理解は比較的乏しいことがうかがわれた。

KFDの家族の配置は，Gの父母への心理的な距離感をあらわしていると思われた。一時保護当時，本児は父について「お菓子も玩具も買ってくれる」が，母はしてくれないと繰り返し述べていた。父についての心証は悪くなさそうであったが，本児にとっては都合の良い行動をしてくれる人として認識されていた可能性もある。

なお，KFDでは，動きについての言及がなかった。心理検査中，だしぬけにものごとの理由を尋ねること，それに答えられても繰り返し質問をすること，また本児の決めた方法が遮られるとそれをやり直すことがみられており，こうしたことを考え合わせると，他者の行動への興味の希薄さがうかがわれた。

心理検査やその際の行動観察の様子から，Gは知的には平均域の児童であるものの，やりとりのしにくさがあることがうかがわれた。実際に，母は，父が仕事から帰宅すると毎日のようにGにお菓子をせがまれ断りきれずに買い与えていること，母が同じことを何度注意しても繰り返すからわざとやっていると思ってしまうことなど，Gとのやりとりへの苦労を繰り返し述べた。こうしたGの特徴が父母の子育ての負担感を高め，同時に母にすればGの言いなりになっている父への不満もあっただろう，こうしたストレス下で，Gがさらに母のストレスを大きくする行動をしたことで，母のGに対する身体的虐待が引き起こされたと考えられた。

(6) フィードバック

虐待の再発防止という観点から，父母がGの特徴を知ること，Gに合わせたかかわりを身につけることが，ひとつの重要な要素であると考えられた。

このため，父母には，本児の特徴によらない一般的な虐待の弊害などを伝えた上で，本児の特徴に合わせたかかわりが大切であることを伝え，あわせて心理検査等を通じて得られたGの特徴について伝えた。あわせて，Gの特徴を踏まえ，Gが何度も同じことを尋ねてきても，その都度，適切な行動を繰り返し伝えること，具体的な動きなどルールを提示しつつかかわるとよいことを伝えている。このことの例として，一時保護していた施設内での成功例を含めて伝え，父母が具体的なイメージをもてるようにと配慮した。

なお，一時保護中の行動観察からGの特徴を把握することは，行動診断と呼ばれるが，こうした行動診断など他の診断と心理診断とを考えあわせることで，児童について多面的な理解が

でき，加えて具体的な行動を例に挙げながらフィードバックができる。複数の専門家からの情報を踏まえてフィードバックができるのは，複数の専門職が児童にかかわることになる児童相談所の強みであろう。

(7) その後のかかわり

父母に虐待の再発防止に関わる指導を行った上で，Gの一時保護は解除され，Gと父母とは再びともに生活をすることとなった。ただ，父母が実際の子育てを適切に行えているかを確認していくため，さらには，本児の特徴にあったかかわりをともに考えていくために，継続的に父母に来所を促し，面接をしていった。

経過のなかで父がGにせがまれてお菓子を買うことは徐々に少なくなり，父は買い与える品物も徐々に制限できるようになっていった。母からは子育ての大変さは話されるものの，身体的虐待の再発はなく，落ち着いた生活ができている。

7 司法領域における心理アセスメントと留意点

　司法領域における心理検査は，家庭裁判所の家庭裁判所調査官による少年事件の調査，少年鑑別所の法務技官の鑑別，刑事事件における精神鑑定での場面で実施される。ここでは家庭裁判所調査官による少年事件の調査を取り上げる。家庭裁判所調査官は，非行少年やその保護者に面接し，時には心理検査を実施することによって，非行についてアセスメントを行い，その結果を裁判官に報告する。裁判官はその報告書や事件記録に基づいて審判を行っている。以下に心理検査を用いた場合の家庭裁判所調査官の調査について説明する。

◉心理検査を実施すべき場合

　家庭裁判所調査官による調査において，心理検査を実施することを検討すべき場合は，次の通りである。

- 生育史上に大きな問題点はなく，しかも学校や家庭には適応しており，非行を起こす背景が見当たらない場合。
- これまで補導歴や非行歴がないにもかかわらず，突然重大事件を起こした場合。
- 非行の態様に不自然な点があり，非行時の行動が合理性を欠いている場合。

　一言で言えば，非行の理解が面接だけでは十分に深まらず，心理検査によって非行少年の内的世界の一端が明らかとなり，非行の理解が進むことが期待される場合である。

◉心理検査の選定

　家庭裁判所調査官による調査は，在宅事件の場合，非行少年や保護者に対して約2時間の面接が1回行われることが多いようである。在宅試験観察の場合は，数ヶ月間にわたり1時間程度の面接が数回行われることが多いようである。いずれにせよ時間的制約があるため，調査で活用できる心理検査はおのずと限定され，比較的短時間で実施できるものに限られるのが実情である。

　家庭裁判所調査官による調査で最も頻繁に使用される心理検査は，文章完成法（SCT）であろう。SCTは手軽に短時間で実施できるからである。市販のSCTが使用されることもなくはないが，多くは全国の家庭裁判所ごとに工夫を凝らされたSCTがあって，それを使用することが多いようである。刺激文には，学校生活の状況や家族関係，友人関係，自己認識など多様

な領域のものを設定することができるため，包括的に非行少年の内的世界をうかがい知ることができる。短時間に非行少年の全体像を把握するには便利である。

また非行少年の無意識的な内的世界を把握するには，比較的短時間で実施できる描画検査のバウムテストやS-HTPがよく用いられている。非行少年の基本的な性格特性を調べる場合はバウムテストを用い，基本的な性格特性と家庭や人間関係との関連を調べる場合は，S-HTPを用いることが多いようである。ロールシャッハ法やTATなどの投影法は，実施時間がある程度必要であり，家庭裁判所調査官の調査において実施する場合には，この点に注意する必要がある。

●心理検査の実施上の留意点

家庭裁判所に呼び出された非行少年は，かなり緊張しており，また防衛的な態度を取りがちである。したがって一通り調査が終わり，緊張がややほぐれた段階で心理検査を実施することが好ましいと考えられる。

心理検査を実施する目的については，非行をなぜ起こしたのかを解明するためや，再犯を起こさないために今後どのような点に気をつければよいかの手がかりを得るためであることを非行少年に伝えることが重要である。

非行少年は一般的に内省力が乏しく，SCTや描画は単純で簡単な反応であることが多い。そのため解釈に使える情報量が限られるため，非行少年が心理検査にどのように取り組むかについても注意深く観察し，解釈の参考とすることが必要であると考えられる。

心理検査が終了したら，再犯の防止に向けての働きかけに心理検査の結果を活用することが重要である。家庭裁判所調査官の調査には，非行についてのアセスメントだけではなく，非行少年に働きかけて再犯を防止するという処遇効果も期待されているからである。働きかけを行う場合には，非行と関連づけて内省を深めさせることが重要である。例えば「心理検査の結果を見ると，家族や友人に対して攻撃的な態度をとる場合があるのではないかと推測されるが，あなたはどう思うか。また，そのことと今回の事件にはどのような関連があると思うか」と語りかけるのである。

また非行少年の保護者が心理検査の結果を知りたがることもある。保護者は自分の子どもが非行を起こしたことに困惑し，なぜ非行を起こしたのか，今後どのように指導すべきかについて悩んでおり，その手がかりを必要としているからである。この場合には心理検査の結果に基づいて保護者にアドバイスをすることが必要である。

●解釈をめぐる問題

(1) 解釈の妥当性の検討

解釈の妥当性を高めるために，非行や問題行動，生育史上の出来事との関連を検討しながら，心理検査の結果を解釈することが重要である。例えば「心理検査の結果では〜という非行少年の性格特性がうかがわれるが，それは学校での〜という問題行動に端的に示されているのではなかろうか」などと心理検査の結果が，現実にどのような行動となって現れているかを検討するのである。この関連づけによって，心理検査の結果の解釈の妥当性が高まるものと考えられ

る。特に司法領域において心理検査を用いる場合，少年の処遇を決定するためのひとつの資料となるため，弁護士から心理検査の結果の解釈の妥当性について疑問を呈されることがある。「その解釈はなぜ妥当であると言えるのか，他の解釈はあり得ないのか」などと反論される場合もある。非行少年の性格特性の問題点が実際の行動や態度に現れていることが明らかであれば，心理検査の結果の解釈を弁護士は了解することができる。したがって解釈では，心理検査の結果と非行や問題行動との関連性を示し，その妥当性を高めることが重要である。

(2) 非行少年の立ち直りにとって，指針となるように解釈をする

　非行少年の性格特性は，一般の少年に比較するとさまざまな問題点が見受けられる。怒りの感情を抱きやすいこと，情緒的に不安定なこと，自尊感情が低いことなど，問題点には事欠かない。このような性格的な負因が非行を起こすに至った原因のひとつではあるが，言わばあら探しをするように，非行少年の性格特性の問題点を列挙することだけが心理検査を実施する目的ではない。非行少年の立ち直りを支援する手がかりを得るためにも心理検査を実施している。そのため，非行少年の立ち直りのためには，何に気をつけたらよいのかという観点に立って解釈をすることが重要である。例えば怒りの感情のコントロールができるようになれば，対人関係が改善され，非行を起こす危険性は減少するであろうというように，非行からの立ち直りの指針となるように解釈をすることが重要である。

(3) 裁判官や弁護士に理解できる表現

　調査報告書は，裁判官や弁護士など法律の専門家が読むため，心理学の専門用語は使わず，平易な表現を用いることが重要である。例えば欲求不満耐性という専門用語は使わずに，「欲求不満の状態に耐える力」などと表現することが重要である。

●非行事例：中学3年男子生徒の暴力事件（複数の事例を組み合わせた架空の事例）

(1) 非行の態様

　中学3年生男子が中学校からの帰宅途中に，自宅付近の路上ですれ違った女性（60歳）の頭部を3回殴った。女性が悲鳴をあげたため，近くにいた男性が駆けつけて，その場に立ちすくんでいた少年を取り押さえた。少年はこれまで補導歴や非行歴はまったくなかった。

(2) 生活状況

　少年は中学校には毎日登校し，まじめに学校生活を送っている。学業成績は学年で上位10%に入るほどであり，友人関係は良好である。部活動ではバスケットボール部に所属し，レギュラーではないが，熱心に練習に取り組んでいる。

　家庭は，父母と妹の4人家族であり，家族そろってキャンプに行くなど，家族関係は良好である。

　家庭裁判所調査官の面接では，少年はまじめに礼儀正しく応対し，とても暴力事件を起こすような中学生にはみえなかった。

(3) 心理検査（SCT および S-HTP）の結果

　これまで補導歴や非行歴がなく，学校生活に適応していた中学生が，なぜ突然非行を起こしたのかを理解することが困難であるため心理検査を実施した。

　SCT からは家族関係が良好であることや，学業にまじめに取り組もうとする意欲などが読み取れたが，「最近私は……訳もなくイライラするときがある。」「私の性格は……とても不安定。天国と地獄を行ったり来たり。」などと記載し，情緒的に不安定であることが示されていた。

　また S-HTP では，画用紙の全体に細かな絵が描かれ，中央に大きな 2 階建ての自宅を配置し，その背後にうっそうと茂る林を描いていた。描写がかなり細かいことから，神経質な傾向がうかがわれた。また草木は力強く鋭角に描かれており，攻撃性がうかがわれた。また自宅の 2 階の非行少年の部屋からは非常階段が設けられ，不自然さが感じられた。少年によれば，この非常階段は自分にしか見えない秘密の階段であり，誰にも気付かれないように自分の部屋を行き来するためのものということだった。外部に閉ざされた自己の内的世界が形成されていることが示されており，思春期の心理特性が強くうかがわれた。

(4) 心理検査の解釈と非行との関連

　外部に閉ざされた自己の内的世界が形成され，情緒的に不安定であり，攻撃性も認められるなど，少年には思春期の心理特性が強くうかがわれる。おそらくイライラした感情が高まった時に，自分でその感情を抑制することができず，たまたま遭遇した被害者に暴力を振るったものと考えられる。そのためこの事件は，思春期の中学生の一過性の非行であると考えられる。

　少年は，まじめに学業や部活動に熱心に取り組んでおり，また家族との関係も良好であり，学校や家庭での適応状況は良好である。したがって思春期のため心理的には不安定ではあるものの，再犯の危険性は小さいと考えられる。以上のことからこの事件は不処分決定となった。

8 産業領域における心理アセスメント実践

　ここでは今の仕事が自分に合わないのではないかと考え，自分に合った職業に転職をしたいとのことで公的機関の職業相談に訪れた事例を紹介する。なお，プライバシーを守るため，事例には若干の改変を加えており，実在の人物を示すものではないことをお断りしておく。

●産業領域における心理アセスメントの実際

(1) 事例の概要
　Mさん，29歳女性，有名私立4年制大学を卒業後，民間企業で営業職に就いている。現在「そこそこ」業績は上げているが，入職時から営業の仕事になんとなく不適応感があり，いつも無理をしている感じをもっている。これからの人生で長く仕事を続けるために，自分に合った仕事を探したいということで，公的機関で行われている職業相談に来談した。

(2) アセスメントの目的
　転職を視野に入れて，自分の職業適性を知る。

(3) アセスメントの実際
　相談担当者はMさんから相談の概要を聞いた後，VPI職業興味調査で職業興味を測定し，その結果を見ながら，話し合うことを提案した。VPI職業興味検査は直接職業適性を測定するものではないが，「興味」があるということは「好きこそものの上手なれ」というように「適性」につながる可能性が高いことと，そもそも「興味」がない仕事を継続してすることには無理があることを説明し，実施の同意を得た。Mさんの話しぶりは論理的であり，やりとりは的確で，知的能力が高いことを感じさせた。
　実施は手引きに従い，「ここに160の職業が書いてあります。「回答のしかた」の欄にあるように，その仕事が自分にできるかどうかを考える必要はありません。もし自分にできるとしたら，やりたいかやりたくないかだけを考えて，回答してください。やりたいと思ったら，Y（はい），たとえ自分がその仕事をできても，やりたくなければ，N（いいえ）に○をつけてください。知らない職業もあるかもしれませんが，その場合は名前のイメージで回答してください」と教示し，Mさん自身のペースで回答してもらった。教示では，自分にその仕事ができるかできないかではなく，興味があるかないかを基準に回答してもらうことが重要である。Mさんの回答のしかたは慎重で，一つひとつを確かめながら，丁寧に○をつけていたが，処理速度は速く，ここでも一定の能力の高さがうかがえた。

表Ⅲ-8-1　MさんのVPI職業興味検査結果

	パーセンタイル順位					
職業興味尺度	R 60	I 75	A 90	S 70	E 20	C 5
傾向尺度	Co 60	Mf 60	St 75	Inf 15	Ac 50	

　回答後，検査用紙の「回答が終わったら」を読んでもらい，Mさん自身で採点をしてもらった。集計は正確である必要があるので，もし集計が間違っていたら，相手を傷つけないように指摘し，修正してもらう必要がある。しかし，Mさんは「これ使ってもいいですか？」と相談担当者に断ってから，相談担当者が準備しておいた30センチ物差しを使って，集計の段がずれないように，確認しながら集計していた。また，検算を行い，結果が正しいことに確信がもてたという雰囲気で「終わりました」と相談担当者を見た。実施した感想を聞くと，「世の中にはこんなに職業があるんだなあと思いました」と述べた。

(4) 結果の分析と解説

　結果のプロフィールの作成はMさんの見ている前で相談担当者が行った。結果は以下の通りであった。パーセンタイル順位に変換する際は，男女でパーセンタイル順位が異なるので注意を要する。
　まず，職業興味の尺度から見てみると，MさんはA（芸術的職業領域）への興味が最も高く，次いで，I（研究的職業領域），S（社会的職業領域）と続くことが分かる。また，R（現実的職業領域）への興味も高く，E（企業的職業領域），C（慣習的職業領域）への関心の低さとは対照的である。これらのことから，Mさんの職業興味はかなり分化しており，興味領域がはっきりしていると考えられる。Mさんの場合は，すでに7年ほど社会人経験があることによって，シャイン（1991）の言うところのキャリア・アンカー（本シリーズ第8巻『産業心理臨床実践』参照）がMさんのなかで明確になりつつあり，そのこともこの分化したプロフィールに反映されていると考えられる。なお，本検査のパーセンタイル順位は大学生一般を基準としているので，Mさんのように社会人を対象とする場合には注意が必要である。
　このようにプロフィールが明確に分化しているため，通常，VPI職業興味検査では，上位3つの職業領域を検討するが，Mさんの場合は，上位4つの尺度をすべて検討することが妥当と考えられる。すなわち，A，I，S，Rの4つの職業領域を視野に入れて検討する。このことにより，職業の選択肢がかなり増えることになる。また，この4つの職業領域はAの職業領域を中心として，いずれも隣接する職業領域であり，Mさんの職業興味に一定のまとまりがあることが分かる。なお，今回のMさんは該当しないが，隣接しない職業領域が上位に出てきた場合は，その個人のユニークな特徴として理解することができる。
　以上のことから，Mさんの職業興味は音楽，美術，文芸などを対象とする職業を中心として，研究や調査などのような研究的，探索的な職業，人に接したり，奉仕したりする職業，機械や物を対象とする具体的で実際的な職業にある。これらの職業のキーワードは創造性，現象の理解，支援・教育的な他者への働きかけ，道具の体系的な操作である。一方，今回Mさんの得点が低かった職業領域のキーワードは（経済的）組織目標の達成のための，他者との交渉および秩序的・体系的な操作である。
　次に，職業興味の特徴を示す傾向尺度を見てみると，まず，回答の信頼性を確認すると，Inf

（稀有反応傾向）は故意にゆがめようとした場合に得点が極端に高くなることがあるが，Mさんはかなり得点が低く，回答の信頼性には問題がないと考えられた。また，この得点は一般常識的な反応であり，社会通念的に評価の高い職業の選択をしていることが分かる。また，Ac（黙従反応傾向）は高すぎる場合，自己理解不足や判断力，洞察力に問題がある場合があり，また，故意に回答をゆがめようとする場合に，得点が極端に低くなったり，高くなったりということがあるが，Mさんはいずれも該当せず，ここでも回答の信頼性は高いと考えられた。この得点は平均的であり，適度に幅広い興味関心をもっていることが分かる。

そこで，Mさんの特徴をみていくと，MさんはSt（地位志向傾向）が高い。この傾向は社会的な威信や名声，地位，権力に対して，関心が高いことを示す。Infにおいても，社会通念的に評価の高い職業の選択をしていることが示されたが，この2つの尺度からは，Mさんが社会的に成功したいという気持ちがうかがえる。Co（自己統制傾向）は自身の衝動的な行為や行動をどの程度統制しているかを示し，この得点の高い人は自己統制を必要とする職業を好むが，Mさんの場合，やや統制が高いものの，高すぎるということはなく，適度である。このことは慎重かつ丁寧な，しかしこだわりすぎない受検態度からもうかがわれた。Mf（男性-女性傾向）は一般に男性が好む職業にどの程度強い関心をもっているかを示し，男女で解釈が異なることに注意が必要である。Mさんは女性的な職業にこだわることなく，むしろやや男性的な職業を好むことが分かる。このことは現時点においてもいまだに，職場の女性差別的な状況がある現状において，一般には男性的な職業＝社会的評価が高いという図式が存在するが，そのことが社会的評価を求めるMさんの職業選好にも反映していると考えられる。

このような検査の結果に対して，Mさんの現在の仕事は営業の仕事であり，職業領域としては，Eの職業領域にあたる。現在不適応感をいだいているために，より極端にネガティブな傾向が出た可能性はあるが，それにしても，現在の職業がMさんの職業の興味関心には沿っていないことが分かる。しかし，能力の高さがうかがえるため，そこそこの成果は出ていたものと考えられる。

(5) フィードバックについて

以上の結果を，一つひとつMさんの意見や感想を聞きながらフィードバックしたところ，Aの職業領域の得点が高いことについて，「昔から創造的な活動にあこがれていたので，得点が高くなったと思う」と結果について納得を示したが，「でも，そういった無から有を作り出すような才能が自分にはないこともわかっている」と述べた。Mさんの言うように，この検査で測定しているのは興味であって，能力ではないことから，こういった現実吟味も重要である。そこで，職業リストの中のIやS，Rの領域の職業を眺めて，気になった職業を挙げてもらい，その職業がどのように気になるのかなどを話し合った。相談時間が終わりに近くなったので，相談してみてどうだったかを問うと，「いろいろな職業があることが分かった。自分の興味もこのように整理されて，改めて，そうだなと思った。IやS，Rの領域で，Aの領域にも触れられるような仕事を考えたい」と述べた。そこで，この結果は目安であり，どうしてもこれでなければならないというわけではないので，職業のイメージを広げるために用いてほしいということを改めて伝えた。

最後に，もし必要になったら，また来談してくださいと伝えて，相談は終了した。その後，Mさんの来談はないが，よりよいキャリアの選択をしてくれているものと考えている。

引用文献

独立行政法人 労働政策研究・研修機構（2002）．VPI 職業興味検査［第 3 版］手引　日本文化科学社

Schein, E. H. (1978). *Caeer dynamics: Matching individual and organizationl needs.* Reading, MA. Addison-Wesley.（シャイン，E. H.／二村敏子・三善勝代（訳）（1991）．キャリア・ダイナミクス―キャリアとは、生涯を通しての人間の生き方・表現である。　白桃書房）

事項索引

A-Z

ADAS（Alxheimer's Disease Assessment Scale） 152
ADHD（注意欠如多動性障害） 47
ADHD-RS（ADHD Rating Scale） 58
ADI-R（Autism Diagnostic Interview-Revised） 54
ADOS-2（Autism Diagnostic Observation Schedule Second Edition） 56
ASD（自閉スペクトラム症） 46
BGT（Bender Gestalt Test） 154
BVRT（Benton Visual Retention Test） 162
CARS（Childfood Autism and Rating Scale） 50
CAT（Children's Apperception Test） 128
CBCL（Child Behavior Checklist） 66
CDT（Clock Drawing Test） 158
CMI（Cornell Medical Index） 110
COGNISTAT（Neurobehavioral Cognitive Status Examination） 150
DAM（Draw a Man） 134
DENVER Ⅱ（デンバー発達判定法） 32
DN-CAS（Das-Naglieri Cognitive Assessment System） 72
DSM（Diagnostic and Statistical Manual of Mental Disorders） 3
DSRS-C 日本版（Depression Self-Rating Scale for Children） 106
DTVP（Frostig Developmental Test of Visual Perception） 156
EPDS（Edinburgh Postnatal Depression Scale） 176
GHQ 精神健康調査票（The General Health Questionnaire） 114
HDS-R（Hasegawa's Dementia Scale-Revised） 148
ICD（International Statistical Classification of Diseases and Related Health Problems） 3
IES-R（Impact of Event Scale-Revised） 122
ITPA（Illinois Test of Psycho-linguistic Abilities） 82
KABC-Ⅱ（Kaufman Assessment Battery for Children Second Edition） 74
KFD（Kinetic Family Drawing） 138
KIDS（Kinder Infant Development Scale） 34
KINDL^R 104
KSD（Kinetic School Drawing） 138
LD（学習障害） 47
LDI-R（Learning Disabilities Inventory-Revised） 60
MAS（Manifest Anxiety Scale） 118
MIM-PM（Multilayer Instruction Model-Progress Monitoring） 62
MMPI（Minnesota Multiphasic Personality Inventory） 98
MMSE（Mini Mental State Examination） 146
MPI（Maudsley Personality Inventory） 100
PARS-TR（親面接式自閉スペクトラム症評定尺度テキスト改訂版） 52
PEP-3（Psychoeducational Profile Third Edition） 48
P-Fスタディ（The Picture-Association Study for Assessing Reaction to Frustration） 96
PMAS（Postpartum Maternal Attachment Scale） 172
POMS 2（Profile of Mood States 2nd Edition） 112
RBMT（Rivermead Behavioural Memory Test） 166
RIM（Rorschach's Inkblot Method） 126
SCT（Sentence Completion Test） 130
SDQ（Strength and Difficulties Questionnaire） 68
SDS（Self-Rating Depression Scale） 120
S-HTP（Synthetic House-Tree-Person technique） 136
SLTA（Standard Language Test of Aphasia） 168
S-M 社会生活能力検査［第3版］ 42
S-PA（standard verbal paired-associate learning test） 164
STAI（State-Trait Anxiety Inventory） 116
STRAW（Screening Test of Reading and Writing） 64
TAT（Thematic Apperception Test） 128
TK 式診断的新親子関係検査 108
ＶＰＩ職業興味検査（Vocational Preference Inventory） 186
VRT（職業レディネス・テスト） 188
WAIS（Wechsler Adult Intelligence Scale Third Edition） 84
WMS-R（Wechsler Memory Scale-Revised） 160
WPPSI 知能診断検査（Wecheler Preschool and Primary Scale of Intelligence） 76
ＹＧ性格検査（矢田部-ギルフォード性格検査） 94

あ

アセスメント教育 23
育児支援 11, 170
医療 14
インフォームド・コンセント 18
内田クレペリン精神検査 102
エジンバラ産後うつ病自己評価票 176
エビデンス・ベイスト・アプローチ 9
遠城寺式乳幼児分析的発達検査法 38

か

学校 15
観察法 7
キャリア・アンカー 225
教育 213
厚生労働省編一般職業適性検査 184

高齢者　200
心の健康　11, 88
個性記述的接近　9
子ども家庭総合評価票　178
さ
産業　224
産褥期母親愛着尺度　172
児童精神科　203
司法　220
司法・矯正　15
小児科　207
職業関連　11, 180
職業ストレス簡易調査票　190
人格　11, 88
人格検査　11, 88
神経心理学的検査　11, 144
新版K式発達検査2001　36
新版TEG-Ⅱ（東大式エゴグラム）　92

心理アセスメント　2
スクィグル法　140
スクールカウンセラー　15
精神科　194
た
田中ビネー知能検査　80
知能検査　11, 70
テスト・バッテリー　8
投影法　11, 124
投影法検査　124
な
ナラティヴ・ベイスト・アプローチ　9
日本版PSI（Parenting Stress Index）　174
日本版WISC-Ⅳ（Wechsler Intelligence Scale for Children-Fourth Edition）　78
乳幼児精神発達診断法　40

は
バウムテスト　132
発達検査　11, 29
発達障害　11, 46
描画法　124
標準失語症検査　168
フィードバック　14
風景構成法　142
福祉　15, 216
ベイリーⅢ乳幼児発達検査　44
法則定立的接近　9
ま
三宅式記銘力検査　164
面接法　6
ら
リバーミード行動記憶検査　166
倫理　13
レーヴン・色彩マトリックス検査　86

人名索引

A
アビディン（Abidin, R. R.）　174
阿部満州　98, 118
赤塚大樹　128, 129
荒記俊一　112, 113
Asukai, N.　122
B
馬場禮子　125
ベイリー（Bayley, N.）　44
ベック（Beck, A. T.）　120
ベラック（Bellak, L.）　124, 128
ベンダー（Bender, L.）　154, 155
ベントン（Benton, A. L.）　162
バーン（Berne, E.）　92
ビネー（Binet, A.）　36, 70, 71, 80
バールソン（Birleson, P.）　106
Brockington, I. F.　172
ブロードマン（Brodman, K.）　110
ビューラー（Bühler, C.）　36
ブリンガー（Bullinger, M.）　104
バーンズ（Burns, R. C.）　138
C
キャメロン（Cameron, N. A.）　118
チャップマン（Chapman, A. H.）　111
コックス（Cox, J. L.）　176

Critchley, M.　158
D
大坊郁夫　114, 115
ダス（Das, J. P.）　72
ダーウィン（Darwin, C.）　70
傳田健三　106, 107
デュポール（Dupaul, G. J.）　58
デュセイ（Dusay, J. M.）　92
E
エビングハウス（Ebbinghaus, H.）　130
イングリッシュ（English, A. C.）　124
イングリッシュ（English, H. B.）　124
遠城寺宗徳　38
アードマン（Erdman, A. J. Jr.）　110
アイゼンク（Eysenck, H. J.）　100, 116
F
ファインスタイン（Feinstein, A.）　158
フォルスタイン（Folstein, M. F.）　146, 147
フォーラー（Forer, B. R.）　130
フランケンバーグ（Frankenburg, W. K.）　32
フランク（Frank, L. K.）　124

フロイト（Freud, S.）　5, 124
フリードマン（Friedman, A. S.）　120
フロスティッグ（Frostig, M.）　156
藤岡喜愛　133
深町　建　110, 111
福田一彦　120
古荘純一　105
G
願興寺礼子　85
ゲゼル（Gesell, A.）　36
ゴールドバーグ（Goldberg, D.）　114
ゴールトン（Golton, F.）　70
グッドイナフ（Goodenough, F.）　134
Goodglass, H.　158
グッドマン（Goodman, R.）　68
グリンカー（Grinker, R. R.）　120
ギルフォード（Guilford, J. P.）　94
H
ハミルトン（Hamilton, M. A.）　120
長谷川和夫　148
ハサウェイ（Hathaway, S. R.）　98

早川幸夫　130
林　勝造　97
ハイヤー（Heyer, N. R.）　92
ヒューカート（Heuchert, J. P.）
　　113
日比裕泰　138
肥田野直　116
ホランド（Holland, J. L.）　180,
　　186-188
本田純久　114, 115
本間　昭　152, 153
本間博彰　203
ホロウィッツ（Horowitz, M.）
　　122
細木照敬　136
ハット（Hutt, M. L.）　155
I
市川宏伸　58, 59
生澤雅夫　36
今栄国晴　116
井村純子　64
稲毛教子　40
石川　中　92
石川　元　138
伊藤隆一　131
Iwai, S.　26
J
ジェンセン（Jensen, A. R.）　100
ユング（Jung, C. G.）　126
K
金久卓也　110, 111
Kaplan, E.　158
片口安史　126, 130
Kato, D.　135
加藤　瞳　117
加藤伸司　148, 149, 152
カウフマン（Kaufman, A. S.）
　　74
カウフマン（Kaufman, N. L.）
　　74
カウフマン（Kaufman, S. F.）
　　138
川井　尚　174, 175
河井芳文　108
河内美恵　66, 67
Kazui, H.　167
キールナン（Kiernan, R. J.）
　　150
カーク（Kirk, S. A.）　82
岸本寛史　10, 132, 133
クロッパー（Klopfer, B.）　5
ノフ（Knoff, H. M.）　138
小林重雄　120, 134
コッホ（Koch, K.）　132
纐纈千晶　137
小海宏之　144, 145, 151, 153, 155,
　　158, 161, 165, 167

クレペリン（Kraepelin, E.）
　　102, 120
Krumboltz, J. D.　180
窪田由紀　17
Kumar, R.　172
L
ルクトゥール（Le Couteur, A.）
　　54
Lord, C.　56
ルリア（Luria, A. R.）　72
M
マコーヴァー（Machover, K.）
　　134
前田重治　194
横田　仁　130
マーク（Mark, M. N.）　172
Marmar, C.　122, 123
松田　修　150, 151
Matsuishi, T.　68
松本真理子　131, 140, 141
マッキンレイ（McKinley, J. C.）
　　98
マクネアー（McNair, D. M.）
　　112, 113
メジボブ（Mesibov, G. B.）　51
三上直子　136
三木安正　42
ミンコフスカ（Minkowska, F.）
　　126
三宅鑛一　164, 165
モース（Mohs, R. C.）　152
モルガン（Morgan, C. D.）　128
森田美弥子　24-26
森上史朗　108
村田豊久　106, 107
マレー（Murray, H. A.）　5, 128,
　　129
N
長沼葉月　66, 67
永田雅子　24, 131, 172, 173
ナグリエリ（Naglieri, J.）　72
名越斉子　42
中原睦美　25
中井久夫　140-143
中谷三保子　150
中川泰彬　114, 115
奈良間美保　174
ナウムブルグ（Naumburg, M.）
　　140
西澤　哲　206
辻岡美延　94, 95
野田　航　68
沼　初枝　195
O
岡堂哲雄　2
岡野禎治　176
大村政男　34

小野敬仁　134
小野善郎　203
オズグッド（Osgood, C. E.）　82
オーバーオール（Overall, J. E.）
　　120
ペイン（Payne, A. F.）　130
P
Parsons, F.　180
フィリップス（Phillips, P. D.）
　　138
プロウト（Prout, H. T.）　138
R
ラパポート（Rapaport, D.）　128
ラッシュ（Rash, C. J.）　122
レーヴン（Raven, J. C.）　86
ラーフェンス - ジーベラー（Ravens-Sieberer, U.）　104
ライクラー（Reichler, R. J.）　48,
　　50
李　明憙　67, 90
ロールシャッハ（Rorschach, H.）
　　5, 126
ローゼンツァイク（Rosenzweig, S.）　96
ルーロー（Rouleau, I.）　158
S
サックス（Sacks, J. M.）　130
佐野勝男　130
佐藤忠司　154
佐藤至子　204
シャイン（Schein, E. H.）　225
シュヴィング，G.　212
嶋津峰眞　36
清水秀美　116
シモン（Simon, Th.）　70, 71, 80
下仲順子　149
品川不二郎　108
品川孝子　108
シュナイドマン（Schneidman, E. S.）　125
ショプラー（Schopler, E.）　48,
　　50
シュルマン（Shulman, K. I.）
　　158
シバン（Sivan, A. B.）　162
スピルバーガー（Spielberger, C. D.）　116
菅原ますみ　178
杉下守弘　146, 160
サリヴァン，H. S.　212
鈴木香菜美　64
鈴木睦夫　128
Suzuki, M.　135
T
高橋雅春　134
高橋依子　134, 203
高橋省己　154, 155

高橋剛夫　162
高石　昇　118
篁　倫子　61
滝浦孝之　164
田中寛一　70, 80
田中恭子　45
田中富士夫　98
田中康雄　58, 59
テイラー（Taylor, J. A.）　116, 118
テンドラー（Tendler, A. D.）　130
ターマン（Terman, L. M.）　5, 70, 80
戸川行男　128
都筑　学　4
坪井裕子　67, 90
津川律子　203
辻　悟　126
津守　真　40

U

内田勇三郎　6, 102, 164, 165
上田礼子　32
上野一彦　42, 60
海津亜希子　60, 62, 63
宇野　彰　64, 65

W

綿森淑子　166
ウェクスラー（Wechsler, D.）　70, 76, 78, 84, 160
ウェクスラー（Wechsler, H.）　120
ウェイス（Weiss, D. S.）　122
ヴェルトハイマー（Wertheimer, M.）　154
ウィルソン（Wilson, B. A.）　166
ヴィンデルバント（Windelband, W.）　9
ウィニコット（Winnicott, D. W.）　140, 141
ウィットマー（Witmer, L.）　5
ヴォルフ（Wolff, H. G.）　110
ヴント（Wundt, W. M）　5

Y

山本和郎　128, 129
山中康裕　140, 143
矢田部達郎　94
横山和仁　112, 113
吉田敬子　172
吉川公雄　133
吉住隆弘　85

Z

ツァン（Zung, W. W. K.）　120, 121

【著者一覧】（五十音順，＊編者，＊＊監修者）

五十嵐哲也（いがらし　てつや）
愛知教育大学教育学部准教授
担当：第Ⅱ部第4章 知能検査①，第Ⅲ部第5章

浦田有香（うらた　ゆか）
名古屋大学大学院博士後期課程満期退学
担当：第Ⅱ部第2章 発達検査⑦

大橋陽子（おおはし　ようこ）
あいち小児保健医療総合センター臨床心理士
担当：第Ⅲ部第3章

緒川和代（おがわ　かずよ）
岐阜県総合医療センター臨床心理士
担当：第Ⅱ部第5章 心の健康に関する検査⑦～⑩

織田万美子（おだ　まみこ）
名古屋大学学生支援センターカウンセラー
担当：第Ⅱ部第4章 知能検査④

垣内圭子（かいとう　けいこ）
愛知医科大学病院臨床心理士
担当：第Ⅱ部第6章 描画法④

加藤大樹（かとう　だいき）
金城学院大学人間科学部教授
担当：第Ⅱ部第6章 描画法②

金井篤子（かない　あつこ）＊＊
名古屋大学大学院教育発達科学研究科教授
担当；第Ⅱ部第9章 概論，第Ⅲ部第8章

金子一史（かねこ　ひとし）
名古屋大学心の発達支援研究実践センター教授
担当：第Ⅱ部4章 概論

纐纈千晶（こうけつ　ちあき）
東海学院大学人間関係学部専任講師
担当：第Ⅱ部第6章 描画法③

小海宏之（こうみ　ひろゆき）
花園大学社会福祉学部臨床心理学科教授
担当：第Ⅱ部第7章 概論，全般的認知機能に関連する検査③，④，視空間認知機能に関連する検査①～③，記憶機能に関連する検査①～④，失語症に関連する検査

酒井貴庸（さかい　たかのぶ）
甲南女子大学人間科学部准教授
担当：第Ⅱ部第3章 ASD関連の検査①～③

笹竹英穂（ささたけ　ひでほ）
至学館大学健康科学部教授
担当：第Ⅲ部第7章

佐渡忠洋（さど　ただひろ）
常葉大学健康プロデュース学部准教授
担当：第Ⅱ部第6章 投影法検査①，描画法①，⑥

三後美紀（さんご　みき）
人間環境大学心理学部教授
担当：第Ⅱ部第5章 人格検査④～⑥

鈴木いつ花（すずき　いつか）
仁精会三河病院臨床心理士
担当；第Ⅱ部第4章 知能検査⑤，⑥

鈴木伸子（すずき　のぶこ）
愛知教育大学教育学部教授
担当：第Ⅱ部第5章 心の健康に関する検査①～③

鈴木美樹江（すずき　みきえ）
愛知教育大学教育学部准教授
担当：第Ⅱ部第5章 人格検査①～③

鈴木亮子（すずき　りょうこ）
椙山女学園大学人間関係学部准教授
担当：第Ⅲ部第2章

田中あかり（たなか　あかり）
世田谷区子どもの人権擁護機関臨床心理士
担当：第Ⅱ部第2章 発達検査①，③，⑤

田中健史朗（たなか　けんしろう）
山梨大学大学院教育学研究科准教授
担当：第Ⅱ部第4章 知能検査②，⑦

玉井康之（たまい　やすゆき）
弘前大学医学部心理支援科学科教授
担当：コラム①～⑤

土屋マチ（つちや　まち）
愛知みずほ大学人間科学部准教授
担当：第Ⅱ部第6章 投影法検査②

坪井裕子（つぼい　ひろこ）
名古屋市立大学大学院人間文化研究科教授
担当：第Ⅱ部第5章 概論

富田真紀子（とみだ　まきこ）
国立長寿医療研究センター研究員
担当：第Ⅱ部第9章 職業関連の心理検査①～④

中島卓裕（なかじま　たかひろ）
特定非営利活動法人アスペ・エルデの会臨床心理士
担当：第Ⅱ部第3章 ASD 関連の検査⑤，第Ⅱ部第8章，育児支援に関する質問紙②，④

永田雅子（ながた　まさこ）
名古屋大学心の発達支援研究実践センター教授
担当：第Ⅱ部第2章 概論，第Ⅱ部第8章概論，育児支援に関する質問紙①，③

中野まみ（なかの　まみ）
桑名市子ども総合相談センター臨床心理士
担当：第Ⅱ部第4章 知能検査③，⑧

中原睦美（なかはら　むつみ）
鹿児島大学大学院臨床心理学研究科教授
担当：第Ⅱ部第7章 全般的認知機能に関連する検査①，②

二宮 諭（にのみや　さとる）
愛知県尾張福祉相談センター企画・児童指導課（愛知県中央児童・障害者相談センター）児童心理司
担当：第Ⅲ部第6章

二宮有輝（にのみや　ゆうき）
名古屋市子ども応援委員会臨床心理士
担当：第Ⅱ部第5章 心の健康に関する検査④～⑥

丹羽早智子（にわ　さちこ）
名古屋第一赤十字病院臨床心理士
担当：第Ⅲ部第4章（共著）

沼 初枝（ぬま　はつえ）
立正大学心理学部教授
担当：第Ⅲ部第1章

野村あすか（のむら　あすか）
名古屋大学心の発達支援研究実践センター准教授
担当：第Ⅱ部第3章 その他の検査①，②，第6章 投影法検査③

野邑健二（のむら　けんじ）
名古屋大学心の発達支援研究実践センター特任教授
担当：第Ⅱ部第3章 概論（共著），ASD 関連の検査④，ADHD 関連の検査

平久江薫（ひらくえ　かおる）
東京福祉大学心理学部准教授
担当：第Ⅱ部第1章（共著）

福元理英（ふくもと　りえ）
日本福祉大学心理臨床研究センター准教授
担当：第Ⅱ部第3章 概論（共著），LD 関連の検査①～③

松本真理子（まつもと　まりこ）*
名古屋大学心の発達支援研究実践センター教授
担当：第Ⅰ部第1～3章，第Ⅱ部第6章描画法⑤

三谷真優（みたに　まゆ）
名古屋大学大学院博士後期課程
担当：第Ⅱ部第2章 発達検査②，④，⑥

森田美弥子（もりた　みやこ）*
中部大学人文学部教授
担当：第Ⅱ部第1章（共著），第Ⅱ部第6章 概論

吉田志保（よしだ　しほ）
社会福祉法人共育ちの会児童養護施設暁学園臨床心理士
担当：第Ⅱ部第1章（共著）

脇田菜摘（わきた　なつみ）
大阪府済生会吹田病院臨床心理士
担当：第Ⅲ部第4章（共著）

心の専門家養成講座　第3巻
心理アセスメント
心理検査のミニマム・エッセンス

| 2018年3月30日　初版第1刷発行 | (定価はカヴァーに表示してあります) |
| 2022年4月30日　初版第4刷発行 | |

監修者　森田美弥子
　　　　松本真理子
　　　　金井　篤子
編　者　松本真理子
　　　　森田美弥子
発行者　中西　良
発行所　株式会社ナカニシヤ出版
〒606-8161　京都市左京区一乗寺木ノ本町15番地
　　　　　Telephone　075-723-0111
　　　　　Facsimile　075-723-0095
　　　　Website　http://www.nakanishiya.co.jp/
　　　　E-mail　iihon-ippai@nakanishiya.co.jp
　　　　郵便振替　01030-0-13128

装丁＝白沢　正／印刷・製本＝創栄図書印刷
Copyright © 2018 by M. Matsumoto, & M. Morita
Printed in Japan.
ISBN978-4-7795-1115-8　C1011

本書のコピー，スキャン，デジタル化等の無断複製は著作権法上の例外を除き禁じられています。本書を代行業者等の第三者に依頼してスキャンやデジタル化することはたとえ個人や家庭内の利用であっても著作権法上認められていません。